CLV

Für Henry A. Ironside,
dessen Leben, Wirken, und Briefe mir ein Leitbild waren, und dessen Freundschaft mir eine Wohltat war. Ihm sei dieses Buch in Dankbarkeit gewidmet.

E. Schuyler English

Henry Allan Ironside

Ein Leben lang unterwegs für Christus

CLV
Christliche
Literatur-Verbreitung e.V.
Postfach 110135 · 33661 Bielefeld

1. Auflage 1995

Originaltitel „H.A. Ironside – Ordained of the Lord“

Postfach 110135 · 33661 Bielefeld
Übersetzung: Linda Feil
Umschlag: Dieter Otten, Bergneustadt
Satz: Enns Schrift & Bild, Bielefeld
Druck und Bindung: Ebner, Ulm

ISBN 3-89397-348-6

INHALT

TEIL I:

Kindheit

„Denn Du bist meine Hoffnung, Herr, HERR;
meine Zuversicht von meiner Jugend an“ (Psalm 71,5).

KAPITEL 1

Er hatte seine Wurzeln an großen Wassern

„Wenn der HERR das Haus nicht baut, vergeblich arbeiten daran die Bauleute ... Siehe, ein Erbteil des HERRN sind Söhne“ (Psalm 127,1.3).

„Gläubige Eltern zu haben ist ein kostbares Gnadengeschenk, dessen Segen nicht nur auf den Kindern der ersten Generation ruht, sondern oft in vielen folgenden sichtbar wird.“ Wie bei Andrew Murray, dem Autor dieser Worte, waren die Vorfahren von Henry Allan Ironsides Vater Bauern in der schottischen Grafschaft Aberdeen. In den sechziger Jahren des 19. Jahrhunderts tauchte allerdings ein Ironside auf, der aus dem herkömmlichen Leben im alten Land ausbrach – die große, neue Welt jenseits des Ozeans öffnete sich nach dem Westen und verhieß goldene Möglichkeiten. Also verließ der junge John Williams Ironside früh das Zuhause seiner Väter in New Deer, Aberdeenshire, und gelangte zu seiner erwählten Stadt im verheißenen Land: Toronto im Staat Ontario, Kanada.

Schon im Kindesalter kannte John Ironside den Herrn Jesus Christus als seinen Retter. Als er nach Kanada kam, ging er zuerst nach Toronto und von da nach Fergus, beides im Staat Ontario. Sein Onkel, der ihn freundlich und fürsorglich aufnahm, führte dort einen Gemischtwarenladen. Der junge John arbeitete eine Zeitlang bei ihm mit, dann fand er eine Anstellung in einem Laden in Elora. In diesem Ort schloß er sich der Baptistengemeinde an und wurde bald Laienprediger. In Elora lernte er auch Sophia Stafford kennen, die im Chor der Methodistenkirche sang, und verlobte sich mit ihr. Als John 23 war, heirateten er und Sophia und ließen sich in Toronto nieder. Dort fand er eine Anstellung bei einer Bank und stieg bald zum Kassierer auf.

Sophia war eine ebenso eifrige Seelengewinnerin wie ihr Mann. John verbrachte seine Abende damit, auf der Straße, in Sälen und Theatern Christus zu verkünden. Am Tag des Herrn hielt er Versammlungen im Park ab. Unterdessen nutzte seine Frau jeden Kontakt, den sie hatte, um Zeugnis von dem Heiland zu geben.

Ihre bescheidene Wohnung war ein Heim voller Gottesfurcht. Sie wurde zum Treffpunkt für viele Christen in Toronto und ein Hafen der Ruhe für reisende Prediger des Evangeliums. John suchte bald nach seiner Hochzeit mit Sophia die Gemeinschaft mit Christen, die als „Brüder" bekannt sind. Die reisenden Boten Christi aus dieser Gemeinschaft von Gläubigen waren häufig Gäste der Ironsides.

John war als der „Ewigkeits-Mann" bekannt, weil er die Gewohnheit hatte, jeden neuen Bekannten zu fragen: „Wo wirst du einmal die Ewigkeit verbringen?" Wie freute er sich doch auf die Besuche seiner Brüder und wie sehr genoß er sie! Es waren großartige Zeiten, die sie miteinander verbrachten, wenn sie über das Wort Gottes sprachen und durch Sein Wort mehr und mehr über den Herrn Jesus Christus erfuhren.

Aber es wird Zeit, daß unsere Chronik beginnt, und zwar mit einem Ereignis, das sich im Leben von John und Sophia zutrug. Das Heim dieses ernsthaften und hochgeschätzten christlichen Ehepaares wurde am 14. Oktober 1876 mit einem Neuankömmling beschenkt. Es wurde beinahe eine tragische Begebenheit für sie. Der neugeborene Säugling wurde von dem anwesenden Arzt für eine Totgeburt gehalten, und alle kümmerten sich um die Mutter, die schwach und ernstlich krank da lag. Doch zum Erstaunen des Arztes entdeckte eine assistierende Krankenschwester 40 Minuten später, daß der Puls des Kindes schlug. Nach Anweisung des Arztes verabreichte sie dem Baby ein heißes Bad, und bald darauf hörten sie es lebhaft aufschreien: eine erste Kostprobe seiner kräftigen Lungen und Stimmbänder. Dieser kleine Säugling, der buchstäblich durch Gottes Gnade von den Toten wiedergebracht wurde, war Henry Allan Ironside, dessen Geschichte auf diesen Seiten berichtet wird.

Kaum zwei Jahre nach der Ankunft ihres ersten Kindes wurde den Ironsides ein weiterer Sohn geboren, John Williams Ironside Jr. Drei Wochen später wurde dieses kleine Heim von schmerzlichem Verlust und Kummer heimgesucht. Der Vater der Familie erkrankte an Typhus und ging binnen weniger Tage zum Herrn heim. Er war in seinem 27. Lebensjahr.

Sophia trauerte nicht verzweifelt wie andere, die keine Hoffnung haben; das Wort Gottes erfüllte sie mit Trost, und sie wußte sich geborgen in Seinen Verheißungen. Aber sie wäre nicht menschlich gewesen, nicht die sanfte und liebende Frau eines hingegebenen Ehemannes, wenn sie bei seinem Tod keine Tränen vergossen hätte – nicht seinetwegen, aber ihrer Einsamkeit und ihrer lieben Kinder wegen. Diese Jungen mußten ohne persönliche Erinnerung an ihren Vater aufwachsen, der von seinen Brüdern überall in Kanada und den Vereinigten Staaten in achtungsvollem Andenken gehalten wurde.

Viele Jahre später, als der ältere Sohn als ein Prediger des Evangeliums nach Toronto zurückkehrte, wurde er immer wieder gefragt, ob er ein Sohn des „Ewigkeits-Mannes“ sei. Er fand dort eine große Anzahl von Menschen, die sich durch seinen Vater bekehrt hatten. Sie waren im Glauben geblieben und lebten ganz für Christus. John Williams Ironside, der sich selbst für den Heiland zu Tode gepredigt hatte, hinterließ ein brennendes Licht, das nach einem Vierteljahrhundert immer noch zur Ehre Christi leuchtete.

Kapitel 2

Der Witwe ein Ehemann, den Vaterlosen ein Vater

„Erziehe den Knaben seinem Wege gemäß, und er wird nicht davon weichen, auch wenn er alt ist“ (Sprüche 22,6).

Oft finden wir im Leben von Männern Gottes, daß die unsichtbare Hand ihres Schöpfers und Herrn sie schon früh so prägte und formte, daß sie auf ihren späteren Dienst vorbereitet wurden. Auch von Henry Allan Ironside kann das im Hinblick auf seinen Dienst in Bibellehre und Evangelisation, den Gott ihm anvertraute, gesagt werden. Denn schon in frühester Kindheit lernte er durch Beobachtung, was es heißt, in materiellen Dingen beständig auf Gott zu vertrauen. Ebenso prägte sich bei ihm ein, welch wichtige Stellung die Schrift im Leben von Gottes Volk und bei der Gewinnung verlorener Seelen einnimmt.

Das Leben war nicht leicht für die Witwe des „Ewigkeits-Mannes“. Wenn man gerade erst 26 Jahre alt geworden ist, hat man noch keine Ersparnisse gesammelt oder gar ein Vermögen angehäuft. Seine kleine Familie und seine Großzügigkeit gegenüber anderen hatten fast alles verbraucht, was John Ironside verdienen konnte. So kam es, daß Sophia den Lebensunterhalt für sich und die beiden Jungen selbst bestreiten mußte, als der zweite kaum drei Wochen alt war. Sie setzte das ein, was sie beherrschte, um Geld zu verdienen: ihre Nähkunst. Wie Dorkas damals machte sie Kleider und Mäntel mit ihrer Nadel, und zur gleichen Zeit war sie „reich an guten Werken und Almosen, die sie übte“.

Durch ihre Unternehmungsfreude und Geschicklichkeit bekam Sophia Ironside mit der Zeit mehr Arbeit, als sie alleine bewältigen konnte. So war sie genötigt, andere Frauen einzustellen, die ihr in ihrem kleinen Geschäft halfen. Aber das war nicht von

Anfang an so, und die ersten Jahre ihrer Witwenschaft waren entbehrungsreiche Zeiten. Dabei wurden ihr Vertrauen zu Gott und ihre Festigkeit aufs Härteste geprüft.

Mit dem Heimgang des Vaters der Familie hörte das Haus Ironside nicht auf, eine Zufluchtsstätte für die Botschafter des Königs zu sein. Alte Freunde kamen nach wie vor vorbei und fanden die Prophetenkammer auf einladende Weise für sie hergerichtet. Es war jetzt schwer für Sophia, die beiden Jungen und sich mit Nahrung zu versorgen. Wenn Besuch ins Haus kam, dann sah es mit den Vorräten oft sehr mager aus. Aber Sophias Leben war von stillem Vertrauen und von der Zuversicht zu Gott geprägt. Henry Allan bemerkte bald, wie wirksam der Glaube seiner Mutter war.

Einmal hieß es, zwei Männer würden zu Besuch kommen: John Ironsides Bruder Henry und sein Freund William Manners. Sophia wußte einfach nicht, wie sie den beiden auch nur ein einziges Mahl anbieten konnte. Gerade in solchen Umständen war ihr Glaube am größten, denn dann brauchte sie ihn am dringendsten. Also fiel sie auf ihre Knie, breitete den ganzen Besuch vor ihrem Herrn aus und bat Ihn, entsprechend Seiner Verheißung all ihren Mangel auszufüllen. Ruhend in der Gewißheit des Wortes bereitete sie den Besuchern die erste Mahlzeit. Als diese nach dem Abendessen fortgegangen waren, fand sie unter einem der Teller eine Zehn-Dollar-Note. Die Tränen strömten ihr über die Wangen, als sie Gott dafür Dank darbrachte.

Das war nicht das einzige Erlebnis solcher Art. Immer wieder erlebten die Jungen Gottes Wirken als eine Antwort auf Gebet. Als sie nur ein wenig älter waren, war der Speiseschrank wieder einmal fast leer. Sophia betete über dieser Sache und wartete auf Gottes Eingreifen. Aber es war keine Antwort zu hören oder zu sehen. So setzte sich die kleine Familie eines Morgens an den Frühstückstisch, ohne irgend etwas zu essen zu haben. Zum Trinken gab es nur Wasser. Es war das einzige Mal in ihrem Leben in Toronto, daß so etwas vorkam.

„Wir werden jetzt danken, Kinder“, sagte die Mutter. Dann schloß sie ihre Augen und sprach mit Gott. „Vater“, betete sie, „Du hast in Deinem Wort versprochen ‚dein Brot und dein Wasser wird er dir segnen‘. Das Wasser haben wir, und wir danken Dir dafür. Und nun vertrauen wir Dir, daß Du uns Brot oder etwas Entsprechendes geben wirst.“

Beim ersten deutlich hörbaren Klopfton waren die Jungen auf ihren Beinen und rannten zur Tür, um zu sehen, wer draußen stand. War es Gottes Antwort auf das Gebet ihrer Mutter? In der Tat, so war es – Gott antwortete durch den Mann, der vor der Türe stand. „Mrs. Ironside“, sagte er, als sie ebenfalls zur Tür gekommen war, „ich schäme mich sehr! Seit Monaten sind wir in Ihrer Schuld wegen des Kleides, das Sie meiner Frau gemacht haben. Wir hatten kein Geld gehabt, um Sie dafür zu bezahlen. Aber jetzt sind wir gerade bei der Kartoffelernte, und wir dachten, Sie würden vielleicht einen Zentner als Zahlung für die fällige Rechnung nehmen.“

„Natürlich, sehr gerne!“ antwortete Sophia, und der Mann trug die Kartoffeln ins Haus. Mrs. Ironside brauchte nicht lange, um einige davon in die Pfanne zu bekommen, und so gab es an diesem Tag Kartoffeln und Wasser zum Frühstück. Die Mutter dankte Gott nochmals für Seinen Beistand in der Stunde der Not.

Solche Lektionen der Kindheit hat der, von dem diese Biographie handelt, sein Leben lang nicht vergessen. Und sie waren ihm von großem Nutzen, wie er später bereitwillig bekennt. Aber Sophia Ironside bemühte sich nicht nur, ihre Jungen zu lehren, daß man Gott in materiellen Dingen vertrauen sollte. Sie leitete sie auch an, Sein Wort kennenzulernen und zu ehren. Durch ihr beständiges Gebet für die Errettung ihrer Söhne war sie ihnen ein eindrucksvolles Vorbild darin, was es bedeutet, eine brennende Liebe für die Seelen anderer zu haben. Obwohl sie immer sehr viel zu tun hatte, vernachlässigte sie nicht die eine große Berufung jedes Gotteskindes: von Jesus Christus zu zeugen.

Sechzig Jahre sind inzwischen vergangen, und seit über einem halben Jahrhundert hat sich ihr Gebet nun schon erfüllt: nämlich, daß Henry gerettet werden möge und als Straßenprediger dienen möge wie sein Vater. In der Zwischenzeit hat Henry Allan Ironside mit vielen Predigern auf Freiversammlungen, mit Missionsleitern, Evangelisten, Missionaren und Bibellehrern zusammengearbeitet. Doch von seiner Mutter sagt er: „Meine Mutter war eine der ernsthaftesten Arbeiterinnen in der persönlichen Evangelisation, die ich je gekannt habe."

Sophia hatte wenig freie Zeit, um zu den Menschen hinauszugehen, aber das war für sie kein Hindernis. Selbst nachdem sie andere Frauen angestellt hatte, um in dem jetzt betriebsamen, aber kaum einträglichen Kleiderunternehmen zu helfen, arbeitete sie jeden Tag bis spät in die Nacht hinein. Die Öllampen wurden selten vor Mitternacht gelöscht. Um sechs Uhr morgens war Sophia schon wieder mit der Nadel oder an der Nähmaschine tätig, wo ihre Jungen sie finden konnten, wenn sie aufstanden. Nein, sie konnte schlecht fortgehen, um mit Leuten über ihr Seelenheil zu sprechen. Aber die Kunden kamen zu ihr ins Haus, und eine ganze Reihe von ihnen wurde durch ihr treues Zeugnis zu Christus geführt.

Wenn ein neues Mädchen eingestellt wurde, um in dem kleinen Geschäft mitzuarbeiten, dann fing Sophia bald an, ihr Seelenheil zu suchen und mit ihr über den Herrn zu reden. Für Harry (denn so wurde Henry jetzt gerufen) und John war es ein Vergnügen, zu beobachten, wie lange es dauerte, bis die neue Arbeiterin „gerettet" war. Ein paar Tage nach ihrer Ankunft sagte John meistens: „Jetzt weint sie!", und dann spähten die beiden aufgeweckten Burschen in das Zimmer, wo das Mädchen am Arbeiten war, und stellten fest, daß ihr die Tränen herunterliefen, weil sie im Stillen weinte.

Ein oder mehrere Tage mag es gedauert haben, oder auch nur ein paar Stunden, bis dann einer der beiden dem anderen berichtete:

„Jetzt strahlt sie! Ich schätze, sie ist gerettet." Ihre Mutter sprach in der Regel mit diesen jungen Frauen einfach über ihre Sünde und ihre Not, und welch großartige Vorkehrung Gott in Seinem Sohn getroffen hat. Das tat sie auch mit allen anderen, mit denen sich eine Unterhaltung ergab. Früher oder später wurde in ihren Herzen eine Veränderung bewirkt.

Aber die Zeit vergeht wie im Flug, und schon befindet sich Harry in seinem achten Lebensjahr und John in seinem sechsten. Keiner der Brüder hatte bis dahin eine persönliche Begegnung mit dem Herrn erfahren. Ohne Unterlaß betete Sophia für sie. Harry erinnert sich noch an den Kern ihrer flehentlichen Bitten, die sie für ihn an Gott richtete: „Vater, rette meinen Jungen früh! Halte ihn davon ab, je etwas anderes zu begehren, als für dich zu leben! Mache aus ihm einen Straßenprediger, wie es sein Vater war. O Vater, mache ihn bereit, sich treten und schlagen zu lassen, alle Schande oder sonstiges Leid zu ertragen um Jesu willen." Er dachte: „O Mann, das würde mir gerade noch fehlen!" – und war nicht sehr begeistert davon. Aber diese Gebete sind auf wunderbare Weise erhört worden, wenn auch nicht gerade zu jener Zeit.

Man kann religiös sein, ohne wirklich Christus zu gehören, und so erging es Harry damals. Seit dem er drei Jahre alt war, hat er die Schrift auswendig gelernt. Der erste Vers, den er sich merkte (nach dem Lieblingsvers der meisten Kleinen „Jesus weinte") war Lukas 19,10: „Denn der Sohn des Menschen ist gekommen, zu suchen und zu erretten, was verloren ist." Das ist ein Vers, den er nie vergessen hat, genauso wenig wie andere Schriftworte, die in jenen Tagen in sein Bewußtsein eingeprägt wurden. Es ist viel leichter, solche Dinge zu behalten, wenn man jung ist, als in späteren Jahren. Dennoch kannte Harry diese Abschnitte der Bibel nur aus dem Gedächtnis, er hatte sie noch nicht mit dem Herzen erkannt. Immer wieder fragte ihn seine Mutter, ob er schon errettet sei. Auch Besucher, die ins Haus kamen, suchten ihn zum Herrn zu führen. Dann ging er diesen Fragen aus dem Weg oder antwortete mit „Nein“ und machte sich so bald wie möglich davon, was nicht immer auf die taktvollste Weise geschah.

In seinem achten Lebensjahr war Harry nun schon alt genug, um ziemlich gut lesen zu können, und er wählte „Gullivers Reisen“ und „Grimms Märchen“ zu seiner Lieblingslektüre. Eines Tages hörte er von einem Mann, der in jedem Jahr die ganze Bibel durchlas, und er beschloß, das ebenfalls zu tun. Er schaffte es das erste Mal in einem Jahr, indem er an Wochentagen drei Kapitel und an Sonntagen fünf las. In seinem neunten Lebensjahr las er sie zweimal, und mit vierzehn hatte er „sich selbst eingeholt“, wie er es bezeichnet, weil er die Bibel bis dahin vierzehnmal durchgelesen hatte. Von da an hat er es in keinem Jahr versäumt, die Heilige Schrift wenigstens einmal von vorn bis hinten zu lesen. Welchen besseren Weg als diesen könnte es geben, das Wort als Ganzes kennenzulernen?

Zu den treuesten Besuchern des Hauses Ironside in Toronto gehörten zwei schottische Evangelisten, die meist gemeinsam unterwegs waren. Einer der beiden war sehr hochgewachsen und trug einen langen, braunen Bart. Sein Name war Donald Munro. Der andere war ziemlich klein. Er hatte ebenfalls einen langen Bart und buschige, sehr struppige Augenbrauen. Harry machte es immer Spaß, zuzusehen, wie er sie stutzte. Sein Name, John Smith, kam sehr häufig vor – ganz im Gegensatz zu seinem Spitznamen, der „Höllenfeuer-Hans“ lautete, bildhaft und erschreckend genug, um das Interesse jedes phantasievollen Jungen zu erregen.

Aber diese beiden machten Harry mehr als irgendwelche anderen das Leben sauer. Jeden Morgen nämlich, wenn sie die Treppe herunterkamen, um zu frühstücken, und auch bei anderen Gelegenheiten, zu gelegener und ungelegener Zeit, fragte ihn der eine oder der andere: „Harry, mein Junge, bist du wiedergeboren?“ Er antwortete ihnen gewöhnlich, indem er ihnen erzählte, daß er Traktate verteile und die Schrift auswendig lerne oder die Sonntagsschule besuche. Aber jedesmal lief ihre Antwort auf die

Ermahnung hinaus: „Mein lieber Junge, du kannst Traktate verteilen und trotzdem die ganze Ewigkeit in der Hölle verbringen. Du mußt von neuem geboren werden, Harry!“

In späteren Jahren behielt Harry diese zwei Reiseprediger als Männer in Erinnerung, die „die Atmosphäre der Ewigkeit mitbrachten“. Aber das war, als er Christ geworden war und selbst das Wort predigte und sich um verlorene Menschen bemühte. Dem zehnjährigen Jungen erschienen sie als eine Plage und Geißel. So war einer seiner ersten Gedanken, als ihre Mutter ihren beiden Söhnen eröffnete, daß sie Toronto verlassen und nach Kalifornien umziehen würden: „Sehr gut, vor den beiden Kerlen bin ich dann wenigstens sicher!“ Er sollte eines Besseren belehrt werden. Ihm sollte auch bewußt werden, daß er gerade begonnen hatte, zu erkennen, was es bedeutet, unter der schützenden Fürsorge des allmächtigen Gottes zu stehen.

KAPITEL 3

Durch Glauben in ein fremdes Land

„Weil du von Kind auf die heiligen Schriften kennst, die Kraft haben, dich weise zu machen zur Errettung durch den Glauben, der in Christus Jesus ist“ (2. Timotheus 3,15).

Eine Zugfahrt von Toronto nach Los Angeles im Jahre 1886 war schon für einen Erwachsenen ein großes Ereignis. Für einen Zehnjährigen aber bedeutete sie ein unvergeßliches Abenteuer. Harry und sein Bruder John waren noch nie zuvor von Kanada in die Vereinigten Staaten hinübergefahren. So war es für sie fast ein Traum, daß sie den ganzen Weg bis an die Westküste Amerikas reisen sollten.

Unterwegs sahen die zwei Jungen neue Gesichter und unbekannte Orte; sie wurden nicht müde, den ehrwürdigen, schnauzbärtigen Schaffnern zuzuschauen, wie sie die Fahrkarten einsammelten oder abknipsten. Wenn der Zug anhielt, liefen die Jungen ihnen in den Gängen der Waggons hinterher oder starrten sie mit weitgeöffneten Augen an, wenn sie am Strick zogen, um dem Lokführer das Signal zur Abfahrt zu geben. Bei jedem längeren Aufenthalt auf einem Anschlußbahnhof stiegen die beiden aus und betrachteten mit Ehrfurcht und Bewunderung die Lokomotive, die dampfte und zischte, als wenn sie von ihrer mühsamen Arbeit müde geworden wäre. Sophia war, wie alle Mütter damals und heute, die mit ihren Kindern unterwegs sind, ganz damit beschäftigt, sich um die zwei Jungs zu kümmern. Wenn auch die Fahrt für sie nicht ohne Reiz war, konnte sie doch den Tag ihrer Ankunft am Ziel der Reise kaum erwarten.

Als die kleine, vierköpfige Familie (Onkel Allan Ironside war auch dabei) am 12. Dezember 1886 Los Angeles erreichte, wurde sie von typisch kalifornischem Wetter empfangen, denn es war ein milder, wolkenloser Tag. Es schien ein Zeichen des Einverständnisses vom Herrn zu sein, um die guten Hoffnungen Sophias zu bestärken, die sie seit dem Tag gehegt hatte, als ihr Freunde das erste Mal rieten, an die Küste zu ziehen. Bald konnten die Ironsides eine kleine Wohnung in Los Angeles beziehen.

Die beiden Jungen kamen kurz darauf in die Schule. Sonntags machten sie hin und wieder einen Spaziergang in der Stadt. Dabei war der junge Harry, obwohl erst elf Jahre alt, schockiert und seltsam aufgewühlt beim Anblick der verschiedensten gottlosen Dinge, die ihm bis dahin völlig unbekannt gewesen waren: Kneipen und Spielhallen waren am Tag des Herrn geöffnet, und die Trunksucht grassierte überall. In seiner eigenen Nachbarschaft gab es nicht einmal eine Sonntagsschule, und so beschloß der junge Kerl, daß er selber eine aufmachen mußte.

Harry rief die Jungen und Mädchen zusammen, die er kannte, und sprach mit ihnen über seine Absicht. Er beauftragte die Jungen, alle Säcke und Rupfentaschen zu sammeln, die sie finden konnten. Dann organisierte er einen Nähkreis, die aus den Mädchen bestand. Sie nähten das Sackleinen zusammen, und innerhalb kürzester Zeit begann die Sonntagsschule unter dem Schutz eines Zeltes aus Sacktuch, das für etwa hundert Personen Platz bot. Weil es keinen Lehrer gab, übernahm Harry das Unterrichten. Im ersten Jahr der Schule lag die durchschnittliche Besucherzahl etwa bei sechzig, größtenteils Jungen und Mädchen, aber auch ein paar Erwachsene.

Wenn Harry kein anderes Predigtthema einfiel, dann kam er immer auf Jesaja 53 zurück. Er hatte jedoch selbst keine wirkliche Gewißheit, errettet zu sein. Er dachte, er sei Christ, weil er ja in einer christlichen Familie erzogen worden war. Er fand, daß jeder die Bibel kennen sollte und hielt sich selbst für einen Missionar, der diese Menschen darin unterrichten mußte. Er war ziemlich stolz auf seine Frömmigkeit und auf seine Vertrautheit mit einem Buch, von dem andere kaum etwas wußten. Es befriedigte ihn ungemein, wenn einer der Erwachsenen ihm auf die

Schulter klopfte und sagte: „Gott segne diesen kleinen Prediger!“ Wie Timotheus kannte er von Kind auf die heiligen Schriften. Aber im Gegensatz zu Timotheus war er noch nicht an den Punkt gekommen, wo sie ihn weise gemacht hatten „zur Errettung durch den Glauben, der in Christus Jesus ist“.

Ungefähr um diese Zeit, in Harrys zwölftem Lebensjahr, geschah etwas, das einen bleibenden Eindruck bei ihm hinterlassen sollte und sich bestimmend auf seinen ganzen weiteren Weg auswirkte: Im Jahre 1888 kam Dwight L. Moody nach Los Angeles, um dort einen großen Evangeliumsfeldzug durchzuführen. Die Veranstaltungen fanden im Hazzard's Pavillon statt, das 8.000 Sitzplätze hatte. Jeden Abend war der Saal zum Bersten voll.

Harry ging am ersten Abend alleine hin und kam verspätet, als schon gesungen wurde. Es war kein einziger Platz mehr zu haben, nicht einmal für einen kleinen Kerl. Aber da er ein aufgeweckter, entschlossener Junge war, hörte er nicht auf, nach einem Sitzplatz zu suchen. Er stieg zur ersten Empore hinauf, dann zur zweiten. Dort entdeckte er einen gleichaltrigen Jungen, der offensichtlich ebensoviel Entschlossenheit besaß, wie er selbst: in einem Winkel von 45Þ lag er auf einem durchgehenden Balken, der die zweite Empore mit der Spitze des Daches verband. Das schien Harry ein kluger Einfall zu sein. So suchte er sich einen anderen Balken dieser Art, kletterte hinauf und kroch bis zu einem hervorragenden Aussichtspunkt, wo er sich an dieser und weiteren Veranstaltungen erfreute.

Schon der Gesang, der noch eine Weile andauerte, begeisterte ihn. Dann kam der Augenblick, als Mr. Moody aufstand, um zu sprechen. Er war ein kleiner, untersetzter Mann mit einem großem Kopf, einem grauen Bart und einem etwas kurzgeratenen Hals. Moody begann in einer lebendigen, sehr wirkungsvollen Weise zu predigen. Der Predigttext, den er für diesen ersten Abend gewählt hatte, war Daniel 5,27: „Du bist auf der Waage gewogen und zu leicht befunden worden!“ Mit großer Überzeugungskraft erzählte der Prediger die Geschichte der Sünde und des Verderbens von Belsazar.

Zu denjenigen unter den Zuhörern, die tief bewegt waren, gehörte der junge Harry. Hoch dort oben auf seinem Dachsparren, während die Predigt ihren Lauf nahm, erhob der Junge sein Herz zu Gott und betete: „Herr, hilf mir, daß ich eines Tages auch zu solchen Menschenmengen predigen und Seelen zu Christus führen darf!“ Dieses Gebet ist auf erstaunliche Weise beantwortet worden. Harry Ironside hat in den folgenden Jahren oft zu ähnlich großen Menschenmengen gesprochen und durch Gottes Gnade viele Seelen zu Christus geführt. 42 Jahre nach diesem Gebet wurde er Pastor der Gemeinde, die Dwight L. Moody gegründet hat.

Nicht nur den Schrifttext der Predigt hat Harry behalten, sondern auch die Botschaft selbst hat sich in sein Herz eingebrannt. Als er sie einige Jahre später wieder las, sagte er: „Ich war überrascht, wie wenig ich davon über die Jahre hinweg vergessen hatte.“ Drei Dinge an Moodys Predigtstil prägten sich dem Jungen an diesem Abend ein: Mr. Moody sprach nur 35 Minuten lang; er zitierte viele Schriftstellen, unterstrichen durch bewegende Beispiele, die sehr schlicht und einfühlsam waren, und er schärfte seinen Zuhörern die Wichtigkeit des klaren, persönlichen Glaubens an den Herrn Jesus Christus als Retter ein. Diejenigen, welche Ironside predigen gehört haben, werden feststellen, daß diese Eindrücke von Dauer gewesen sind, Lektionen, die er gut gelernt hat.

Eines Abends ging Harry mit seiner Mutter und ein paar ihrer Bekannten zu der Veranstaltung. Sie waren zeitig dran und konnten ziemlich weit vorne Plätze bekommen. So ließ Harry an diesem Abend seinen Stammplatz auf dem Balken leer und blieb bei den anderen. Da sah er Moody zum ersten Mal richtig deutlich, und er dachte: „Besonders gut sieht er ja nicht gerade aus.“ Aber dann fing Moody an zu predigen. Sein Thema war „Säen und Ernten“, und für den Jungen schien das Gesicht des Evangelisten derart aufzuleuchten, daß er schön war in seiner Ernsthaftigkeit und gütigen Anteilnahme. Als die Gesellschaft nach dem Abend nach Hause ging, sagte einer der Männer: „Moody wirkt auf mich wie ein ganz gewöhnlicher Mann. Ich habe schon viele besser predigen gehört als er.“ „Ja“, antwortete Sophia, „aber Moody gewinnt Seelen!“

Gerade das war es an Dwight L. Moody, was sich mehr als alles andere ins Herz des zwölfjährigen Jungen eingrub. Nicht seine bemerkenswerte Beredtheit oder seine herausragende Predigergabe machten Moody zu einem solch wirkungsvollen Evangelisten. Es war die Tatsache, daß er vom Heiligen Geist beherrscht wurde und daß seine Predigt aus einem Herzen kam, das die Nöte und Bedürfnisse seiner Zuhörer verstand und nachempfand.

Der junge Ironside setzte seine religiösen Aktivitäten fort. Es war eine gute Arbeit, aber ihr fehlte die Kraft, weil der Arbeiter noch nicht errettet war. Manchmal fürchtete er um seine Seele, aber er unternahm nichts gegen ihre schreiende Not. Er war sich bewußt, daß eine bewahrende Hand ihn davor zurückhielt, sich in die Attraktionen zu stürzen, die die Welt zu bieten hatte. Er beging Sünden, aber irgendwie wurde er von den vielen schmutzigen Dingen ferngehalten, die einige seiner Freunde, oft älter als er, genossen.

Inzwischen war Harry in der Mittelstufe der höheren Schule. Es war sein vierzehntes Lebensjahr. Als er eines Nachmittags von der Schule heimkam, sprach ihn seine Mutter, sichtlich aufgeregt an: „Harry, was meinst du, wer da ist?“ Weil sie so erfreut aussah, dachte Harry, es müßte Onkel Henry sein. Seine Mutter sagte, er solle noch einmal raten, aber ohne seine Antwort abzuwarten, gab sie sie: „Es ist Mr. Munro!“ Einer der bärtigen Evangelisten aus Toronto hatte ihn schließlich eingeholt!

Als Harry ins Haus ging, wußte er, was kommen würde, und genau das kam auch. „Schön, dich zu sehen, Harry“, begrüßte ihn Donald Munro. „Wie groß du geworden bist! Und bist du schon wiedergeboren, mein Junge?“ Harry ließ seinen Kopf hängen und wurde rot vor Verlegenheit. Er mochte diese Frage jetzt genauso wenig wie früher, und er wußte nicht recht, was er sagen sollte.

Sein Onkel Allan, der auch im Zimmer war und mit ihm fühlte, sagte: „O, Harry predigt schon selbst“, und meinte damit natürlich seine Sonntagsschule. „Du predigst, und trotzdem hast du noch keine Gewißheit, errettet zu sein!“ rief Mr. Munro erstaunt aus. „Geh und hole deine Bibel, mein Junge!“ Harry, der über jeden Anlaß froh war, dieses Zimmer zu verlassen, flüchtete die Treppe hinauf. Er wußte, daß er wieder herunterkommen mußte, aber er ließ so viel Zeit verstreichen wie nur irgend möglich. Als er schließlich nicht länger wegbleiben konnte, ohne unhöflich zu sein, kam er mit seiner Bibel in der Hand herunter.

Als erstes bat Mr. Munro Harry, Römer 3,19 aufzuschlagen. Der Junge tat es, und Mr. Munro sagte: „Jetzt lies es vor!“ Harry gehorchte: „Wir wissen aber, daß alles, was das Gesetz sagt, es denen sagt, die unter dem Gesetz sind, auf daß jeder Mund verstopft werde und die ganze Welt dem Gericht Gottes verfallen sei.“ Kaum hatte er zu lesen begonnen, da wußte Harry schon, warum sein Bibellehrer diese Stelle gewählt hatte.

„Harry, Junge, bist du jemals schon so weit gewesen?“ fragte Mr. Munro. „Was meinen Sie damit?“ entgegnete der Junge. „Nun“, sagte der Mann, „ich sehe, daß du deinen Mund ziemlich weit aufgesperrt hast und versuchst, anderen Menschen zu predigen. Wenn Gott jemanden zum Prediger macht, dann bringt Er ihn erst einmal zum Schweigen. Dann, wenn er seinen verlorenen Zustand erkennt, führt Gott ihn dazu, sein Vertrauen auf den Herrn Jesus zu setzen. Wenn er glaubt, wird er aus Gott geboren, und seine Seele ist gerettet. Dann öffnet Gott seinen Mund. Du hast das Pferd von hinten aufgezäumt, nicht wahr?“ „Das kann schon sein“, antwortete Harry.

Hier endete das Gespräch scheinbar. Aber Harry Ironside konnte die eindringlichen Worte von Donald Munro nicht mehr aus seinem Herzen verdrängen. Der Teufel säte Rebellion in seinen beunruhigten Geist. Innerhalb weniger Wochen gab Harry die Sonntagsschule auf, denn er spürte, daß seine Seele verloren war. Wenn er nicht errettet war, hatte er kein Recht, seinen Mund für Gott aufzumachen. Er wußte, daß es einen Weg gab, das zu überwinden, was ihn daran hinderte, diese so heiß geliebte Arbeit zu tun. Aber er war nicht bereit, sich dem Herrn zu übergeben.

Nicht daß er sich des Evangeliums geschämt hätte. Er hatte es oft verkündigt und sich dafür schon manches Mal Spott eingehandelt. Es war ihm so ernst damit gewesen, Prediger zu werden, daß er in jüngeren Jahren sogar im Spiel auf einen Stuhl gestiegen war und so getan hatte, als sei er ein Evangelist. Nein, das Hindernis, so dachte er, lag darin, daß er sich nicht dazu zwingen lassen wollte, ein Christ zu werden. Er war ein Anführer, ein Vorbild seiner Kameraden gewesen. Er konnte doch nicht den Anschein erwecken, als müsse er von vorne anfangen, seine Sünden bekennen und Christus als seinen Heiland und Herrn annehmen! Er wurde empfänglich für die Pfeile Satans. Der Teufel, der raffinierte Widersacher, versuchte ihn mit der Masche, die schon viele zu Fall gebracht hat. „Wenn du schon verloren bist", schlug er dem unglücklichen Jungen vor, „wenn du nicht würdig bist, das Wort Gottes zu predigen, warum genießt du dann nicht all die Dinge der Welt, von denen du dich so lange ferngehalten hast?"

Nur zu gerne schenkte der Junge den Einflüsterungen des Teufels Gehör, und zu ersten Mal in seinem Leben gab er sich fast allen Torheiten dieser Welt hin. Aber eines beunruhigte ihn – er war in der Welt nie glücklich. Er konnte sich nicht mit all den Dingen einlassen, von denen er immer gewußt hatte, daß sie verkehrt sind, ohne unter schmerzhaften Gewissensbissen zu leiden. Dieser Zustand dauerte gute sechs Monate.

Eines Donnerstagabends im Februar 1890 nahm Harry an einer Party für junge Leute teil, unter denen er fast der Jüngste war. In einem großen Raum spielte die Musikgruppe. Im Nebenzimmer stand ein Gefäß mit einem Erfrischungsgetränk bereit. Harry begab sich dorthin, zum einen, um vor der lauten Ausgelassenheit zu flüchten, zum anderen, um etwas zu Trinken zu holen. Als er dort alleine in dem Raum stand, fielen ihm einige Bibelverse ein, die er auswendig gelernt hatte. Man vermutet kaum, daß ein vierzehnjähriger Kerl gerade diese Verse einmal seinem Gedächtnis einverleibt hat, auch nicht, daß sie ihm zu einem solchen Zeitpunkt einfallen würden. Aber dieser Junge unterschied sich von den meisten anderen darin, daß er die Bibel nun schon vierzehnmal gelesen hatte.

Das Wort, das der Geist Gottes ihm ins Bewußtsein rief, steht in Sprüche 1,23-28: „Wendet euch um zu meiner Zucht! Siehe, ich will euch meinen Geist hervorströmen lassen, will euch kundtun meine Reden. Weil ich gerufen, und ihr euch geweigert habt, meine Hand ausgestreckt, und niemand aufgemerkt hat, und ihr all meinen Rat verworfen und meine Zucht nicht gewollt habt: so werde auch ich bei eurem Unglück lachen, werde spotten, wenn euer Schrecken kommt; wenn euer Schrecken kommt wie ein Unwetter, und euer Unglück hereinbricht wie ein Sturm, wenn Bedrängnis und Angst über euch kommen. Dann werden sie zu mir rufen, und ich werde nicht antworten; sie werden mich eifrig suchen, und mich nicht finden."

Harry war sprachlos. Jedes Wort schien sich in die tiefsten Tiefen seines Herzens einzubrennen. Er sah wie nie zuvor seine schreckliche, schreiende Schuld vor Gott, die Schwärze seiner Sünden und die Verhärtung seines eigenwilligen Herzens, das sich bewußt dazu entschlossen hatte, sein Vertrauen nicht auf Christus zu setzen. Er hatte es vorgezogen, seinen eigenen Weg zu gehen, statt den Willen des Herrn zu tun, der am Kreuz für ihn gestorben war.

Harry ging zu dem überfüllten Raum zurück, aber er hielt es dort nicht lange aus. Alles erschien ihm so hohl und nichtig. Wie konnten sie lachen und einfach so weitermachen, während Gottes Gericht über ihnen schwebte? Es war ihm, als ob sie alle mit geschlossenen Augen an der Kante eines tiefen Abgrundes entlanghüpften – unter sich die drohende Finsternis des ewigen Todes. Und er war der Allerschlimmste, denn er kannte Gottes Wort besser als sie. So schnell er konnte, eilte er nach Hause, denn er sehnte sich danach, in der Abgeschiedenheit seines Zimmers allein zu sein.

Es war schon nach Mitternacht, als Harry nach Hause kam. Er zog seine Schuhe aus, um unbemerkt in sein Zimmer schleichen zu können. Aber Sophia war eine wachsame und liebende Mutter, die nicht schlafen konnte, solange ihr Junge noch weg war. Es kann kaum Zweifel darüber geben, daß sie für ihn gebetet hatte. Sie bat ihn, in ihr Zimmer zu kommen, aber er eilte weiter mit den Worten „Tut mir leid, daß es so spät geworden ist!“ Denn eines war für ihn sicher: Er wollte „errettet werden“, und zwar sofort, hier und jetzt.

Als er in sein Zimmer kam, fiel der Junge auf seine Knie und betete: „Herr, rette mich!“ Dann kam ihm die Frage in den Sinn: Um was bete ich eigentlich? Um Errettung? Will Gott mich eigentlich nicht retten? Heißt es nicht in der Bibel, daß Er nicht will, daß irgend jemand verloren geht? Bitte ich denn um etwas, das Gott schon die ganze Zeit tun wollte?

Harry erinnerte sich, daß Mr. Munro ihm Römer 3 zu lesen gegeben hatte, also schlug er dieses Kapitel auf. Er verstand das meiste davon, aber damit gab er sich nicht zufrieden. Dann fiel ihm ein, daß seine Mutter oft gesagt hatte, der Ort, um mit Gott zu beginnen, sei bei Römer 3 und Johannes 3. Also blätterte er zurück bis zum dritten Kapitel des Johannesevangeliums. Er kannte es auswendig, aber trotzdem las er es durch. Es hatte vorher noch nie einen besonders tiefen Eindruck auf ihn gemacht. Aber diesmal war es anders. Als er zu Vers 14 kam, der davon berichtet, daß Mose in der Wüste die eherne Schlange erhöhte, da schlug es bei ihm ein wie ein Blitz: „Genauso, wie die Israeliten zur Schlange aufschauen mußten, um zu leben, so muß ich auf den Herrn Jesus Christus schauen, den Sohn Gottes!“

Nun studierte er Johannes 3,16, wie er es noch nie zuvor getan hatte. „Herr“, sagte er, „es heißt hier, wer irgend an Deinen Sohn glaubt, hat ewiges Leben. Und hier wieder in Vers 18, daß der, der an Ihn glaubt, nicht verdammt wird. Ich glaube es! Darum werde ich nicht gerichtet, sondern habe ewiges Leben. Aber Herr, obwohl ich glaube, und das hier auf mich zutreffen muß, fühle ich mich nicht anders als vorher. Ich muß mich doch besser fühlen, oder? Aber Gott, ich nehme Dich beim Wort. Ich glaube, daß Du jetzt meine Seele rettest, weil ich dem Herrn Jesus Christus vertraue.“

Der aufgewühlte Junge war sich sicher, daß ihn irgendein großartiges, neues Gefühl überwältigen müsse, nachdem er Gott gesagt hatte, daß er Ihn jetzt beim Wort nehmen wolle. Aber es passierte nichts, und er war enttäuscht. Also begann er von vorne. Und wieder kam er zum selben Schluß. So sprach er nochmal mit dem Herrn: „Herr, Dein Wort sagt: ‚Wer an ihn glaubt, wird nicht gerichtet; wer aber nicht glaubt, ist schon gerichtet, weil er nicht geglaubt hat an den Namen des eingeborenen Sohnes Gottes.‘ Ich gehöre nicht zur letzten Gruppe, zu denen, die nicht glauben, deshalb werde ich nicht gerichtet. ‚Wer an ihn glaubt, wird nicht gerichtet‘ – das trifft auf mich zu, weil Gott es sagt. Herr, ich danke Dir dafür und ich stütze mich darauf. Das ist genug. O Gott, ich danke Dir für Deine Liebe, und für die Gabe Deines Sohnes. Ja, ich nehme Ihn jetzt an. Ich vertraue Ihm als meinem Retter – ich stütze mich auf Dein Wort und weiß deshalb, daß ich ewiges Leben habe.“

Damit stand er von seinen Knien auf und begann, den Weg des Glaubens zu gehen. Gott konnte nicht lügen. Er wußte, daß er errettet sein mußte, wie es in Seinem Wort stand. „Harry, Junge ...“ war jetzt wiedergeboren.

TEIL II:

In der Heilsarmee

„Prüft alles, das Gute haltet fest“ (1. Thessalonicher 5,21).

KAPITEL 4

Freudige Bereitschaft, die gute Botschaft zu verkünden

„Wer Seelen gewinnt, der ist weise“ (Sprüche 11,30).

Vom Augenblick seiner Bekehrung an war das Wort Gottes wie ein brennendes Feuer im Herzen von Harry Ironside. Er wollte es anderen weitersagen. Und doch zögerte er seltsamerweise, wie so viele andere, denen, die ihm am nächsten und liebsten waren, zu erzählen, was geschehen war. Er dachte, er sollte es zuerst seiner Mutter sagen, aber beim Frühstück am nächsten Morgen verlor er darüber nicht eine Silbe. Später, in der Schule, war er einige Male nahe dran, seinem besten Freund das Geheimnis zu verraten. Aber dann entschied er sich, es sein zu lassen.

So verging ein ganzer Tag; die neu erlangte Freude brachte ihn fast zum Zerspringen, das neue Leben sprudelte in ihm und drängte danach, überzuströmen wie ein rauschender Fluß. Aber er äußerte niemand gegenüber auch nur ein Wort davon. Es war einer der wenigen Tage in über 50 Jahren, wo seine Stimme nicht in der Wüste gerufen hat, um von Gottes Liebe und Seinem Geschenk für die Menschheit zu erzählen.

Am Samstagabend fragte Harry seine Mutter, ob er eine Straßenversammlung der Heilsarmee in der näheren Umgebung besuchen dürfe. Er bekam ihre Erlaubnis unter der Bedingung, bis 21 Uhr zurück zu sein, und eilte hinaus. Die Heilsarmee war zu jener Zeit jung. Sie wurde bewegt von einem leidenschaftlichen Eifer, Menschen zu Christus zu bringen. Für den jungen Harry schienen sie genau die richtige Art von Christen zu sein, denn er erinnerte sich noch an die Worte von Paulus an Timotheus, daß alle, die gottesfürchtig leben wollen in Christus Jesus, Verfolgung erleiden werden. Ganz bestimmt erlitt die Heilsarmee Spott und Verfolgung. Sie verkündigten auch wirklich das Evangelium. Kein Wunder also, daß der Junge, für den Sophia einst gebetet hatte: „Mache aus ihm einen Straßenprediger, wie es sein Vater war. O Vater, mache ihn bereit, sich treten und schlagen zu lassen, alle Schande oder sonstiges Leid zu ertragen um Jesu willen" – daß dieser Junge seinen ersten Dienst als Christ bei der Heilsarmee suchte.

Die Straßenversammlung hatte schon begonnen, als Harry kam. Der Leiter war ein Mann, dessen Gesicht und Geschichte Harry kannte. Auch vor seiner Bekehrung hatte der junge Ironside gelegentlich an solchen Versammlungen der Heilsarmee teilgenommen und einen Vers aus der Schrift als „Zeugnis" weitergegeben. Daher wußte er etwas über diesen Armeekapitän, der den Einsatz in der Hand hatte. Er war ein auffälliger Charakter, einer von den vielen interessanten Gestalten, die die Organisation in den Anfangsjahren besaß. Er war ein Edelstein in derber Schale. Für die Kinder sah er aus wie ein Löwe mit seiner langen, zottigen Mähne und dem großen Mund voller Zähne. Er selbst erzählte oft seine Geschichte: In der Nacht, als dieser Mann sich bekehrte, kniete er auf der Büßerbank, zog aus seiner Jackentasche ein Messer, eine Pistole, eine alte Pfeife und einen Packen Spielkarten, warf sie auf den Boden und sagte: „Herr, wenn du irgend etwas mit mir anfangen kannst, dann tu es bitte!"

An diesem bestimmten Samstagabend predigte der Kapitän, und Harry konnte es kaum erwarten, bis er zum Schluß kam. Nach der scheinbaren Ewigkeit, die in Wirklichkeit nur ein paar Minuten dauerte, beendete der Mann seine Ansprache.
Harry ging sogleich auf ihn zu und fragte: „Darf ich bitte Zeugnis geben?"
„Bist du errettet?" wollte der Kapitän wissen.
„O ja."
„Woher weißt du, daß du errettet bist?" fragte der Ältere.
„Weil ich dem Herrn Jesus Christus als meinem Retter vertraut habe."

„Seit wann?“
„Seit drei Tagen“, sagte Harry.
„Schieß los!“ antwortete der Kapitän.
Und Harry schoß los. Er hielt seine erste Predigt als Christ. Er sprach über Jesaja 53,6: „Wir alle irrten umher wie Schafe, wir wandten uns jeder auf seinen eigenen Weg; aber der HERR ließ ihn treffen unser aller Schuld.“

Harry war mitten in seiner Predigt, als er bemerkte, wie sich eine Gruppe junger Leute zu der zuhörenden Menge gesellte. Es waren die Freunde, die am Donnerstagabend auf der Party gewesen waren, als Gott so eindeutig zu seinem Herzen gesprochen hatte. Obwohl er ohne Zögern weitersprach, war er vorübergehend unsicher. Seine Zunge schien zu groß zu sein für seinen Mund und klebte am Gaumen, so daß es ihm äußerste Anstrengung abverlangte, weiterzusprechen. Aber er machte weiter, erhobenen Hauptes und so klar, wie er nur irgend konnte, indem er die Schrift auslegte und Zeugnis gab. Die Krise ging vorüber, und während der junge Prediger fortfuhr – er hatte nun etwa 30 Minuten lang gesprochen – zog ihn der Kapitän am Ärmel und sagte in nicht allzusehr gedämpftem Ton: „Wir hätten vor 20 Minuten beim Saal unten sein sollen!“ Also hörte Harry auf.

Da am nächsten Tag Sonntag war, ging Harry am Nachmittag zur regulären Straßenversammlung hinaus. Nachdem der Junge sein Zeugnis gegeben hatte, kam ein großer Schwarzer auf ihn zu und sagte: „Ich würde gerne mit dir reden. Du scheinst etwas zu besitzen, was ich mir mein ganzes Leben lang gewünscht habe, aber ich habe es bis heute noch nicht bekommen!“ Der Mann war ungefähr 70 Jahre alt, aber Harry ließ sich davon nicht beirren und nahm ihn mit zum Marktplatz, wo sich die beiden auf eine Bank setzten. Er öffnete die Bibel an den Stellen, von denen seine Mutter gesagt hatte, daß man bei ihnen mit Gott anfangen müsse, und erklärte dem alten Mann Johannes 3, Römer 3 und Jesaja 53. „Heißt das“, fragte der Schwarze, „daß ich ein Sünder bin, aber daß Jesus dennoch für mich gestorben ist? Hat es nichts zu bedeu-

ten, wie ich mich fühle? Alles was ich tun muß, ist Ihm vertrauen, und dann bin ich gerettet?"
„Ja, genau das bedeutet es", sagte Harry ihm.
„Wie sehr ich wünschte, ich hätte das 50 Jahre eher gewußt! Wie glücklich wäre ich gewesen!"
„Sollen wir niederknien und Gott dafür danken?" fragte Harry ihn.

Und dort in dem Park dankten die beiden Gott, der weiße Junge und der schwarze alte Mann, und priesen Ihn für Seine so große Rettung. Harry Ironside hatte den ersten Menschen zu Christus geführt. Was für ein freudiger Tag war das! Auch der alte Schwarze hat ihn nie vergessen, und in der folgenden Zeit ging er mit Harry überall hin, wo dieser predigte, und sagte dann stolz: „Leute, dieser Junge ist mein geistlicher Vater!" Und Harry war auch stolz, weil Gott ihn so benutzt hatte.

Sophia allerdings hatte noch nichts davon erfahren, daß ihr Sohn in Christus neues Leben gefunden hatte. Aber an einem gewissen Abend ging sie zu einer Missionsgemeinschaft, die sie regelmäßig besuchte. Sie spielte immer die Orgel vor und nach der Predigt. Hinterher bemühte sie sich um verlorene Menschen, je nachdem, wie sich Gelegenheiten ergaben. Auch an diesem Tag folgte sie ihrer Gewohnheit und fragte einen Mann, ob er nicht gerne Jesus als seinen Retter kennenlernen wolle.
Er antwortete ihr: „Aus irgendeinem Grund kommt ihr Leute hier an mein Herz nicht so ran wie der kleine Prediger an der Ecke oben."
„Wer ist das?" fragte Sophia.
„Ich weiß nicht, wie er heißt. Er ist bloß ein kleiner Bursche. Aber irgendwie spricht mich das, was ich hier höre, längst nicht so an, wie wenn er zu uns redet."

Sophia war nicht begriffsstutzig. Sie begann, ihre Schlüsse zu ziehen, als sie daran dachte, was Harry in letzter Zeit getan hatte. Sie nahm sich vor, ihm mehr Fragen zu stellen.

Als Harry an diesem Abend nach Hause kam, fragte ihn seine Mutter: „Harry, bist du am Samstagabend zur Straßenversammlung der Heilsarmee gegangen?"
„Ja, bin ich", sagte Harry.
„Aber hast du auch gepredigt?"
„Nun, ich habe mein Zeugnis erzählt, falls du das mit ‚predigen' meinst."
„Aber", fuhr Sophia fort, „welches Recht hast du, Zeugnis zu geben? Niemand hat ein Recht, das zu tun, außer, wenn er errettet ist."
„Aber ich bin doch errettet, Mutter!"
„Wirklich? Wann ist das geschehen?"
„Letzten Donnerstagabend", sagte Harry und erzählte ihr die ganze Geschichte.
Als er fertig war, fragte ihn seine Mutter: „Warum hast du es mir nicht früher gesagt, Harry?"
„Nun, ich wollte sehen, ob du irgendeine Veränderung bei mir feststellen würdest, seit ich errettet bin."
„Ich glaube, ich habe schon eine Veränderung bemerkt, Harry", sagte sie und drückte ihn an sich.
Wie gut tat das Harry! Wie glücklich war Sophia, und wie sehr dankte sie Gott für Seine Treue, daß Er ihre Gebete erhört hatte!

Für den Schuljungen ist der Montag jedes Mal zu schnell da. Als er sich an diesem Montag dem Schulhaus näherte, saß Harrys ganze Bande auf dem Zaun. Sie waren in Hochstimmung, und sobald sie ihn erspähten, begannen sie auszurufen und zu gröhlen: „Preis dem Herrn! Ehre sei Gott! Halleluja!" Diese Begrüßung brachte Harry kein bißchen aus der Ruhe. Auf jede solche Spottäußerung antwortete er beherzt: „Amen!" Weil sie merkten, daß sie ihn nicht ärgern konnten, hörten sie auf, es zu probieren. Harry verlor keine Zeit, sondern sagte ihnen von Anfang an, was Gott in seinem Herzen getan hatte. Er erklärte klipp und klar, wie und wo er stand.

Von Februar bis Juni ist keine sehr lange Zeit. Als der Frühling kam, vergingen die Tage wie im Fluge, und im Juni schloß Harry die Mittelschule ab. Inzwischen waren zwei Dinge passiert, die noch nicht erwähnt wurden, die aber für das Folgende von Bedeutung sind. Das erste war sehr wichtig für Sophia. Wäre dies ihre Biographie, dann wäre es an früherer Stelle berichtet worden. Denn Sophia Ironside hatte wieder geheiratet. Harrys neuer Stiefvater war auch ein Mann aus Aberdeenshire, von Old Deer, und hieß William D. Watson. Die zweite Veränderung in diesem Jahr war, daß Harry eine Teilzeitbeschäftigung bei einem Schuster annahm, um ein wenig Geld zu verdienen.

Mr. Watson war sehr gut zu den beiden Jungen. Er ermutigte Harry, seine Schulbildung weiterzuführen. Sein Gedanke war, daß der Junge im Herbst auf die höhere Schule gehen und danach studieren sollte. Harry war ein intelligenter Kerl und würde sicher die Möglichkeit zu schätzen wissen, seine Kenntnisse zu vervollständigen und zu vertiefen.

Aber zu jener Zeit lebten Mr. und Mrs. Watson mit dem jüngeren Sohn auf einer Ranch in Sunland, damals „Monte Vista“ genannt, während Harry in Los Angeles die Mittelschule beendete. Harry hielt Bildung für eine zweitrangige Angelegenheit, da er wußte, daß er für sich selbst sorgen konnte. Ihm war es wichtig, hinauszugehen und zu predigen. Daher beschloß er, nicht mehr weiter auf die Schule zu gehen (nebenbei bemerkt, eine Entscheidung, die er seitdem immer bereut hat), und nahm eine feste Anstellung bei einem Fotostudio an.

Eine Zeitlang wohnte er alleine in einer Hütte, die seinem Stiefvater gehörte. Später teilte er mit einem Freund eine Wohnung auf den Hügeln bei Los Angeles. Jeden Abend nahm er an den Versammlungen der Heilsarmee in der Stadt teil. Er sprach so oft, daß er in Los Angeles ziemlich bekannt wurde. Man nannte ihn dort den „kleinen Prediger“. Er gesteht, daß dieser Titel seiner Eitelkeit ziemlich schmeichelte, da er ein sehr junger Christ war. Damals war ihm jedoch nicht bewußt, daß sich dahinter die Sünde des Stolzes verbarg. Auf jeden Fall war er in seiner Arbeit unwahrscheinlich glücklich. In den neuen Aktivitäten fand er ein Ventil für sein außergewöhnliches Energiepotential und seinen Eifer für den Herrn.

Da Harry nun jeden Gedanken an eine weitere Schulbildung verworfen hatte, bildete er sich durch Bücher selber weiter. Er war ein Alles-Leser und besaß schon in jungen Jahren eine ziemlich große, gute Bibliothek, die sich mehr durch Qualität als durch Quantität auszeichnete. Fast so vertraut wie seine Bibel waren ihm die Schriften namhafter Dichter und Philosophen. Dickens, Longfellow, Kant, Plato und andere Schriftsteller füllten seine Bücherregale. Bunyan's „Pilgerreise" hatte er über zwanzigmal gelesen. Emerson war so ziemlich der einzige Essayist, der ihn kalt ließ. Gleichzeitig lernte Harry Chinesisch, denn er hatte in seiner Schulzeit einen chinesischen Arzt kennengelernt. Mit ihm verbrachte er damals jede Woche zwei Stunden im gegenseitigen Austausch über die englische und die chinesische Sprache. Das Interesse an dieser alten orientalischen Sprache hat Ironside beibehalten. So ist er heute fähig, die Sprache und die komplizierten Schriftzeichen mit einer Leichtigkeit zu gebrauchen, die für einen Mann der westlichen Welt, der nie in China war, beachtenswert ist. Als junger Mann war es Harrys Ambition gewesen, alles zu wissen, was wissenswert ist. Mit diesem Ziel hat er seine Privatstudien betrieben.

Jedoch konnten Harry weder seine Studien noch seine berufliche Arbeit davon abhalten, seiner Berufung zu folgen. Fotografieren war für ihn das, was das Schusterhandwerk für William Carey, den großen Indienmissionar, war. Als dieser als junger Mann in England einmal gefragt wurde, was sein Beruf sei, antwortete er: „Mein Beruf ist es, dem Herrn dienen. Ich mache Schuhe, um die Kosten zu decken." Jeden Augenblick, den Harry erübrigen konnte, setzte er für die aktive Arbeit im Evangelium ein. Wenn er nicht bei den Versammlungen der Heilsarmee mitwirkte, auf der Straße oder im Saal, dann verteilte er Traktate oder hielt selbst Straßenversammlungen.

Nur einige Monate nach seiner Bekehrung trat Harry Ironside der Heilsarmee bei. Das war zu der Zeit, als die Armee ihren geistlichen Höhepunkt hatte. Ihre Leiter kannten damals nur *ein* glühendes Anliegen: den Verlorenen nachzugehen und sie zu Christus zu führen. Der junge Prediger sah keinen Irrtum in ihren Lehren. Sein Eifer für die Verlorenen paßte zu dem ihrigen. Er begann so mutig Zeugnis zu geben, daß er nach kurzer Zeit den Titel eines „Junior Sergeant Major“ erhielt und mit Kinderarbeit betraut wurde. In seinem 16. Lebensjahr wurde er gedrängt, ein „Kadett“ zu werden, d.h. einen Kurs in einer Trainingsschule zu belegen, der auf den Offiziersdienst vorbereitete. Das geschah durch eine Einladung von Kapitän James Armstrong, der Harry nach San Diego bat, damit er dort im Werk mithelfen könne. Er beschloß, diese Einladung anzunehmen und kündigte seine Stellung bei dem Fotostudio. An dem Tag, als Harry Ironside seine Arbeitsstelle verließ um vollzeitlich in die Arbeit der Heilsarmee einzusteigen, sagte sein Chef: „Schade! Aus einem guten Fotografen haben sie einen schwachen Prediger gemacht.“

Eine nie vergessene Lektion

In den frühen Jahren von Ironsides Dienst am Evangelium, als er noch ein junger Mann war, machte er die Bekanntschaft eines betagten Dieners des Herrn. Er war von Nordirland nach Südkalifornien gekommen, als seine Gesundheit von ihm wich und er dem Tode nahe zu sein schien. Wegen der Art seiner Krankheit wohnte er in einem Zelt draußen unter den Olivenbäumen. Eines Tages machte sich der junge Prediger auf, um ihn zu besuchen, denn dieser Mann namens Andrew Fraser war mit Ironsides Mutter bekannt gewesen.

Nachdem sich Ironside vorgestellt hatte, fragte ihn Mr. Fraser: „Du versuchst doch, Christus zu predigen, oder nicht, junger Mann?“
„Ja“, antwortete Ironside.

„Nun“, sagte der betagte Diener des Herrn, „setz dich ein Weilchen und laß uns über das Wort Gottes reden.“

Er öffnete seine stark abgenutzte Bibel. Für geraume Zeit, ja, bis seine Kraft fast zu Ende war, stellte er nun ernsthaft Wahrheit um Wahrheit aus dem kostbaren Wort Gottes vor. Dabei blätterte er darin von Seite zu Seite. Er tat das auf so einfache und liebliche Weise, daß Ironside wie noch nie zuvor in diese Wahrheiten hineinblickte. Bald liefen dem jungen Prediger Tränen über die Wangen.

„Woher haben Sie diese Dinge?“ fragte er. „Können Sie mir sagen, wo ich ein Buch finden kann, das mir so wunderbare Wahrheiten offenbart? Haben Sie diese Dinge auf der Universität oder auf dem Predigerseminar gelernt?“

Er wartete sehnlichst auf Mr. Frasers Antwort, die er nie vergessen hat: „Mein lieber junger Mann, ich habe diese Dinge kniend auf dem Lehmboden einer kleinen Strohhütte im Norden Irlands gelernt. Dort kniete ich gewöhnlich einige Stunden mit meiner geöffneten Bibel vor mir. Dabei bat ich den Geist Gottes, Christus meiner Seele zu enthüllen und Sein Wort meinem Herzen zu offenbaren. Und Er hat mich dort auf den Knien mehr gelehrt, als ich in allen Universitäten und Seminaren der Welt hätte lernen können.“

KAPITEL 5

Habe acht auf dich selbst und auf die Lehre

„Zeigst du dich schlaff am Tage der Drangsal, so ist deine Kraft gering" (Sprüche 24,10).

Bevor wir den Lebenslauf Harry Ironsides weiter verfolgen, müssen wir in einem Rückblick einige Fragen und Konflikte beleuchten, die den jungen Gläubigen in seiner Beziehung zu seinem Herrn und Erlöser umtrieben und belasteten.

Es steht außer Zweifel, daß er in der Nacht, als er sein Vertrauen auf Christus als seinen Herrn und Retter setzte, wirklich errettet wurde und in Christus neues Leben erhielt. Dies abzustreiten, würde bedeuten, das Wort Gottes zu leugnen. Für Harry Ironside galt genauso wie für jeden anderen Christen: Durch die Gnade Gottes und durch Glauben an den Herrn Jesus Christus und Sein stellvertretendes und sühnendes Opfer für die Sünde war Harry selbst mit Christus gekreuzigt. Er war mit Ihm zu einem neuen Leben auferstanden und eine neue Schöpfung in Christus geworden. Das Problem der Sünde war gelöst – in Christus war ihre Strafe bezahlt, ihre Macht besiegt. Trotz alledem hatte er immer noch, wie jeder Gläubige, die alte Natur in sich. Denn das Fleisch, das Eigenleben, das alte „Ich" ist bei uns, bis wir einmal mit Christus vereint und wie Er sein werden.

Nun wußte Harry einiges über Christus und Seine große Liebe zu ihm, aber noch wußte er wenig über sich selbst. Er war sich nicht bewußt, daß die alte sündige Natur, das, was er von Adam geerbt hatte, immer noch da war. Sie war genauso zum Bösen fähig wie das Fleisch in einem unbekehrten Menschen. So kam es, daß er einen schweren Schock erleben mußte, ungefähr einen Monat, nachdem er bekannt hatte, daß der Herr Jesus sein Heiland geworden war. Denn eines Tages schlug er aus Ärger über eine unbedeutende Meinungsverschiedenheit seinen jüngeren Bruder John so heftig, daß dieser zu Boden fiel. Augenblicklich wurde seine Seele von Scham und Entsetzen erfüllt, verstärkt durch Johns spöttische Anklage: „Du bist ja ein toller Christ, muß ich schon sagen! Geh doch jetzt gleich zur Armee runter und gib Zeugnis! Sag ihnen, was für ein Heiliger du bist!“

Gedemütigt und zerschlagen floh Harry in sein Zimmer und bekannte Gott voller Trauer über sich selbst seine Sünde. Dann ging er wieder nach unten und bat John, ihm zu vergeben, was dieser bereitwillig tat. Aber das Erlebnis hatte bewirkt, daß Harry sich einer für ihn neuen Tatsache bewußt geworden war: Nach Gottes heiligem Wort war er Christ – aber er war ganz bestimmt fähig, zu sündigen!

Einige Mitglieder der Armee bezeugten, daß sie vor Sünde in Gedanken, Worten und Taten bewahrt wurden. Er wußte, daß er das von sich nicht sagen konnte. Wo lag der Fehler? Warum konnte er eine solche Heiligkeit nicht erreichen? Er sehnte sich danach, Sieg zu haben über die Begierden des Fleisches. Ihn verlangte sicherlich genauso brennend danach wie andere. Und dennoch schien er mehr als je zuvor mit Gedanken gequält zu werden, die nicht heilig waren, und mit Wünschen, die nichts anderes waren als böse. Weil er jung war an Jahren und im Glauben, zögerte er, über seine Versuchungen und Sorgen zu sprechen. So schlug er sich im Verborgenen acht oder zehn Monate lang damit herum.

Die Heilsarmee hielt jeden Sonntagmorgen sogenannte „Heiligungs-Versammlungen“ ab. Dort hörte Harry Menschen von einem bestimmten Erlebnis berichten, das sie „den zweiten Segen“ nannten. Es wurde nicht immer so bezeichnet. Aber die, welche bezeugten, es empfangen zu haben, sagten, sie seien im Besitz von vollkommener Heiligkeit oder hätten die vollkommene Liebe; sie seien nun von der innewohnenden Sünde gereinigt und hätten das „höhere Leben“ erreicht.

Die Anhänger dieser Lehre vertraten die Ansicht, die Errettung sei die anfängliche Reinigung von den Sünden der Vergangenheit und von der Strafe dafür. Reinigung und Vergebung werden durch Buße und Glauben empfangen und sind notwendig zur Errettung. Aber obwohl der Gläubige durch Gottes Gnade und durch das erlösende Werk Christi ohne Verdienst gerechtfertigt ist, geht diese Rechtfertigung nach Auffassung der „Heiligungs"-Anhänger verloren, wenn der Gläubige in Sünde fällt. Damit man gerechtfertigt oder errettet bleibt, so lehrten sie, braucht man ein zweites Werk der Gnade, das als „Heiligung" bezeichnet wurde. Wer diesen sogenannten „zweiten Segen" erfahren wolle, müsse drei Dinge erleben: erstens, die Überführung von der Notwendigkeit der „Heiligung"; zweitens eine völlige Übergabe an Gott, die alle Wünsche, Hoffnungen und Ambitionen auf den Altar legt; und drittens das glaubensvolle Inanspruchnehmen des Heilige Geistes, der dann einzieht und alle Leidenschaften und Begierden ausbrennt und jede innewohnende Sünde zerstört. Wer diesen Zustand erreiche, so hieß es, sei so rein wie Adam vor dem Sündenfall.

Daß solch ein Zustand höchst begehrenswert sei, davon war Harry überzeugt. Er hatte keine Zweifel an der Aufrichtigkeit derer, die bezeugten, einen „zweiten Segen" empfangen zu haben. Die Erlebnisse, die einige Gläubige gemacht hatten, als sie diesen Zustand erreichten, waren so bemerkenswert, daß er davon sehr beeindruckt war und keine Sekunde an ihrer Echtheit zweifelte. Er hörte diese „heiligen" Menschen (der Großteil davon Heilsarmeemitglieder) erzählen, wie sie seit vielen Jahren nicht mehr in Gedanken, Worten oder Taten gesündigt hätten. Er erfuhr, daß schlechte Launen bezwungen und mit der Wurzel ausgerissen, böse Gedanken für immer vertrieben und sündige Begierden völlig vernichtet worden seien. All das mußte in dem jungen Mann ein brennendes Verlangen nach einer ähnlichen Erfahrung wecken.

Er begann, darum zu beten und versuchte auf jede erdenkliche Weise, sie zu erlangen. Alles, was auch nur im Geringsten nach mangelnder Übergabe seinerseits aussah, versuchte er abzulegen. Er gab Freundschaften mit solchen, die scheinbar nicht in der Heiligung vollendet waren, auf. Er nahm Abstand von jeder Art Vergnügen oder Unterhaltung. Er legte sogar alle Bücher weg außer der Bibel und bestimmter „Heiligungs"-Schriften, in seinem Eifer, die Segnung zu empfangen, die die anderen hatten. Er war überzeugt, daß das, was sie empfangen und genießen konnten, auch für ihn bestimmt war, wenn er nur die Bedingungen erfüllen würde.

Nach Wochen des Gebets entschloß sich Harry eines Samstags, wegzufahren und sich irgendeinen einsamen Ort zu suchen. Er wollte dort ungestört und frei von aller Ablenkung auf Gott warten und sich im Glauben an Ihn klammern, bis er die „Segnung der vollkommenen Liebe" empfangen würde. An diesem Abend bestieg er um 23 Uhr in Los Angeles einen Zug, um zu einem etwa 20 Kilometer entfernten Ort auf dem Land zu fahren.

Als er den Zug verließ, ging er noch ein ganzes Stück die Straße entlang und bog dann in ein leeres Flußbett ab. Er fiel neben einer Platane auf die Knie und flehte Gott stundenlang unter Tränen an, ihm alles in seinem Innersten zu zeigen, was dem Empfang des „Segens" noch im Weg stand. Da fielen ihm gewisse persönliche Dinge ein, und nach langem Kampf mit seiner Schuld schluchzte er schließlich allen Ernstes hervor: „Herr, ich gebe alles auf – jede Sache, jede Person, jede Freude, die mich daran hindern könnte, allein für Dich zu leben. Jetzt flehe ich dich an, gib mir den Segen!"

Soweit es der eifrige und brennende junge Mann verstehen konnte, war er in diesem Moment voll und ganz Gott hingegeben. Abgespannt durch das lange und feurige Ringen im Gebet fiel er wie bewußtlos zu Boden. Dann empfand er für einige Augenblicke eine seltsame Spannkraft, eine Ekstase, wie er sie noch nie zuvor erlebt hatte. „Jetzt kommt gewiß der Heilige Geist in mein Herz!" dachte er, „das ist es, was ich die ganze Zeit gesucht habe!“ Und wieder auf den Knien rief er zu Gott: „Herr, ich glaube, daß Du einkehrst! Du wäschst mich von aller Sünde und reinigst mich davon! Ich ergreife es, Herr. Das Werk ist vollbracht. Ich bin durch Dein Blut geheiligt. Du machst mich heilig. Ich glaube! Ich glaube!“

Er war so unsagbar glücklich, so voller Lobpreis, daß er seine Müdigkeit vergaß und laut singend aufstand. Er mußte zurückkehren und anderen von seiner Erfahrung erzählen. Es fuhr kein Zug mehr, denn es war inzwischen halb vier Uhr morgens. Darum machte er sich zu Fuß auf den Weg nach Los Angeles, um rechtzeitig zur Gebetsversammlung um sieben Uhr in der Stadt zu sein. Trotz seiner immer noch spürbaren Müdigkeit schien der Marsch im Licht seiner neugefundenen Freude keine Anstrengung für ihn zu sein. Er schritt die Strecke ab, als würde ihn eine Wolke tragen, und erreichte den Versammlungsraum rechtzeitig, um gleich von seiner herrlichen Erfahrung Zeugnis zu geben. Er war im wahrsten Sinne des Wortes „berauscht“ vor Freude. Denn hatten seine Nöte jetzt nicht ein Ende? Besaß er jetzt nicht endlich die vollkommene Heiligung? War sein Herz nun nicht völlig rein?

Die folgenden Wochen waren voller glücklicher Tage. Harry bemühte sich weiterhin um verlorene Seelen, aber selbst dabei lebte er wie in einem Traum. An seiner Botschaft an die Unerretteten war nichts anders, er predigte Christus als gestorben und wieder auferstanden. Aber an seinen Zeugnissen, die er Abend für Abend gab, hatte sich etwas geändert. Er selbst merkte es vielleicht genauso schnell wie die anderen. Bisher hatte er immer die Person Christi hochgehalten. Nun erhob er die Person von Harry Ironside. Er verwies auf sich selbst als ein Vorbild, dem andere nacheifern sollten – ein Musterbeispiel der völligen Übergabe und Heiligung.

Aber dann, zur rechten Zeit, wurde ihm bewußt, daß etwas nicht stimmte. In sein Herz schlichen sich böse Begierden ein, darunter solche, die er zuvor nie gekannt hatte. Zunächst war er ihnen gegenüber unempfindlich, weil er sich sicher war, daß es sich dabei nur um Versuchungen handelte, und die Versuchung ist ja keine Sünde. Eine Zeitlang gab ihm das einen gewissen Frieden, aber bald mußte er erkennen, daß er auf ein viel niedrigeres Niveau des geistlichen Lebens rutschte, als er sich selbst erwählt hatte.

Seltsamerweise bemerkte er, daß andere, die angeblich geheiligt waren, sich auf einem ähnlich niedrigen Niveau bewegten wie er, wenn nicht sogar auf einem noch niedrigeren. Das Hochgefühl seines vorherigen Erlebnisses hatte ihn gänzlich verlassen. Zweifel begannen sich einzuschleichen, und mit den Zweifeln Ängste. Wenn er damit beschäftigt war, das Evangelium zu verkündigen, und erlebte, wie Männer und Frauen zu Christus kamen, war er glücklich. Aber wenn er Muße hatte, über sein geistliches Leben nachzudenken und es abzuwägen, war ihm unwahrscheinlich elend zumute. Nun gut, Zweifel und Niedergeschlagenheit waren die Pfeile des Teufels und keine Sünde, dachte er. Die Lust war noch keine Sünde, wenn man ihr nicht nachgab, und solange er keine offenen sündigen Taten beging, war er immer noch „geheiligt".

In solch einem Zustand war der „Kadett" Ironside, als er in die Trainingsgarnison in Oakland eintrat, die ihn darauf vorbereiten sollte, ein Offizier der Heilsarmee zu werden. Die geistliche Not, die er davor erlebt hatte, wurde dort noch verstärkt unter der strengen Disziplin und durch die zwangsweise Gesellschaft mit anderen jungen Männern, die in ihrer geistlichen Erfahrung und Urteilsfähigkeit recht verschiedenartig waren. Sie kamen aus den unterschiedlichsten Lebensverhältnissen, und einige von ihnen führten nicht gerade ein sehr „geheiligtes" Leben.

Als das halbe Jahr Training zu Ende ging, war Harry in einem bedauernswerten geistlichen Zustand. Er hielt sich bestenfalls für einen Rückfälligen und fürchtete, ewig verloren zu sein. Wie viel größer muß die Qual für ihn gewesen sein, der so sensibel veranlagt war! Er hatte doch so deutliche Zeichen der Güte des Herrn empfangen und einen solchen Segen in seiner Arbeit erfahren!

Zweimal schlich er sich nachts hinaus an einen einsamen Ort und suchte den Herrn, indem er die ganze Nacht betete. Dabei bat er Gott, Seinen Heiligen Geist nicht von ihm zu nehmen und ihn erneut von der innewohnenden Sünde zu reinigen. Wie er es das erste Mal bei seinem wunderbaren Erlebnis in dem Flußbett getan hatte, nahm er alles im Glauben an und kehrte erfrischt zur Garnison zurück. Aber wiederum wurde er von Zweifeln gepackt, die dadurch verstärkt wurden, daß er in Worten und Taten gesündigt hatte. Die unvermeidliche Folge davon waren dann massive Gewissensbisse.

Schließlich kam der glückliche Tag seiner Ernennung zum Offizier, und Henry Allan Ironside wurde ein Leutnant der Heilsarmee. Er verbrachte die Nacht davor im Gebet, denn er meinte, daß er andere nicht lehren durfte, ohne selbst vollkommen „geheiligt" zu sein. Ungebunden und frei von dem Gefühl der Einschränkung ging Harry Ironside, sechzehn Jahre alt und ein ausgewachsener Offizier in der strammen Heilsarmee, der glorreichen Armee des Herrn, nach San Bernardino in Kalifornien – im großen und ganzen ein glücklicher junger Mann. Da er gewissenhaft bis ins Kleinste war, wurde er ein sehr starker Vertreter der Lehre vom „zweiten Segen". Er betete sogar, daß seine liebe Mutter Sophia die „Reinigung von der innewohnenden Sünde" erfahren möge.

Er kam nicht auf den Gedanken, daß sie, die schon vor seiner Geburt eine hingegebene Christin gewesen war, ihr eigenes Herz zu gut kannte, um von Sündlosigkeit zu sprechen oder sie in diesem Leben zu erwarten.

KAPITEL 6

Die Weisheit von oben ist frei von Heuchelei

„Wenn jemand Seinen Willen tun will, so wird er von der Lehre wissen, ob sie aus Gott ist“ (Johannes 7,17).

In ihrer Anfangszeit besaß die Heilsarmee ein Bewußtsein von der Dringlichkeit der Evangeliumsverkündigung, das ihr immer zugute gehalten werden muß. Ihre Arbeiter gaben sich keinen Nichtigkeiten hin, sondern gingen mit brennender Liebe für die Verlorenen hin auf die Straßen und suchten sie für Christus zu gewinnen. Jeden Abend fanden Versammlungen statt, zuerst auf der Straße, und danach in den Versammlungsräumen der Heilsarmee und in gemieteten Häusern. Auf diese Weise machte die Heilsarmee über Wochen und Monate hinweg überall dort, wo ihre Hauptquartiere waren, beständig Feldzüge.

Mitten in einem solchen Feldzug kam Leutnant Ironside mit Kapitän Read in San Bernardino an, um diesem dort behilflich zu sein. Schon vor ihrer Ankunft hatte es eine ganze Reihe bemerkenswerter Bekehrungen gegeben. Und so war der Saal bis zum letzten Platz besetzt, als sie kamen, um dort weiterzumachen, wo ihre Vorgänger aufgehört hatten.

Dem sechzehnjährigen Leutnant fiel ein blonder, stattlicher junger Mann auf, der Abend für Abend die Veranstaltungen etwa von der Mitte des Auditoriums aus verfolgte. Er schien solch ein aufrichtiges Interesse an den Botschaften zu haben, daß Ironside mehrmals versuchte, ihn anzusprechen. Aber einige Abende hintereinander war es ihm nicht möglich, mit dem jungen Mann ins Gespräch zu kommen, weil dieser immer genau dann verschwand, wenn der Segen verkündet wurde.

Eines Abends allerdings war dieser junge Mann von irgend etwas aufgehalten worden, und als er den Saal erreichte, war die Versammlung bereits im Gange. Leutnant Ironside sah, wie er hereinkam und mit seinen Augen die Reihen nach einem leeren Platz absuchte. Da er keinen entdecken konnte, ging er nun einen der Gänge entlang, um sich schließlich, ziemlich unsicher, in der vordersten Reihe auf einen der letzten leeren Stühle zu setzen. Da dachte sich Harry: „Mein Freund, du wirst mir heute abend nicht entwischen!" Sobald der Segen gesprochen war, stieg Harry von der Bühne und ergriff den jungen Mann am Arm, bevor er sich an der Menge vorbeischieben konnte, die in den Mittelgang strömte. „Hätten Sie etwas dagegen, wenn wir uns ein wenig zusammensetzen und unterhalten würden?" fragte Harry ihn. Der andere machte ein Gesicht, als hätte er ziemlich viel dagegen, aber er wollte nicht unhöflich sein, und so stimmte er zu.

„Ich habe bemerkt, daß Sie ziemlich regelmäßig kommen", fing Harry an. „Darf ich fragen, ob Sie Christ sind?"
Dem jungen Mann fiel es scheinbar recht schwer, sich zu äußern. Als er es schließlich doch tat, stotterte er ziemlich stark vor Verlegenheit. „Nein, das bin ich mit Sicherheit nicht", sagte er.
„Haben Sie denn das Verlangen, ein Christ zu sein?" fragte ihn Ironside.
„Nun", antwortete er, „diese Frage ist für mich sehr schwierig zu beantworten. Ich weiß nicht recht, was ich dazu sagen soll."
„Wie sieht Ihre Einstellung zum Christentum denn aus?" war die nächste Frage.
„Sie wollen mir ein Etikett verpassen, nicht wahr? Also, wenn Sie mich einige Wochen früher gefragt hätten, dann hätte ich mich als Atheist bezeichnet. Aber heute abend, denke ich, können Sie mich einen Agnostiker nennen."
„Das ist schon ein Fortschritt", sagte ihm Harry. „Ich habe wesentlich mehr Respekt vor einem Mann, der offen zugibt ‚Ich weiß es nicht', als vor einem, der diese wunderbare Schöpfung anschauen und bewußt sagen kann, daß es keinen Gott gäbe. Darf ich Sie fragen, was Sie dazu brachte, Ihre Meinung zu ändern?"

Darauf begann der junge Mann, seine Geschichte zu erzählen. Er war in England von Eltern aufgezogen worden, die der Bibel keinen Glauben schenkten und bei jeder passenden Gelegenheit ihre Gleichgültigkeit der Schrift gegenüber spöttisch zum besten gaben. Als er die Universität von Cambridge besuchte, wurde er Mitglied von atheistischen Gruppierungen. Nach seinem Studienabschluß blieb er weiterhin in diesen Vereinen.

Aber kürzlich war etwas passiert, das ihm schweres Kopfzerbrechen bereitet hatte. Ein enger Freund von ihm, der ein stadtbekannter Säufer und Spieler gewesen war, bekannte, sich bekehrt zu haben. Die Veränderung in seinem Leben war so tiefgreifend, daß alle seine früheren Kameraden darüber staunen mußten. Es schien echt zu sein, und das hatte den jungen Mann, der die Geschichte erzählte, zum Nachdenken gebracht.

„Da steckt etwas dahinter", sagte er, „was die Philosophie nicht erklären kann. Ich hätte nie geglaubt, daß irgend jemand plötzlich so total anders werden könnte. Es kommt nicht aus seiner eigenen Willenskraft – das weiß ich. Mehrere Male hat dieser Mann versucht, dem Alkohol abzuschwören, aber er ist in jeder Beziehung gescheitert. Aber als er das wurde, was ihr ‚Christ' nennt, war er augenblicklich von seinem Laster befreit. Das ist es, was mich fragend gemacht hat, und so habe ich angefangen, diese Veranstaltungen zu besuchen. Hier habe ich genug gehört und erlebt, um zu erkennen, daß es eine überirdische Macht geben muß. Daher zähle ich mich selbst jetzt eher zu den Agnostikern als zu den Atheisten."

„Haben Sie je in der Bibel gelesen?" fragte Harry ihn.
„Erst seit kurzem", antwortete der Fremde. „Ich habe Unmengen von Büchern gegen sie gelesen. Aber ich hätte mir wahrscheinlich nie die Mühe gemacht, die Bibel selbst zu lesen, bis ich durch diese Ereignisse gezwungen war, mich mit ihr zu befassen. Vor kurzem habe ich mir selbst eine Bibel gekauft und lese nun jeden Abend darin. Aber irgendwie verstehe ich nicht viel von dem, was ich lese."

„Haben Sie die Geschichte von unserem Herrn Jesus Christus gelesen?" fragte ihn Harry dann.
„Wenn Sie die Evangelien meinen, ja. Aber, offen gesagt, ich hatte so lange das Wunderbare an Christus belächelt – die Jungfrauengeburt, die Auferstehung und so weiter – daß es mir jetzt unheimlich schwer fällt, diese Dinge ernst zu nehmen. Die letzten paar Abende habe ich Jesaja gelesen. Mensch, wie dieser Mann mit Sprache umgehen konnte! Ich war lange Zeit ein Liebhaber der Rhetorik gewesen, aber der hatte mehr Sprachgewandtheit als alle, von denen ich bisher gehört oder gelesen habe. Wenn ich dadurch ein Christ werden könnte, daß ich Jesaja glaube, statt dem Neuen Testament, wäre ich wahrscheinlich auf der Stelle bereit dazu."

Hier war die Gelegenheit für Harry, und er packte sie beim Schopf. Er schlug seine Bibel auf und sagte: „Ich lese Ihnen jetzt einen Abschnitt aus dem Propheten Jesaja vor. Ich werde von einem Mann lesen, dessen Name nicht genannt wird. Wenn ich fertig bin, möchte ich, daß Sie mir seinen Namen sagen."
„Aber das ist doch unmöglich!" antwortete der Mann. „Ich kenne die Bibel noch nicht gut genug, um das tun zu können, was Sie von mir verlangen."
„Versuchen Sie es, und Sie werden schon sehen", sagte der Leutnant. Er begann in Jesaja 53,1 und las das ganze Kapitel bis zum Ende. Als er damit fertig war, schaute er sein Gegenüber an und fragte: „Sagen Sie mir jetzt, von wem spricht Jesaja hier?"
Mit lebhafter Stimme und ohne Stottern rief der Mann aus: „Lassen Sie mich das bitte selber einmal lesen!"
Ironside gab ihm die Bibel und beobachtete ihn, als er die Verse las. Er sah, wie der junge Mann heimlich eine Träne wegwischte. Als er mit dem Lesen fertig war, verharrte er einen Augenblick lang still und sagte dann: „Ich muß zugeben – es sieht nach Jesus aus!"
„Sie haben recht", antwortete Leutnant Ironside. „Und jetzt will ich Ihnen eine harte Nuß für Skeptiker zu knacken geben. Diese Beschreibung des Lebens und Sterbens unseres Herrn Jesus Chri-

stus und die Ankündigung Seiner Auferstehung wurde 700 Jahre vor der Geburt des Erlösers niedergeschrieben. Können Sie mir das erklären?"
„Sind Sie in der Lage, eine solche Behauptung zu belegen?" wollte der Fremde wissen. „Woher wollen Sie wissen, daß das schon vor so langer Zeit aufgeschrieben wurde?"
Jetzt kam Harry sein ausgedehntes, selbst angeeignetes Wissen zugute. „Natürlich", sagte er, „setze ich hier voraus, daß Jesaja im achten Jahrhundert vor Christus lebte, wie berichtet wird. Wenn Sie den Bericht aus der Schrift ablehnen – da kann ich Ihnen nichts beweisen. Aber", fuhr er fort, „es gibt etwas anderes, das mit der Schrift zusammenhängt. Jeder, der gerne darüber nachforscht, kann den Beweis für sich nachvollziehen. Der Abschnitt, den wir vorhin gerade gelesen haben, wurde vom Hebräischen ins Griechische übersetzt. In dieser Form wurde er in der Bibliothek des Ptolemäus Philadelphus in Alexandrien untergebracht. Das war etwa 230 Jahre vor der Geburt Christi. Vor der Übersetzung ins Griechische muß der Text schon einige Zeit in hebräischer Sprache existiert haben. Jedenfalls, wenn die Prophetie über zwei Jahrhunderte vor Christus in Griechisch aufgeschrieben wurde, war das eine ebenso erstaunliche prophetische Voraussage, wie wenn sie 700 Jahre vor Christi Kommen auf die Erde schon existiert hatte. Wie hätte Jesaja diese Dinge wissen sollen, wenn nicht durch göttliche Inspiration?"

Als er dies hörte, stand der Mann auf und lief, ohne ein Wort zu sagen, aus dem Versammlungsraum. Später erfuhr Harry, daß er das deshalb tat, weil er nicht wollte, daß der Leutnant ihn weinen sah. Es war nun spät geworden, und Harry ging heim, um für diesen verlorenen Menschen zu beten. Mehrere Abende vergingen, ohne, daß irgend etwas zu sehen war von dem Mann, der dem Heilsarmeeoffizier so sehr am Herzen lag.

Aber am vierten Abend, als der Gesang im Saal schon begonnen hatte, bemerkte Harry hocherfreut, daß sein Freund gekommen war. Dieser blickte zum Podium vor direkt auf ihn. Etwas am

Gesicht des jungen Mannes verriet, daß eine Veränderung geschehen war. Wiederum ging er den Gang entlang zur vordersten Reihe, aber an seinem Auftreten war dieses Mal überhaupt nichts Unsicheres oder Scheues. Und als Gelegenheit zum Zeugnis gegeben wurde, stand er sofort auf.

Harry betete für den Mann, als er anfing, zu sprechen. Er fürchtete nämlich, daß er stottern oder sich unwohl fühlen würde vor den anderen. Aber er hatte eine Botschaft mitzuteilen, die ihn sich selbst vergessen ließ, und nach den ersten paar Worten war alle Zaghaftigkeit von ihm gewichen. Er sprach sogar mit Leichtigkeit. Klar und mutig erzählte er sein Zeugnis: „Meine Freunde, ich möchte euch heute abend sagen: nach Jahren des Unglaubens hat Gott mir durch Jesaja 53 Jesus Christus als meinen Retter gezeigt. Ich habe dieses Kapitel die vergangenen Tage und Nächte immer wieder und wieder gelesen. Ich war in großer Unruhe, weil ich meinte, ich hätte zu schwer und zu viel gesündigt, als daß Gott mir vergeben könnte. Aber heute abend weiß ich sicher, daß Er es getan hat, durch den Tod Jesu für mich.

Da ist etwas, das ich wohl bekennen sollte. An der Universität von Cambridge in England bekam ich mein Diplom als Ingenieur. Da wurde ich als einer der ersten nach Palästina geschickt, um die Eisenbahnstrecke von Jaffa nach Jerusalem zu vermessen. Ich kann Ihnen gar nicht sagen, wie sehr mich das alles bewegte, was ich in diesem Lande sah. Sogar die Steine am Boden schienen sich gegen meinen Unglauben aufzurichten und zu bezeugen, daß die Bibel wahr ist. Aber ich beruhigte mich selbst damit, daß doch alles nur Aberglaube sei, und weigerte mich, zu glauben.

Eines Tages nahm ein Führer einige von uns Ingenieuren mit zu Gordons Golgatha, dem schädelförmigen Hügel, von dem General Gordon behauptete, daß Christus dort gekreuzigt wurde. Während wir auf dieser Erhebung standen, kam es mir, daß hier der Ort war, wo das Christentum seinen Anfang gehabt hatte, und für mich war das Christentum ein Hirngespinst. In mir stieg Zorn auf. Ein unkontrollierter Schwall von Lästerungen gegen Christus und Gott brach aus mir hervor. Mein Fluchen war so unbeschreiblich, daß selbst meine gottlosen und ungläubigen Freunde einen Schrecken bekamen und das Weite suchten. Einige erzählten mir später, daß sie befürchteten, Gott würde mich auf der Stelle durch einen Blitz oder etwas ähnliches töten. So fanatisch war meine Entweihung der heiligen Stätte und so abscheulich mein Gotteslästerung.

Aber ach, Freunde, ich durfte weiterleben, um in den vergangenen Tagen zu erfahren, daß der Eine, den ich auf dem Hügel von Golgatha verflucht hatte, um meiner Vergehen willen durchbohrt und um meiner Sünden willen zerschlagen wurde. Die Strafe lag auf Ihm zu meinem Frieden, und in Seinen Wunden bin ich geheilt."

Der junge Mann konnte nichts mehr sagen. Mit Tränen der inneren Qual sank er auf seinen Stuhl. Doch die Herzen derer, die ihm zugehört hatten, waren voller Freude. Und besonders natürlich das Herz von Harry. Seine erste Predigt als Christ hatte er über Jesaja 53 gehalten, und sein erster Bekehrter als Leutnant wurde durch das gleiche Kapitel gewonnen.

Er war nur einer von vielen, die durch das Zeugnis des jungen Heilsarmeeoffiziers zum Herrn fanden. Es war ein außergewöhnlicher Fall, und ein Vorgeschmack auf das, was noch kommen sollte. Nach sechs Monaten in San Bernardino wurde Harry mit Kapitän Read nach Grass Valley versetzt, und dann nach Santa Barbara, wo er wieder unter Kapitän Armstrong diente. Danach kam er nach Los Gatos, inzwischen selbst ein Kapitän geworden, und dann weiter nach Red Bluff, Stockton und Sacramento. Er war verantwortlich für die Truppe und leitete Abend für Abend die Veranstaltungen. Jetzt hielt er schon weit über vierhundert Predigten pro Jahr. Daneben sprach er mit unzähligen Personen einzeln und leitete den Dienst seiner Gruppe von Mitarbeitern.

Von seiner Bekehrung an hatte er immer ein tiefes Verlangen gehabt, Menschen für Christus zu gewinnen. Als der General William Booth in San Francisco zu Besuch war, hatte Harry das Vorrecht, ihm als Offiziersbursche zu dienen. Dies war für seine schon entwickelte Gabe eine zusätzliche Antriebskraft. Der General war es nämlich, der ihm mehr als irgend jemand zuvor die Notwendigkeit einschärfte, die Verlorenen mit dem Evangelium zu erreichen, dem einzigen Licht und Leben in einer sterbenden Welt.

Fast pausenlos war Ironside im Einsatz an der geistlichen Kampffront. Deshalb blieb ihm wenig Zeit, weiter über das Thema der „Heiligung" nachzugrübeln und sich mit dem zu beschäftigen, was viele seiner Mitkämpfer darüber lehrten. Er genoß seine Arbeit so sehr und nahm so freudig Entbehrungen und Härten um Christi willen auf sich, daß er fast den Zustand erreichte, wo er zufrieden war. Er war davon überzeugt, daß er die Lehre von der „perfekten Liebe" sowohl Gott als auch Menschen gegenüber auslebte. Und so war er sich sicher, daß er seine eigene Errettung völlig festmachte durch seine Werke der Gerechtigkeit und der Aufopferung. Diese Täuschung nahm er gerne an. Er war fleißig. Er war glücklich. Gott benutzte ihn als Sein Werkzeug, die Verlorenen zu erreichen. Er wollte ungern allzutief nachdenken über die Dinge, die ihn in der Trainingsgarnison beunruhigt hatten. Es war einfacher, brachte ihn weniger aus der Fassung und störte weniger den Frieden der Truppe, wenn er sich der Mehrheit anschloß und die Lehre vom „zweiten Segen" predigte. So wurde es von ihm erwartet, und so würden andere ihn vielleicht auch für „geistlich" halten.

Aber in seinem dritten Offiziersjahr begannen die schlafenden Zweifel wieder zu erwachen. Er fing an, sich zu fragen, ob er ein solch hohes Niveau christlichen Lebens erreicht hatte, wie er anderen – und auch sich selbst – vormachte. Eine Sache von sehr persönlicher Art war für sein eigenes Herz ein unwiderlegbarer Beweis, daß seine alte Natur alles andere als tot war. Der Kampf um Sieg über diese Sache und die Bemühungen, sein „Ich" zu kreuzigen, waren so enttäuschend und erfolglos, daß er deswegen zu einer tiefen Prüfung seines Herzens geführt wurde. Manchmal war er einige Tage lang der Überzeugung, er habe endlich eine ganze Übergabe vollzogen und erlebe nun „den Segen", nach dem er sich so sehr sehnte. Aber dann wachte er plötzlich aus seiner Täuschung auf und sah sich selbst, wie er wirklich war; er erkannte von neuem die Bosheit seines Fleisches, in welchem nichts Gutes wohnt.

Wenn er seine Lage überdachte, empfand er tiefe Qualen. Er wagte es nicht, mit seinen engsten Mitarbeitern in der Armee offen darüber zu sprechen, denn er war ein Befehlshaber, während sie nur Hilfsoffiziere und Soldaten waren. Es könnte irreparablen Schaden anrichten, dachte er, wenn sie von seinem Zustand wüßten. Seine Autorität wäre dahin. Sie würden in ihm einen „Rückfälligen" sehen und nicht einen kompetenten Führer. So kämpfte er im Verborgenen weiter. Es kam der Zeitpunkt, wo er sich selbst von seiner eigenen „Heiligung" überzeugen mußte, bevor er eine „Heiligungsversammlung" besuchte. Wenn er sie wieder verließ, mußte er sich einreden, daß er jetzt endlich bereit war, „den Segen" zu empfangen.

Monate vergingen, während er sich weiter in diesem unglücklichen Zustand befand. Es verschlimmerte seine Not noch, daß eine junge Offizierin, mit der er zu jener Zeit zusammenarbeitete und der er eines Tages seine Zweifel mitteilte, der Belastung nicht standhalten konnte und schließlich in das Labyrinth des Spiritualismus geriet. Sie hatte offensichtlich im Glauben schrecklichen Schiffbruch erlitten. Diese Schwester, die er für eine der liebenswertesten Christen hielt, die er je gekannt hatte, verließ den christlichen Dienst und geriet in Vergessenheit. Ihr Verstand war von total verkehrten Lehren benebelt, und das alles mit anzusehen, war für Kapitän Ironside eine unbeschreibliche Qual.

Nun wachte der beunruhigte junge Christ (er war jetzt gerade erst 19) endlich auf. Ihm wurde bewußt, daß diese „Heiligungslehre" eine große Schar von geistlichen Wracks hinter sich zurückließ. Nicht nur seine Kameradin und nicht nur ein paar andere, sondern eine Menge von Menschen, die unter den Einfluß dieser Lehre gekommen waren, wandten sich scheinbar dem totalen Unglauben zu. Ihre Entschuldigungen liefen im Grunde alle auf dasselbe hinaus: „Ich habe alles versucht, aber nichts hat geholfen. Die Lehre der Bibel ist eine Einbildung und berührt nichts als die Gefühle." Ja, einige von ihnen verfielen später dem Wahnsinn.

Da konnte etwas nicht stimmen. Die Schrift erklärt: „Gott hat uns nicht einen Geist der Furchtsamkeit gegeben, sondern der Kraft und der Liebe und der Besonnenheit" (1. Tim 1,7). Nicht das Studium der Bibel hatte diese Leute verrückt gemachte, wie Spötter behaupteten, sondern die Unkenntnis der Bibel war für diesen bedauernswerten Zustand verantwortlich zu machen – dessen war sich Harry Ironside gewiß.

Verwirrt und aufgewühlt wie er war, konnte Kapitän Ironside nicht weiterarbeiten. Nach vielen Wochen des Gebets und Nachsinnens reichte er seinen Rücktritt bei der Heilsarmee ein. Es war keine leichte Entscheidung, denn ihr evangelistischer Eifer hatte ihm von Anfang an zugesagt. Zum größten Teil war er in dieser Verbindung sehr glücklich gewesen. Er hatte vielfältig erlebt, wie Gott durch seinen Dienst am Wort wirkte. Weil Harry das Werk als Ganzes und viele der Arbeiter so aufrichtig liebte, war es für seinen Oberst auch nicht schwer, ihn zu überreden, erst einmal sechs Monate zu warten, bevor sein Rücktritt wirksam würde. Sein vorgesetzter Offizier schlug sogar vor, daß Harry die Arbeit in der Truppe aufgeben sollte, um besondere Aufträge zu übernehmen. Dort wäre er nicht gezwungen, mit der „Heiligungs"-Lehre in irgendeiner Weise in Kontakt zu kommen.

Aber Harry wurde selbst bei seinem Predigtdienst von Zweifeln und Ängsten geplagt. Vielleicht war er ein Rückfälliger? Womöglich war er noch nicht einmal errettet, denn „ohne Heiligung wird niemand den Herrn schauen". Zwar hatte man ihm nun eine Atempause in bezug auf solche Indoktrination in Aussicht gestellt, doch er suchte selbst den Umgang mit denjenigen, die das „Erlebnis" gehabt hatten. Dabei mußte er entdecken, daß dieses Zeugnis nur bei wenigen echt zu sein schien. Noch geringer war die Zahl derer, die nach seiner Beobachtung auf einem ebenso hohen Niveau lebten wie andere, die nicht „geheiligt", sondern „nur gerechtfertigt" waren.

Entmutigt und bedrückt schleppte er sich weiter wie einer, der auf der Suche ist, während die Stimme seiner verzweifelten Seele aufschrie: „O wenn ich wüßte, wo ich Ihn finden kann!" Er konnte nicht mehr weitermachen, und so bat er darum, aus dem aktiven Dienst befreit zu werden und in das Erholungsheim der Armee bei Oakland geschickt zu werden. Er hatte andere erlebt, wie sie einmal lautstark ihre „Heiligung" bekannt hatten. Dann hatten sie ihre Ziele niedriger angesetzt, damit sie zu ihren Erfahrungen paßten. Schließlich waren sie in äußerste Mutlosigkeit gefallen, oder sie führten ein raffiniert verdecktes Leben in Heuchelei. Bei sich selbst hatte er erkannt, daß er schon lange seine Ziele niedriger gesteckt hatte und nun der Mutlosigkeit zum Opfer fiel. Er fragte sich, ob er nicht auch ein ausgesprochener Heuchler war, in dessen Herz Gott hineinsehen konnte, wenn er es auch vor anderen verbarg.

KAPITEL 7

Die Entdeckung, daß Christus alles in allem ist

„Der Herr aber stand mir bei und stärkte mich" (2. Timotheus 4,17).

Als Kapitän Ironside im Erholungsheim „Beulah" bei Oakland in Kalifornien ankam, völlig ausgezehrt durch fünf Jahre intensiver Arbeit mit nur zwei kurzen Pausen, war sein Geist von Nöten belastet und seine Kraft verbraucht. Hätte er einige Wochen oder auch nur ein paar Tage damit gewartet, wäre er vielleicht völlig zusammengebrochen. Zum ersten Mal in seinem Leben war ihm der Gedanke an Ruhe geradezu willkommen. Zur gleichen Zeit freute er sich darauf, in Beulah das zu finden, was er so lange gesucht hatte: „vollkommene Heiligung". Denn dort, in einer so heiligen Atmosphäre, würde ihm das Geheimnis gewiß nicht entgehen!

Mit Kapitän Harry befanden sich in den ersten Wochen fünfzehn Offiziere in dem Heim. Die meisten von ihnen waren gesundheitlich angeschlagen, und alle wünschten sich die Erneuerung ihrer Kraft, um an ihre Arbeit zurückzukehren. Aufmerksam beobachtete und verfolgte Harry, wie diese Leute sich verhielten und sprachen. Er hatte vor, diejenigen herauszufinden, die am deutlichsten von „vollkommener Heiligung" gekennzeichnet waren. Ihnen wollte er seinen eigenen Mangel an Heiligung anvertrauen.

Er fand, daß die meisten von ihnen wirklich auserlesene Heilige waren, wenn es auch einige unverhohlene Heuchler darunter gab. Von „Heiligung" im strengen und vollständigen Sinn sah er allerdings nichts. In der Tat, es gab wirklich gottesfürchtige Männer und Frauen dort. Doch es besteht ein Unterschied zwischen Gottesfurcht und dem, was als „sündlose Vollkommenheit" bezeichnet wurde. Diese gab es dort mit Sicherheit nicht.

Die vorbildlichsten Christen im Beulah-Heim waren drei Frauen. Zwei von ihnen gaben zu, daß sie sich über ihren eigenen Zustand der „Heiligung“ nicht ganz sicher waren, während die dritte sich weigerte, darüber Auskunft zu geben. Es gab ziemlich viele Auseinandersetzungen, Eifersucht und sogar rücksichtslose Grobheit im Heimleben. Der unglückliche Kapitän hatte Schwierigkeiten, diese Dinge mit dem Bekenntnis der Freiheit von der innewohnenden Sünde zu vereinbaren. Die Heilsarmeeoffiziere lasen selten in der Bibel, und es mangelte eindeutig an der Bereitschaft, über den Herrn Jesus Christus nachzudenken oder zu sprechen. Er beobachte, daß die, welche in den Versammlungen am lautesten von „Heiligung“ sprachen, außerhalb der Gottesdienste offensichtlich am wenigsten geistlich waren. So wurde sein eigener beunruhigter Geist, für den er sich durch die geheiligte Atmosphäre in Beulah Hilfe erhofft hatte, eher zusätzlich belastet.

Am Ende des ersten Monats im Heim war Kapitän Ironside praktisch zum Agnostiker geworden. Denn auf jede Frage, die auf der göttlichen Offenbarung beruhte, mußte er antworten: „Ich weiß es nicht.“ Seine Überlegungen folgten in etwa dieser Logik: „Die Bibel verspricht allen, die sich völlig dem Willen Gottes übergeben, daß die in ihnen wohnende Sünde ausgelöscht wird. Soweit es in meiner Macht steht, habe ich mich völlig Seinem Willen übergeben. Aber ich bin nicht von der innewohnenden Sünde befreit worden. Ich bin fleischlich bis ins Innerste. Ich habe die Bedingung der ‚Heiligung‘ erfüllt, aber ich bin nicht ‚geheiligt‘. Ich habe meinen Teil erfüllt, aber Gott hat es unterlassen, Seinen Teil zu tun. Aber das kann ja auch nicht sein! Ich verstehe das einfach nicht. Ich weiß es nicht.“

Mit der Zeit weigerte er sich sogar, über diese Dinge weiterhin nachzudenken. Er wurde geistlichen Dingen gegenüber zynisch und ziemlich gleichgültig. Er hörte auf, die Bibel zu lesen und ließ sich seine weltlichen Bücher schicken, die er vor mehreren Jahren in seiner „völligen Übergabe“ zur Seite gelegt hatte. Als sie ankamen, suchte er in ihnen Trost statt im Wort.

Eines Tages kam eine Dame aus Rock Springs (Wyoming) ins Beulah-Heim, Leutnant Alma Jungbeck, die etwa 30 Jahre alt war. Es ging das Gerücht um, daß sie an Tuberkulose sterben würde. Harry Ironside schloß sie in sein Herz, denn sie war ein liebenswerter Mensch. Er sah in ihr eine Märtyrerin, die wirklich ihr Leben für eine Welt voller Not hingegeben hatte. Vom Zeitpunkt ihrer Ankunft an hielt er sich viel in ihrer Nähe auf. Nachdem er sie genau beobachtet hatte, kam er zu dem Schluß, daß er hier endlich eine Christin gefunden hatte, die völlig und unverstellt „geheiligt“ war. Wie groß war seine Überraschung, als eines Abends Leutnant Jungbeck und noch eine Offizierin zu ihm kamen und ihn baten, ihnen etwas vorzulesen! Miss Jungbeck sagte: „Ich habe gehört, daß Sie sich immer mit den Dingen des Herrn beschäftigen, und ich brauche Ihre Hilfe.“

Man kann sich Harrys Erstaunen vorstellen! Da er den Kummer und Zweifel seines eigenen Herzens kannte und sich der Heiligkeit dieser Frau gewiß war, verblüffte ihn dies nun ganz und gar. *Er* sollte *ihr* helfen? Nun, eigentlich hätte *sie ihm* helfen sollen! In Wirklichkeit hatte er gerade in Byrons ‚Childe Harold‘ gelesen, als die beiden Damen an seiner Tür anklopften – er, von dem sie dachten, er sei den Dingen des Herrn ergeben. Völlig durcheinander und peinlich berührt – das Buch hatte er beiseitegeschoben – fragte er sich, was er seinen Besucherinnen vorlesen solle.

Durch einen Impuls, der mit Sicherheit vom Heiligen Geist gelenkt war, zog Kapitän Ironside aus einem Papierstapel ein Traktat hervor. Seine Mutter hatte es ihm Jahre vorher gegeben, doch er hatte es nie gelesen. Er war so sehr ein Teil der Heilsarmee geworden, daß er sich von jeder Lektüre enthielt, die nicht ihre Imprimatur oder den Stempel einer „Heiligungs“-Gruppe aufwies. Er hatte Angst gehabt, durch das Lesen solcher Schriften verwirrt zu werden. Aber jetzt fühlte er sich dazu getrieben und sagte zu seinen Gästen: „Ich werde dies hier lesen. Es stimmt nicht ganz mit unserer Lehre überein, aber vielleicht ist es dennoch interessant.“

Seite um Seite las er und hoffte mehr als alles in der Welt, daß die sterbende Frau, die vor ihm saß, durch das Wort getröstet würde. Das Heft handelte vom Zustand der Menschen, die von Natur aus alle verloren sind. Es erklärte die Erlösung durch das vergossene Blut des Herrn Jesus Christus. Es beschrieb die zwei Naturen des Gläubigen und betonte, was dem Vorlesenden absurd erschien, die ewige Sicherheit des Gläubigen.

Als er mit dem Lesen fertig war, hörte Harry zu seinem Erstaunen Miss Jungbeck fragen: „Herr Kapitän, meinen Sie, daß das wirklich wahr sein kann? Wenn ich das nur glauben könnte, dann könnte ich in Frieden sterben."
Maßlos überrascht rief er aus: „Was? Wollen Sie damit sagen, daß Sie, so wie Sie sind, nicht in Frieden sterben könnten? Sie sind gerechtfertigt und ‚geheiligt'! Sie haben eine Erfahrung gemacht, die ich seit Jahren suche! Wie kann Sie der Tod beunruhigen?"
„Mir ist elend zumute", antwortete Leutnant Jungbeck. „Sie dürfen nicht sagen, daß ich ‚geheiligt' sei. Ich kann das nicht erreichen. Jahrelang habe ich mich abgekämpft, aber ich habe es bis heute nicht geschafft. Aus diesem Grunde bin ich heute abend mit meiner Freundin hierher gekommen, um mit Ihnen zu sprechen, weil ich mir so sicher war, daß Sie es haben und mir helfen können!"

Einen Augenblick lang waren sie beide still. Doch dann erkannten sie gleichzeitig, wie absurd die ganze Situation war, und brachen – trotz ihres Ernstes – in krampfartiges Lachen und Weinen aus.
„Was ist bloß mit uns los?" fragte Harry. „Kein Mensch auf der Welt verleugnet sich selbst mehr für Christus, als wir in der Armee es tun. Wir leiden und hungern und verausgaben uns, voller Eifer, den Willen Gottes zu tun. Trotzdem haben wir bei alledem keinen dauerhaften Frieden. Zeitweise sind wir glücklich. Wir genießen unsere Versammlungen. Aber wir sind nie sicher, was am Ende sein wird."
„Meinen Sie", war die prompte Erwiderung, „daß der Grund darin liegt, daß wir zu sehr von unseren eigenen Bemühungen

abhängig sind? Ist es möglich, daß wir zwar darauf vertrauen, daß Christus uns rettet, aber meinen, daß wir nur durch unsere eigene Treue errettet bleiben können?"
„Wenn wir irgend etwas anderes denken würden", unterbrach Ironside, „würde das allen möglichen Sünden Tür und Tor öffnen."

Bis spät in die Nacht hinein tauschten sie sich darüber aus. Als die beiden Damen müde geworden waren und sich entschuldigten, wurde vereinbart, daß man sich wieder treffen würde, um weiter über diese Dinge, die sie so aufgewühlt hatten, zu sprechen.

Die gegenseitigen Geständnisse an diesem Abend weckten in Harry ein brennendes Verlangen, die Wahrheit zu erkennen. All seine weltlichen Bücher ließ er nun links liegen und fing an, mit Eifer die Schrift zu studieren, wobei er fast ununterbrochen betete. Er war entschlossen, sich durch nichts von seiner Suche nach dem Licht abbringen zu lassen. Leutnant Jungbeck war in dieser Sache kaum weniger eifrig als er. Stück für Stück wurde ihnen die Wahrheit klar. Sie entdeckten, daß sie bei der falschen Person und am falschen Platz nach Heiligung gesucht hatten – sie hatten in sich hineingeschaut statt von sich weg. Sie verstanden allmählich, daß dieselbe Gnade, die sie errettet hatte, auch allein die Gnade war, die sie bewahren konnte.

Mit der Erleuchtung kam allerdings auch Verwirrung. Vieles war für Ironside schwierig zu verstehen, weil er von der „Heiligungs"-Lehre so indoktriniert war. So vieles von dem, was er geglaubt hatte, schien im völligen Widerspruch zum Wort Gottes zu stehen. Wie war das möglich? Darum setzte er sich mit einem Geschäftsmann in Verbindung, der auch ein Lehrer des Wortes war und Gemeinschaft mit dem Autor des Büchleins pflegte, das Harry an jenem entscheidenden Abend gelesen hatte. Dieser Mann, Charles Montgomery, eröffnete ihm viele Wahrheiten. Aber der Kapitän war immer noch durcheinander, da er nicht alles begreifen konnte.

Dennoch bekam Harry nun festen Boden unter seine Füße. Er fing an, zu erkennen, daß „Heiligung“, „vollkommene Liebe“, oder wie immer man es bezeichnen will, dem Gläubigen vom Augenblick seiner Bekehrung an gehören und daß sie durch Gottes Gnade und in Christus für immer sein eigen bleiben. Eine Schrift, die immer noch weithin bekannt ist und oft gelesen wird, „Safety, Certainty and Enjoyment“ (Sicherheit, Gewißheit und Genuß) von George Cutting, war Kapitän Ironside und Mrs. Jungbeck von sehr großem Nutzen, ebenso auch andere Broschüren. Sie lasen diese mit der Bibel in der Hand und dem inständigen Gebet, daß Gott ihnen die Augen öffnen möge für Seine Wahrheit, wie sie in Seinem Wort geschrieben stand.

Alma Jungbeck erkannte als erste die Wahrheit, als sie begriff, daß sie auf ewig mit Christus, dem Haupt, vereinigt war, und in Ihm ewiges Leben hatte, daß sie mit Ihm verbunden war wie die Rebe mit dem Weinstock, und daß Sein Leben somit das ihre war.

Vier Tage danach brach das Licht auch bei Kapitän Ironside durch. Er hatte studiert, was die Bibel über „Heiligung“ lehrt und herausgefunden, daß es bedeutet, *abgesondert zu sein*. Er sah, daß leblose Dinge wie der Altar geheiligt werden können (2. Mose 40,10.11); daß Menschen sich selbst oder andere heiligen können (2. Mose 19,22; 13,12); daß der Vater den Sohn heiligte, und der Sohn sich selbst heiligte (Joh 10,36; 17,19); daß Ungläubige geheiligt werden können (1. Kor 7,14), und ebenso fleischliche Christen (1. Kor 1,1.2; 3,1.3) usw. Er entdeckte auch, daß die, welche als „Geheiligte“ angesprochen werden, später aufgerufen werden, heilig zu sein (1. Petr 1,1.2.15.16), und daß von denen, die „geheiligt“ genannt werden, gesagt wird, daß sie *für immer vollkommen gemacht* sind (Hebr 10,14).

Es wurde ihm eindeutig klar, daß die „Heiligungs“-Lehre, der er so lange angehangen hatte, grundverkehrt war. In diesen Schriftstellen deutete nichts darauf hin, daß die alte Natur eines Gläubigen in Christus sich ändern würde oder daß die innewohnende

Sünde ausgelöscht würde. Vielmehr sagten sie aus, daß *alle* Christen eine neue Natur empfangen haben, geheiligt sind, für Gott in Christus abgesondert sind, und daß es ihre Verantwortung ist, für Ihn zu leben. Sogar in dieser Verantwortung ist *Er* ihre Stärke (Eph 6,10). Nichts kommt aus uns selbst, ausgenommen die Sünde. *Alles* ist in Christus.

Als das strahlende Licht der Wahrheit seine Seele durchdrang, waren alle Zweifel und Ängste wie weggeblasen. Freiheit und Friede regierten in seinem Herzen, wie er sie nie zuvor gekannt hatte. Er war befreit! Er hatte gefunden, was er gesucht hatte – Christus war sein „Alles in Allem“.

TEIL III:

Bei den „Brüdern“

„Denn für den Namen sind sie hinausgegangen,
und sie nehmen nichts von den Heiden“ (3. Johannes 7).

Kapitel 8

Eine gute Frau und das Wohlgefallen des Herrn

„In Mühen ... im Worte der Wahrheit, in der Kraft Gottes“ (2. Korinther 6,5-7).

Eine Woche nachdem das Licht der Erkenntnis, daß Christus das Haupt und unsere Fülle ist, in seine Seele gekommen war und ihn von monatelanger Dunkelheit und Verzweiflung befreit hatte, verließ Harry Ironside die Heilsarmee. Sie war die einzige menschliche Organisation gewesen, der er je angehört hatte. Aber wohin sollte er gehen? Was sollte er jetzt tun? Vielleicht wieder eine weltliche Arbeit annehmen? Das einzige Handwerk, von dem er überhaupt etwas wußte, war Fotografieren, und in diesem Beruf hatte sich einiges geändert, seit er ihn aufgegeben hatte, um ein „armseliger Prediger“ zu werden. Vielleicht sollte er auf die Olivenranch in Sunland gehen, wo seine Mutter und sein Stiefvater lebten? Dort könnte er alles einmal überdenken. In seiner Ratlosigkeit wandte er sich wieder an Mr. Montgomery, der ihm bei seiner Suche nach der Wahrheit über die „Heiligungs“-Lehre geholfen hatte.

Charles Montgomery war Besitzer von zwei Hotels in San Francisco. Er riet Harry dringend, nicht in sein Elternhaus zurückzukehren, sondern noch eine Zeitlang in der Stadt zu bleiben. Er sollte dort eine Gemeinschaft von Christen kennenlernen, die unter dem Namen „Brüder“ bekannt ist. Als Starthilfe für den jungen Mann, der kaum einen Pfennig besaß, bot Mr. Montgomery ihm freie Kost und Logis in einem seiner Hotels an. Außerdem erlaubte er Harry, seine hervorragende Bibliothek zu benutzen. Dort verschlang dieser etwa sechs Monate lang lauter Literatur, von der er bisher nichts gehört hatte. Sie öffnete ihm das Wort Gottes auf eine neue Weise. Er studierte eifrig die Werke von

J.N. Darby, J.G. Bellett, C.H. Mackintosh (C.H.M.), William Kelly und anderen.

Nur zwei Wochen nachdem er sein Hotelzimmer bezogen hatte, wurde er gebeten, zu der Versammlung zu sprechen, der Montgomery und seine Freunde angehörten. Er hatte schon gemerkt, daß diese Menschen die Schrift gut kannten und fragte sich, worüber er sprechen solle. Wieder einmal griff er auf Jesaja 53 zurück, diesen herrlichen Abschnitt, über den er schon bei anderen entscheidenden Gelegenheiten gepredigt hatte. Gott segnete die Botschaft an diesem Abend, und nach der Versammlung kamen viele der Brüder auf Harry zu. Da sie von seinen kürzlichen Erfahrungen und seiner Unsicherheit in bezug auf die Zukunft gehört hatten, nötigten sie ihn nun, bei ihnen zu bleiben und weiterhin das Evangelium zu verkünden. „Aber ich weiß so wenig“, sagte ihnen Harry Ironside. Doch sie ermutigten ihn, das zu predigen, was er wußte, und weiter seine Bibel zu studieren. Sie sagten ihm: „Gott wird dir mehr geben, während du vorangehst.“ Und so hat Harry Ironside seitdem immer das Wort verkündigt.

Im Jahre 1896 brach Mr. Ironside das erste Mal mit den „Brüdern“ das Brot. Diese erste Gemeinschaft hatte er mit einer Versammlung von Gläubigen, die als „Offene Brüder“ bekannt sind. Wie gut kannten sie das Wort Gottes! Aber selbst in solch einer Gruppe ernsthafter Christen ging nicht alles glatt – und das, obwohl sie wirklich den Herrn brennend liebten. Ein Jahr, nachdem er sich ihnen angeschlossen hatte, entstand in der Gemeinde eine Spaltung. Mr. Montgomery, Harry und einige andere trennten sich von ihnen, um gesondert anzubeten und zu arbeiten. Als Versammlungsort benutzten sie einen Saal im Tiefgeschoß, den der Hotelbesitzer mietete. Hier traf man sich jeden Abend, um das Evangelium zu verkünden. Aber zwei Jahre später gab es wieder eine Spaltung. In der Zwischenzeit waren Ironside die Botschaften von David Little, der zwei Wochen lang Vorträge hielt, eine große Hilfe gewesen. Er gehörte zu einer Gruppe von „exklusiven Brüdern“, den sogenannten „Grant Exclusives“. Als Folge dieser

Unterweisung fing Mr. Ironside im Jahre 1899 an, mit den „Grant Exklusives“ Gemeinschaft zu haben. Über dreißig Jahre hinweg gehörte er diesem Zweig der Brüderbewegung an und arbeitete unter ihnen.

Aber wir greifen unserer Erzählung vor. Im Januar des Jahres 1897 besuchte der berühmte englische Evangelist Henry Varley zum zweiten Mal San Francisco. Er hatte gerade eine Serie von Veranstaltungen in Australien hinter sich. Bei seiner Ankunft in San Francisco beauftragte er Freunde, die er bei seinem vorigen Besuch kennengelernt hatte, mit der Vorbereitung der Veranstaltungen im März. In der Zwischenzeit predigte Mr. Varley in Los Angeles, Redlands und Santa Barbara. Harry Ironside hatte äußerst großes Interesse an dem bevorstehenden Feldzug. So opferte er drei ganze Monate, um sich an der Vorbereitung von Mr. Varleys Evangeliumsdienst in der Stadt zu beteiligen. Im März, als die Veranstaltungen anfingen, verbrachte Ironside Tag und Nacht damit, dem Evangelisten auf jede nur mögliche Weise zu dienen. Er hielt regelmäßig am frühen Abend Straßenversammlungen ab, manchmal sechs oder sieben hintereinander. Danach nahm er interessierte Zuhörer mit zur Evangeliumsverkündigung. Des öfteren diente er als Türhüter und war für den Büchertisch im Metropolitan Temple verantwortlich, wo die Abende gehalten wurden.

Der Feldzug erwies sich als schwierig. Die Menschenmengen waren nicht so groß, wie zwei Jahre früher, als Varley in San Francisco gesprochen hatte. Zeitweise wurde Harry Ironside dadurch ziemlich entmutigt. Andererseits prägte sich ihm die dringende Notwendigkeit der Evangelisation stark ein, und er erwog ernsthaft, ein reisender Evangelist zu werden. Im Laufe des Feldzugs predigte Mr. Varley mit gleichbleibender Ernsthaftigkeit das Evangelium Christi. Aber er nahm auch die Kälte und Gleichgültigkeit vieler Christen wahr, die zu den Abenden kamen. Daher betonte er zunehmend die Notwendigkeit für Gläubige, intensiver und ernsthafter nach den Wahrheiten zu leben, die sie ihrem Bekenntnis nach vertreten. Es ist schwer zu sagen, ob dies etwas mit Ironsides späterer Entscheidung zu tun hat, den Erretteten und den Verlorenen gleicherweise zu dienen. Aber der Drang, seine ganze Energie ausschließlich dem Evangelisieren zu widmen, nahm bald ab.

Ein anderes Ereignis, das sich auf sein ganzes Leben auswirken sollte, trug sich ebenfalls während des Varley-Feldzugs zu. Harry verliebte sich nämlich. Ein ehemaliges Heilsarmee-Mädchen, die Kapitänin Helen Schofield, diente an den meisten Abenden als Pianistin. Sie war die Tochter eines Presbyterianer-Pastors aus Oakland, L.M. Schofield. Fräulein Schofield hatte sich durch Will Shepherd, einen methodistischen Evangelisten, bekehrt, und als sie dem Herrn ihr Herz gegeben hatte, wollte sie Ihm in der gleichen Organisation dienen, die Harry zu Beginn angezogen hatte.

Ein charakteristisches Kennzeichen der „Brüder“ besteht darin, daß bei ihnen kein Mann für ein festes Gehalt Dienste tut. Sie folgen der biblischen Lehre, nach der jeder Gläubige in Christus ein Zeuge für Ihn ist. So geben sie Gottes Wort ohne vorher vereinbarte Entlohnung weiter, sie tun es einfach für Christus. Keine Gemeinde oder Versammlung hat einen „ordinierten Pastor“ in dem Sinne, wie der Ausdruck heute allgemein gebraucht wird.

Die „Brüder“ glauben nämlich nicht, daß ein Ordinierung durch einen Menschen überhaupt nötig ist. Das bedeutet, daß ein Mann ohne eine menschliche Ordinierung ein von Gott beauftragter Diener sein kann. Denn Gnadengaben hat der Herr allen gegeben, und jedes Glied des Leibes hat die Pflicht, das zu erfüllen, was immer sein Teil am Dienst sein ist. Aus diesem Grunde erhalten die, welche unter den „Brüdern“ predigen oder lehren, keine vereinbarte Entlohnung. Sie sind, was ihren Unterhalt betrifft, vom Herrn abhängig.

Das Neue Testament gebietet Gläubigen in Christus, am ersten Tag der Woche etwas zurückzulegen, je nachdem der Herr ihnen

Einkünfte schenkt. In dem Maße, wie eine Gemeinde im Wort Gottes unterwiesen wird und darin bleibt, wird sie auch für Sein Werk geben. So werden sie denen von ihrem Einkommen Anteil geben, die in ihrer Mitte Werkzeuge des Segens sind. Harry verstand diesen Grundsatz, als er sich den „Brüdern" anschloß. So lebte und arbeitete er in Liebe, indem er Gott vertraute, daß Er Tag für Tag seine Bedürfnisse erfüllen würde.

Derjenige, welcher dem Herrn sagt, daß er Ihm vertrauen werde, wird oftmals von Ihm versucht und geprüft werden. Auch Harry Ironside sollte in den folgenden Jahren durch viele Prüfungen gehen. Doch wie gut ist ihm bei alledem die Treue Gottes in Erinnerung geblieben, die Er früher in Toronto und Los Angeles seiner Mutter gegenüber erwiesen hatte! Harry war also darauf vorbereitet, zu erleben, was der Herr für ihn tun würde.

Kurze Zeit, nachdem Varley von San Francisco nach Osten weitergereist war, hielt Mr. Ironside selbst eine Serie von Versammlungen in einem Saal ab. Es schien keinem seiner Zuhörer einzufallen, daß er Geld brauchen könnte. Dabei hatte er so wenig, daß er am Schluß nur noch eine letzte 5-Cent-Münze besaß. An jenem Tag bestand seine ganze Kost aus einer Tüte Erdnüssen. Er hatte dem Herrn von seiner Not gesagt, doch als der Abend kam, gab ihm immer noch niemand etwas. Am nächsten Tag hatte er überhaupt nichts zu essen, aber predigte trotzdem dreimal. Noch ein Tag verging unter den gleichen Umständen. Als der Abend kam, fragte sich der junge Prediger, ob er wohl genug Kraft habe, die Veranstaltung zu überstehen.

Nach der neunten Botschaft und drei Tagen ohne einen Bissen zu essen hörte er eine alleinstehende Dame ungewissen Alters sagen: „Ich bin sehr in Sorge, daß Mr. Ironsides Liebesgeschichte seine Seele in Mitleidenschaft ziehen könnte. Ich glaube, heute abend hat er nicht so kraftvoll gepredigt wie sonst." Beinahe hätte er ihr den Vorschlag gemacht: „Versuchen Sie doch mal, ob mir mit einem Beefsteak zu helfen ist, Schwester!" Aber er blieb still und ging nach Hause ins Bett, wo er auch die Zeit des Frühstücks verbrachte. Um 10 Uhr morgens wurde ihm ein Brief unter der Tür durchgeschoben. Als er ihn öffnete, fand er darin einen 10-Dollar-Schein ohne Hinweis auf den Spender. Aber Harry wußte, wer ihm das gegeben hatte – es war der Herr, und Ihm dankte er dafür! Es war eine Zeit der Prüfung gewesen: Würde er schwach werden und um Hilfe bitten, oder vertraute er wirklich dem Herrn? Da er die Prüfung überstanden hatte, wurde Ironsides Geist ermutigt, und er wuchs dadurch in der Gewißheit, daß Gott liebevoll für ihn sorgte.

Für die Menschen aus der Welt und auch für den Christen, dem das Leben aus Glauben fremd ist, erscheint es tatsächlich verwegen, wenn ein Mann in einer scheinbar so unsicheren finanziellen Situation, wie Harry Ironside damals, ans Heiraten denkt. Denn wie konnte er eine Frau ernähren? Wie konnte er nur eine junge Dame fragen, ob sie ihn heiraten wolle? – Vor allem, wenn diese in gutem Hause aufgewachsen war, wie Helen Schofield.

Harry überlegte sich die Sache viele Tage lang und suchte Gottes Willen. Doch schließlich, im Glauben, daß der Herr einverstanden war, und „weil ein zögerndes Herz keine schöne Frau gewinnt“, fragte er Helen, ob sie seine Frau werden wolle. Und sie gab ihm das sehnsüchtig erwartete Jawort. Daß Harry keinen Spargroschen besaß, war für sie kein Hindernis. Als ehemaliges Heilsarmeemitglied war sie nämlich schon längst darauf vorbereitet, um Christi willen zu leiden. Für beide war in der Tat das sorgenfreieste Leben das Leben im Vertrauen auf Gott.

Harrys Seele hatte auch durch diese Liebesgeschichte keinen Schaden genommen, wie die besorgte Schwester voreilig vermutet hatte. Nein, er strebte vorwärts, indem er überall dort, wo sich ihm eine Tür auftat, lehrte und verkündigte. Und wenn er für keine geplante, regelmäßige Versammlung benötigt wurde, ging er die Straßen von San Francisco hinunter. Sobald er irgendwo eine evangelistische Veranstaltung entdeckte, wirkte er durch sein

Zeugnis mit. Oder er fing selbst eine Straßenversammlung an und hatte bald eine ansehnliche Zuhörerschaft um sich geschart.

Eines Sonntagnachmittags ging Mr. Ironside die Marktstraße hinunter, als er eine beachtliche Menge von Menschen wahrnahm, die an der Ecke zur Grant Avenue versammelt war. Am Klang der Musik und an dem Lied, das gesungen wurde, erkannte er, daß es sich um eine Staßenversammlung der Heilsarmee handelte. So stellte er sich zum Kreis der Zuhörer, um sich an der Musik und an den Zeugnissen zu erfreuen.

Die Kapitänin wußte sofort, wer er war, denn sein Austritt aus der Armee lag noch kein Jahr zurück. Sie fragte ihn, ob er nicht Zeugnis geben wolle, und er stimmte gerne zu. Während er das Evangelium und seine eigene Erfahrung der Errettung mitteilte, beobachtete er einen ziemlich gut gekleideten, intelligent aussehenden Mann unter den Zuhörern. Dieser Mann, der etwas abseits am Bordstein stand, zog ein Kärtchen aus seiner Jackentasche und schrieb etwas darauf. Als Ironside seine Ansprache fast beendet hatte, ging jener nach vorne und überreichte ihm die Karte.

Während er noch sprach, warf Harry einen Blick auf die Karte und erkannte sofort, wer dieser Mann war: sein Name war überall angeschlagen gewesen und einige Monate lang hatte er an der Westküste Ansprachen gehalten. Er war der offizielle Vertreter einer der ersten Gewerkschaften, der I.W.W. – *Industrial Workers of the World* (Vereinigung der Industriearbeiter der Welt). Dieser Mann war berühmt-berüchtigt für seine Fähigkeit, seine Hörer zu Klassenhaß und Feindseligkeit gegen das kapitalistische System aufzuhetzen. Harry merkte, daß er ihm seine Karte nicht mit der Absicht gegeben hatte, ihm seinen Namen mitzuteilen. Also drehte er sie um und las die handgeschriebenen Worte: „Sir, ich fordere Sie heraus, mit mir über das Thema ‚Agnostizismus kontra Christentum‘ zu diskutieren, und zwar nächsten Sonntag um vier Uhr in der *Academy of Science Hall.* Ich werde sämtliche Kosten übernehmen.“

Harry las die Karte laut vor der versammelten Menge und antwortete dann seinem Herausforderer: „Diese Herausforderung interessiert mich sehr. Offen gesagt, leider bin ich schon als Sprecher bei einer anderen Veranstaltung angesagt, die am nächsten Sonntag um drei Uhr stattfinden wird. Aber ich denke, es wird mir möglich sein, dort so pünktlich aufzuhören, daß ich bis vier Uhr an der *Academy of Science Hall* sein kann. Oder ich könnte sogar, falls nötig, für einen anderen Sprecher sorgen, der bei dem früheren Treffen meine Stelle einnehmen würde.“

„Deshalb“, fuhr er fort, „werde ich an dieser Diskussion freudig teilnehmen, unter folgenden Bedingungen: Dieser junge Mann soll mir als Beweis, daß er etwas hat, das der Diskussion wert ist, folgendes Versprechen geben: Er wird am Sonntag zwei Menschen zum Saal mitbringen, deren Eigenschaften ich sogleich beschreiben will. Diese sollen als Beweis dafür dienen, daß der Agnostizismus in der Veränderung von Menschenleben und bei der Bildung echten Charakters wirklich von Wert ist. Erstens, er muß mir versprechen, einen Mann mitzubringen, der jahrelang ein, wie man sagt, gesellschaftlich ‚Gestrandeter‘ war. Ich möchte nicht festlegen, wie die Art der Sünde aussehen soll, die sein Leben ruiniert und ihn zum Auskehricht der Gesellschaft gemacht hatte – ob er ein Trinker war oder irgendein Krimineller oder das Opfer irgendeiner sinnlichen Begierde. Er muß jedoch ein Mann sein, der jahrelang in der Gewalt einer schlimmen Gewohnheit war, von der er sich selbst nicht befreien konnte. Aber irgendwann muß er auf eine Versammlung gestoßen sein, wo er diesen Mann sprechen hörte, indem jener den Agnostizismus verherrlichte und die Bibel und das Christentum verurteilte. Sein Herz und sein Sinn müssen dann beim Zuhören so tief bewegt worden sein, daß er von dem Treffen nach Hause ging und sich sagte: ‚In Zukunft bin ich auch ein Agnostiker!‘, oder Worte mit dem gleichen Sinn. Als Ergebnis seines Glaubens an diese spezielle Philosophie muß er festgestellt haben, daß eine neue Kraft in sein Leben gekommen ist. Die Sünden, die er einst liebte, haßt er jetzt, und Gerechtigkeit und Güte sind forthin die Ideale, nach denen er lebt. Er ist nun ein völlig neuer Mensch, eine Empfehlung für sich selbst und ein nützliches Glied der Gesellschaft – und all das, weil er Agnostiker ist!“

„Zweitens“, setzte Ironside seine Rede fort, „hätte ich gerne, daß dieser Mann, der mich heute zur Diskussion herausfordert, nächsten Sonntag eine Frau mitbringt – und ich denke, es könnte schwieriger für ihn sein, die Frau zu finden, als den Mann –, die vorher eine arme, charakterlose, gestrandete Ausgestoßene der Gesellschaft war, eine Sklavin böser Leidenschaften und das Opfer der korrupten Lebensweise von Männern. Vielleicht“, sagte Harry und nickte dabei in die Richtung von San Franciscos verrufener Barbary-Coast, die nur einen Steinwurf von seinem Standort entfernt lag, „vielleicht eine, die jahrelang an einem der üblen Orte dort unten an der Pacific Street gelebt hat, oder in einem anderen finsteren Loch, total verloren, erbärmlich und zugrundegerichtet durch ihr sündiges Leben.“

„Doch diese Frau muß auch in eine Veranstaltung dieses Mannes geraten sein und gehört haben, wie er lautstark seinen Agnostizismus anpries und die Botschaft der Heiligen Schrift lächerlich machte. Als sie ihm zuhörte, muß in ihrem Herzen eine Hoffnung erwacht sein, so daß sie sagte: ‚Genau das brauche ich, um von der Sklaverei der Sünde freizuwerden!‘ Sie folgte dann dieser Lehre, bis sie eine intelligente Agnostikerin oder Ungläubige wurde. Als Folge davon wehrte sich ihr ganzes Wesen gegen die Erniedrigung durch das Leben, das sie geführt hatte. Sie floh vom Schauplatz der Sünde, wo sie so lange gefangen gehalten worden war, und wurde völlig wiederhergestellt. Sie muß den Weg zu einer ehrbaren Stellung in der Gesellschaft wiedergefunden haben und ein sauberes, tugendhaftes und glückliches Leben führen – und all das, weil sie Agnostikerin geworden ist.“

„Nun, mein Herr, wenn Sie mir versprechen, diese beiden Leute mitzubringen als Beispiel dafür, was der Agnostizismus zustandebringt, dann werde ich Ihnen versprechen, Sie zur abgemachten

Stunde nächsten Sonntag an der *Academy of Science Hall* zu treffen. Und ich werde mindestens einhundert Männer und Frauen mitbringen, die jahrelang in solch einer sündigen Entwürdigung lebten, wie ich sie darzustellen versucht habe. Aber sie wurden auf großartige Weise gerettet durch den Glauben an das Evangelium, das Sie belächeln. Ich werde diese Männer und Frauen mit mir aufs Podium nehmen als Zeugnisse für die wunderbare rettende Kraft von Jesus Christus, und als aktuellen Beweis dafür, daß die Bibel die Wahrheit ist.“

Ironside wandte sich schnell der Heilsarmee-Kapitänin zu und fragte an: „Frau Kapitän, haben Sie ein paar, die mit mir zu solch einem Treffen mitgehen würden?“
„Von uns können Sie mindestens vierzig haben!“ rief sie begeistert aus, „alle von dieser Truppe, und wir werden eine Blaskapelle mobilisieren, um den Zug anzuführen.“
„Wunderbar!“ sagte Harry. „Nun mein Herr“, wandte er sich zu seinem Herausforderer, „es wird mir keine Schwierigkeiten bereiten, noch mindestens sechzig andere aufzusammeln, von verschiedenen Missionsgruppen, Evangeliumsgemeinden und evangelikalen Kirchen. Wenn Sie mir glaubhaft versprechen, zwei solcher ‚Exemplare‘ zu bringen, wie ich sie beschrieben habe, werde ich als Anführer einer ganzen Schar von solchen Leuten antreten. Die Kapelle wird ‚Onward Christian Soldiers‘ spielen, und ich werde bereit sein, mich der Diskussion zu stellen.“

Sein Gegner, der zumindest irgendwo einen Funken Humor in sich hatte, lächelte ziemlich zynisch. Dann winkte er ab, als wolle er sagen „Da spiel‘ ich nicht mit!“ und schlenderte weg vom Schauplatz der Begegnung. Währenddessen applaudierte und beglückwünschte die Menge den Straßenprediger, der die Herausforderung des Agnostikers erwidert und ihn in die Flucht geschlagen hatte. Sie erkannten augenblicklich, daß keine Philosophie der Verleugnung, wie der Agnostizismus, jemals aus schlechten Menschen gute machen konnte. Auf der anderen Seite wußten sie aus Erfahrung und durch Beobachtung, daß das Christentum gerade das seit Jahrhunderten getan hat und heute noch täglich tut.

Harry Ironside legte beständig auf solche Weise Zeugnis für Christus ab, zu gelegener und ungelegener Zeit – und so vergingen die Monate. Gegen Ende des Jahres antwortete Gott auf seine Gebete. Er schien den Bund zwischen ihm und seiner Geliebten zu besiegeln, als Harry aus dem Nachlaß seines Großvaters in Schottland ein Vermächtnis von dreihundert Dollar erhielt. Es war kein Vermögen, aber es war mehr, als Harry in seinem Leben jemals in der Hand gehabt hatte. Wenn der eifrige junge Mann irgendein „Vlies" nötig hatte, dann bekam er es hiermit. Mit Sicherheit war es der erbetete Spargroschen. Und so kam es, daß Henry Allan Ironside und Helen Georgia Schofield zum Jahreswechsel, am 5. Januar 1898, den Ehebund eingingen.

KAPITEL 9

Kostbarer als Gold

„Sehet hin auf die Vögel des Himmels ... euer himmlischer Vater ernährt sie. Seid ihr nicht viel vorzüglicher als sie?“ (Matthäus 6,26).

Wie kostbar ist es, daß ein Kind Gottes in allen Lebenssituationen aufschauen kann zu dem, den die Welt nicht sehen kann: zu dem unsichtbaren und allmächtigen Gott, der versprochen hat, all unseren Mangel auszufüllen gemäß Seinem Reichtum in Herrlichkeit in Christus Jesus. Kann es einen größeren Wohltäter geben?

Das jungverheiratete Paar Harry und Helen Ironside war immer wieder dazu herausgefordert, ihre täglichen Bedürfnisse vertrauensvoll vor Gott zu bringen. Wenn Harry anderen über Gottes liebende Fürsorge für die Seinen predigen sollte, dann mußte es sie aus seiner eigenen Erfahrung kennen. Denn schon in diesem Leben ist der nicht würdig, über vieles zu herrschen, der nicht im Kleinen treu gewesen ist.

Die Ironsides bezogen eine kleine Wohnung in San Francisco, in der sie etwa ein Jahr lang blieben. Sie verließen die Stadt allerdings gelegentlich, manchmal gleich für einen Monat oder noch länger. Ihr Weg war nicht leicht, und es gab Zeiten, wo im Küchenschrank gähnende Leere herrschte. In einer dieser schwierigen Zeiten, als sie gerade in Sacramento lebten, stattete ihnen Helens Mutter, Mrs. Schofield, einen Besuch ab. Sie hatten keinen einzigen Pfennig, und das einzige Eßbare im Haus war ein Sack Bohnen. Am ersten Tag wurden zum Mittagessen Bohnen aufgetischt. Zum Abendessen ebenso. Auch am nächsten Morgen zum Frühstück gab es Bohnen.

Mrs. Schofield äußerte sich immer noch nicht zu dieser unge-

wöhnlichen Diät. Doch als am zweiten Tag zu Mittag wieder Bohnen auf den Tisch kamen, rief sie aus: „Helen, du bist bei mir doch anders aufgewachsen! Ihr zwei seid mit Sicherheit die größten Bohnenesser, die ich in meinem ganzen Leben je gesehen habe!"
Ohne eine Miene zu verziehen antwortete ihre Tochter gelassen: „Weißt du Mama, Harry ißt Bohnen *so* gerne!"
„Ich hab ja nichts dagegen, wenn er sie mag", meinte Mrs. Schofield, „aber ihr wollt doch bestimmt auch mal etwas anderes essen!"
Harry stand vom Tisch auf und bat den Herrn, ob er nicht einmal „die Eintönigkeit unterbrechen" könne, wie er sich ausdrückte. Als er zum Postamt hinunterging, drückte ihm ein alter Schotte einen Silberdollar in die Hand, und augenblicklich hatte er seine „Vorliebe für Bohnen" verloren. Er steuerte einen Metzgerladen an und kaufte Vorräte für den nächsten Tag ein. Das gab dann aber ein Festmahl für die drei! Für einen Dollar konnte man nämlich im Jahre 1898 noch einiges bekommen.

Schon vor dem Erlebnis in Sacramento hatten sie solche Prüfungen zu bestehen. Einmal beispielsweise, als sie zwei Tage lang ohne Nahrung gewesen waren, ging Harry nach einem Gebet auf die Straße, um sich nach einer vorübergehenden Tätigkeit umzusehen. Er versuchte es an verschiedenen Stellen ohne Erfolg. Schließlich traf er einen Mann, der den Passanten Probepackungen mit Frühstücksflocken aushändigte, die damals gerade auf den Markt gekommen waren. Der Werber war ziemlich erfreut, einen potentiellen Kunden gefunden zu haben, der so großes Interesse an seinem Produkt zeigte, daß er gleich mehrere Packungen entgegennahm. Er wußte nicht, daß sein Geschenk einen Mann und seine Frau einige Tage lang ernähren sollte.

Einmal, aber auch nur ein einziges Mal kam es vor, daß der junge Prediger ernsthaft vorhatte, seine Berufung zum vollzeitlichen Dienst fallenzulassen und sich eine feste Teilzeitarbeit zu suchen. Dies geschah aus Mutlosigkeit, weil seine geliebte Frau und er zwei Tage lang nichts zu essen gehabt hatten. Aber da betete Helen, daß sein Glaube ihn in dieser Prüfung nicht verlassen würde, und daß sie nicht von dem abweichen würden, was sie beide als Gottes Willen für sein Leben erkannt hatten. Gerade an diesem Nachmittag traf Harry einen Freund auf der Straße, der ihm ein 5-Dollar-Goldstück gab. Der Herr wußte, daß dies genau die Stunde war, in welcher Sein Diener Hilfe brauchte, und durch den Freund war Er dieser Not begegnet.

Noch viele Prüfungen und Erfahrungen folgten, in denen die Ironsides auf ihrer eigenen Pilgerreise durch wiederholte Übung lernten, was das Wort verkündet: „Opfere Gott Danksagung, und erfülle dem Höchsten deine Gelübde; und rufe mich an in der Not, ich will dich erretten, und du sollst mich verherrlichen“ (Ps 50,14.15). Sie strebten danach, im Preisen und Danken treu zu sein und darin dem Herrn ihre Gelübde zu erfüllen. In Zeiten der Prüfung riefen sie Ihn an und fanden Ihn immer treu im Hören und Antworten – und dafür verherrlichten sie Seinen heiligen Namen.

Später im gleichen Jahr erhielten sie die Nachricht, daß Harrys Mutter sehr krank sei. Das junge Paar fühlte sich genötigt, nach Long Beach zu fahren, wo die Watsons nun wohnten. Dort wollten sie sich um Lillian kümmern, eine kleine Tochter, die der Familie Watson geschenkt worden war, und bei der Pflege der Mutter mithelfen. Aber für Sophia war die Zeit gekommen, ihre irdische Wohnung zu verlassen, um bei Christus zu sein. So nahm der Herr sie weg, und ihr Leib wurde in Los Angeles begraben. Das war eine schwere Anfechtung für Harry. Obwohl die Umstände sie getrennt hatten, liebte er seine Mutter aufrichtig. Die Beziehungen der kleinen Familie von einst schienen nun ganz aufgelöst zu sein, denn Harrys Bruder John lebte zu der Zeit auf den Philippinen.

Obwohl Harry in seiner Glaubensbeziehung zum Herrn und in seinem häuslichen Leben mit seiner jungen Frau glücklich war, bedeutete das Jahr 1898 für ihn eine Zeit der Widrigkeiten. Denn in diesem Jahr entstand auch eine Uneinigkeit in der Gemeinschaft von Gläubigen, mit der er sich zur Anbetung versammelte. Diese Prüfungen seines Glaubens waren nicht leicht zu ertragen, aber Gottes Gnade wird immer entsprechend der Not des Menschen und darüberhinaus geschenkt. Und in dieser Gnade ruhte Ironside, indem er sich mit all seiner Kraft an den Verheißungen Gottes festhielt. Sie beschlossen, in Los Angeles zu bleiben und wohnten dort über ein Jahr lang.

Wie der Sonnenschein auf den Regen folgt, so kam bald darauf ein großer Segen und Grund zur Freude in das Heim der Ironsides. Am 10. Februar wurde Harry und Helen in Los Angeles ihr erstes Kind geboren – ein Sohn, Edmund Henry. Nun zogen die Ironsides in eine Wohnung in Oakland. Sie nahmen Lillian mit, da sich Mr. Watson wegen seiner Arbeit, die ihn von einer Stadt in die andere führte, nicht um sie kümmern konnte. Später nahmen Freunde der Watsons, die selbst kinderlos waren, das Mädchen zu sich.

Harry setzte seinen Dienst fort, je nachdem, wie sich ihm die Türen zum Reden auftaten. An manchen Orten sprach er fast jeden Abend, oft sogar zwei- oder dreimal täglich. Immer mehr Gläubige bemühten sich jetzt um ihn, weil er vielen durch seine Gabe der Auslegung weiterhelfen konnte. Wenn er keine Termine hatte, ging er, wie er es seit seiner Errettung zu tun pflegte, an eine belebte Kreuzung in der Stadt und predigte den Vorübergehenden das Evangelium. Er verlor nie das Verlangen nach der Rettung der Seelen von Frauen und Männern, das seit seiner Begegnung mit General Booth in ihm entzündet worden war. Einige Monate konnte Mrs. Ironside ihren Mann nicht begleiten, der überall in Kalifornien unterwegs war. Aber sobald es möglich erschien, ihr kleines Baby mitzunehmen, nahm sie das Reisen an seiner Seite wieder auf.

An irdischen Gütern waren diese jungen Leute sehr arm. Sie lebten von der Hand in den Mund. Die Hand aber, die sie nährte, war

Gottes Hand, die „nie zu früh und nie zu spät kommt“. Eines Tages erreichte sie ein Telegramm mit der Nachricht, daß Helens Vater gestorben sei. Harry telegrafierte von Los Angeles, wo das Ehepaar zu dieser Zeit noch wohnte, daß sie am selben Abend mit dem Zug losfahren würden. Dann gingen die beiden Eheleute auf die Knie und baten den Herrn, ihnen das nötige Geld zu schicken, denn sie hatten überhaupt nichts.

Ihr Zug sollte um 22 Uhr abfahren, und nun war es 18 Uhr. Als um 19 Uhr noch keine Antwort da war, gingen sie wieder auf die Knie. Aber eine Stunde um die andere verging. Als die Zeit ihrer Abfahrt nahe bevorstand, erhielten sie Besuch von einem Freund. Er hatte von Mr. Schofields Tod und dem Plan des jungen Paares, zur Beerdigung zu fahren, gehört. Er bat um das Vorrecht, die Fahrkarten zum Zielort der beiden kaufen zu dürfen, ohne daß er von ihrer Not wußte. Das war ein weiterer Beweis von Gottes unaufhörlicher Fürsorge für Seine Kinder und ein Vorgeschmack dafür, wie Er sie in den folgenden Jahren noch versorgen sollte. Wie gnädig Er ist, der für Seinen sorgt, nicht immer nach ihren Wünschen, aber immer entsprechend ihren Bedürfnissen! Das ist Seine Verheißung, die Er wahr macht.

Es gab jedoch Zeiten, in denen Harrys Glaube schwankte. Als Edmund fünf Monate alt war, packten die Ironsides ihre Sachen und nahmen ihn mit nach East Bakersfield (damals als *Kern City* bekannt) in Kalifornien. Es war ein Wagnis des Glaubens. Freunde, die Ironside bei Versammlungen in Long Beach sprechen gehört hatten, waren durch seine Botschaften gesegnet worden und hatten ihn gebeten, bei Gelegenheit nach Kern City zu kommen.

Sofort nach der Ankunft der Ironsides begannen die Versammlungen und wurden etwa zwei Monate lang den Sommer hindurch fortgesetzt. Während dieser Zeit hatten Mr. und Mrs. Ironside die Freude, viele Bekehrungen mitzuerleben.

Als die Zeit gekommen war, die Veranstaltungen zu beenden,

begaben sich die Ironsides zum Bahnhof, um nach Hause zu fahren. Harry Ironside hatte dort eindeutig den Eindruck, daß er nicht nach Oakland fahren, sondern unterwegs in Fresno halt machen solle. Er war verwirrt. Der Heilige Geist spricht durch das Wort zu uns, und Eindrücke können sehr gefährlich sein. Er wollte sein innerliches Gefühl ignorieren, aber es war von solch deutlicher und ungewöhlicher Art, daß er nach einem Gebetsgang auf dem Bahnsteig beschloß, Mrs. Ironside eine Fahrkarte nach Oakland zu kaufen, sich selbst aber nur eine nach Fresno. Er sagte seiner Frau, daß sie auf der Fahrt viel beten müßten. Wenn sie sich dann bei der Ankunft in Fresno über seinen „Ruf" in diese Stadt nicht sicher seien, würde er aussteigen und sich ebenfalls noch eine Fahrkarte nach Oakland kaufen.

Als der Zug in Fresno einfuhr, hatte sich in seinem Herzen jedoch nichts geändert. Das Gefühl, daß er dort bleiben solle, war sogar noch stärker geworden. So gab er Helen alles Geld, das er hatte, bis auf einen Dollar, verabschiedete sich von ihr und dem Kleinen und stieg im Glauben aus dem Zug.

In seiner Jackentasche trug Mr. Ironside die Adresse eines Mannes, der ihm etwa ein Jahr vorher geschrieben hatte. Darin hatte er berichtet, daß er durch Literatur, die Harry verschickt hatte, ermutigt worden sei. Er hatte Ironside gebeten, nach Fresno zu kommen, wann immer es die Umstände erlauben würden, und eine herzliche Einladung an ihn ausgesprochen, dort in seinem Haus zu bleiben. Er hatte auch zugesichert, sich um einen Platz zu bemühen, wo der junge Prediger Zeugnis geben könnte.

So ließ Harry seine Tasche am Bahnhof, weil er dachte, es müsse diese Einladung gewesen sein, die ihn veranlaßt habe, in Fresno halt zu machen. Harry erkundigte sich nach dem Weg zu der Wohnung dieses Mannes und ging dorthin. Wie groß war seine Enttäuschung, als er das Haus verschlossen vorfand und von Nachbarn erfuhr, daß die ganze Familie mehrere Wochen lang nicht in der Stadt sei! Es kam ihm wie eine unmißverständliche

Abfuhr vor, ein Hinweis, daß er sich doch lieber nicht von „Eindrücken“ hätte leiten lassen sollen.

Aber nun befand er sich in Fresno und hatte nicht einmal genug Geld, um heimzufahren. Er ging zum Bahnhof zurück, holte sich seinen Koffer und suchte dann nach einer billigen Unterkunft. Er fand ein Zimmer zu 25 Cent pro Nacht. Es war Abend, und in seinem Zimmer beugte er seine Knie und bat Gott, ihm zu zeigen, ob er sich geirrt hatte, und ihm den nächsten Schritt zu offenbaren. Vielleicht würde Er ihm einen Hinweis geben, wo er in der Stadt predigen konnte. Während er noch im Gebet war, hörte er Gesang von der Straße, und begab sich nach draußen. Eine Versammlung der Heilsarmee war gerade im Gange. Harry hörte kurze Zeit zu, aber beim Einsammeln der Kollekte ging er wieder, da es ihm seine Umstände kaum erlaubten, etwas einzulegen. Gleich an der nächsten Ecke traf er auf eine weitere Staßenversammlung, die von der Pniel-Mission von Los Angeles gehalten wurde. Die Zeugnisse und die Botschaft klangen gut in seinen Ohren, und er beschloß, zu ihrem Versammlungsraum zu gehen, wo ein Gottesdienst abgehalten werden sollte.

Als er dort ankam, war der Saal fast voll. So schlich er sich leise zu einem Sitzplatz nahe am Ausgang. Als er zum Podium schaute, bemerkte er, daß dort zwei Frauen saßen, die Leiterinnen der Versammlung, die ihn anstarrten und über ihn flüsterten. Daß er sofort beim Eintreten bemerkt wurde, ist nicht verwunderlich, denn seit seinem Ausscheiden aus der Heilsarmee trug er einen roten Bart. Dennoch war es ihm ziemlich unangenehm, der Gegenstand dieser Unterhaltung zu sein.

Plötzlich kam eine der Frauen den Gang herunter, steuerte direkt auf ihn zu und fragte: „Sind Sie der, der heute abend hier predigen soll?“
„Ich weiß es nicht“, antwortete Harry.
„Sind Sie nicht ein Prediger des Evangeliums?“ fragte sie.
„Ja“, war die Antwort.

„Und haben Sie nicht eine Botschaft für uns heute abend?“
„Ich bin mir nicht sicher“, antwortete Harry. „Warum fragen Sie?“
„Diese Frau und ich, wir sind für die Versammlung verantwortlich“, antwortete die Fragende. „Wir beteten heute für diesen Abend, und es schien uns beiden, als ob eine Stimme sagte: ‚Ich werde heute abend selbst Meinen Boten schicken. Ihr werdet ihn erkennen, wenn Ihr ihn seht.‘ Deshalb beobachteten wir jeden, der zur Tür hereinkam, und als Sie eintraten, empfanden wir die Gewißheit, daß Sie Gottes Bote sind.“

Weil das so erstaunlich mit seiner eigenen Erfahrung zusammenpaßte, nahm es Mr. Ironside als eine von Gott geöffnete Tür an, obwohl er in der Regel solch einer „Stimme“ keinen Glauben schenkte. Er erzählte der Frau, wie er nach Fresno gekommen war. „Dann müssen Sie der Bote des Herrn sein!“ war ihre Antwort. „Bitte kommen Sie aufs Podium.“

Nach der Versammlung brachten nicht wenige ihre Dankbarkeit für die Predigt zum Ausdruck. Zwei Frauen baten ihn, noch zwei Wochen zu bleiben und jeden Abend eine Versammlung abzuhalten, sowie am Tag des Herrn nachmittags und abends.

Jene erste Begegnung fand an einem Freitagabend statt. Niemand hatte Mr. Ironside gefragt, ob er irgendwo untergebracht sei. Weil er in bezug auf die Erfüllung seiner Bedürfnisse ganz auf Gott vertraute, wagte er nicht, sie anderen gegenüber zu erwähnen, es sei denn, sie fragten ihn danach. Also verbrachte er diese und die folgende Nacht in seiner Pension und ernährte sich wirklich sehr sparsam. Am späten Samstagnachmittag trug er seinen Koffer aus dem Zimmer, das er benutzt hatte, ohne einen Pfennig in der Tasche und mit fast nichts Nahrhaftem im Bauch. Er bat einen Drogerieinhaber um Erlaubnis, sein Gepäck in dessen Laden abstellen zu dürfen, was ihm gnädigerweise gewährt wurde. An diesem Abend fühlte sich Harry schrecklich alleine und ziemlich entmutigt. Doch dann wurde sein Mut gestärkt, als er sich an Einen erinnerte, der gesagt hat: „Die Füchse haben Höhlen und die Vögel des Himmels haben Nester, aber der Sohn des Menschen hat nichts, wo er sein Haupt hinlege.“

Harry trug eine große Anzahl evangelistischer Traktate bei sich. Nach seiner Predigt am Abend ging er in den allerschlimmsten Teil der Stadt hinüber, wo es eine Unmenge von Kneipen, Tanzclubs und Spielhallen gab. Er besuchte diese gottlosen Orte einen nach dem anderen, verteilte dort Traktate und gab persönlich Zeugnis, wo immer er ein bereites Ohr finden konnte. Am Ende waren alle Handzettel, ein Stoß von etwa 3.000 Stück, ausgegeben. Es war zwei Uhr morgens, und sogar die Kneipen machten nun zu. Da er keinen Platz hatte, wo er hingehen konnte, marschierte Ironside am Straßenbahngleis entlang in einen Vorort bis zum Ende der Linie. Dort legte er sich auf die Sitzbank eines leeren Straßenbahnwagens und versuchte zu schlafen.

Es war eine kalte Nacht, und er konnte es sich weder bequem machen noch einschlafen. Er versuchte, zu beten, aber es schien ihm einfach nicht zu gelingen. Er war wohl kaum in der richtigen Gebetshaltung, denn er beschwerte sich bei Gott – gestand er später –, weil er sich doch auf Seine Zusage in Philipper 4,19 verlassen hatte. „Ich habe ein Bedürfnis“, sagte er zu sich selbst, „aber Gott hat es nicht erfüllt. Ich habe mich mit meiner ganzen Kraft bemüht, Ihm zu dienen, doch Er hat mich im Stich gelassen.“ Verwirrt und gerädert, weil er an diesem Platz nicht schlafen konnte, stand er ungefähr um 4 Uhr auf und ging zurück ins Zentrum der Stadt. Auf dem Gelände um das Gerichtsgebäude entdeckte er eine große Trauerweide, deren Zweige ringsherum tief herabhingen. Er schlüpfte unter ihnen durch und legte sich nahe am Stamm nieder. Dort schaffte er es, ein paar Stunden Schlaf zu bekommen.

Als er erwachte, schien Gott sehr deutlich zu ihm zu sprechen. In bestimmten Dingen hatte er es zugelassen, daß sich Nachlässigkeit eingeschlichen hatte. Unter dem Blättergewölbe des Weidenbaums kniete er nieder und schüttete Ihm sein Herz aus. Er bekannte seinen Mangel an Glauben, seinen Eigenwillen und andere Dinge, die ihm der Heilige Geist in Erinnerung brachte. Als die Liste der Verfehlungen und Versagen länger wurde, wunderte er sich nicht mehr darüber, daß er auf sein Rufen zum Herrn scheinbar keine Antwort erhalten hatte. Er pries nun Gott für Seine nie endende Barmherzigkeit. Erfrischt durch diese Stunde mit dem Herrn, ging Harry zum Brunnen des Gerichtsgebäudes hinüber und wusch seine Hände und sein Gesicht. Daraufhin machte er sich auf den Weg zur Methodistengemeinde, wo man ihn eingeladen hatte, eine Gruppe junger Männer zu unterrichten.

Die Sonntagsschule wurde von einem Mann geleitet, der einige Jahre zuvor in Los Angeles Harrys Sonntagsschullehrer gewesen war. Als Harry sich ihm vorstellte, war er hocherfreut und nahm ihn nach dem Gottesdienst in der Kirche mit zu einem vorzüglichen Mittagessen. Am Nachmittag predigte Harry in einer Missionsgemeinde. Nach der Veranstaltung stellte sich ihm ein junger Arzt vor, dem die Botschaft geholfen hatte, und fragte: „In welchem Hotel wohnen Sie?“
„Ich habe im Stadtteil so-und-so übernachtet“, sagte Harry, der bewußt nur die Gegend, aber kein Hotel erwähnte.
„Könnten Sie mitkommen und bei mir bleiben?“ fragte der Arzt. „Ich wohne alleine in einer Wohnung, wo ich ein freies Zimmer habe. Ich brauche christliche Gemeinschaft, und ich würde mich freuen, wenn ich Sie bei mir beherbergen dürfte, solange Sie in Fresno sind.“
Harry war sofort einverstanden. Sein Freund bot sich dann an, mit ihm zu seinem „Hotel“ zu gehen, um seine Tasche abzuholen. Aber Harry versicherte ihm, daß das nicht nötig sei. Also ging er alleine, und in kurzer Zeit fand er sich bei seinem Gastgeber in dessen bequemer Wohnung ein.

Während das Abendessen bereitet wurde, schlug der Arzt vor, daß sich Harry hinlegen sollte, weil er dessen Müdigkeit bemerkt hatte. Harry folgte diesem Vorschlag nur zu gerne, denn ihm fielen die Augen schon fast zu. Seine nächste Erinnerung war ein

Traum, in dem er ein furchtbares Erdbeben erlebte – um im nächsten Moment festzustellen, daß es sein Gastgeber war, der versuchte, ihn fürs Abendessen wachzubekommen. „Meine Güte, Bruder Ironside", rief er aus, „Sie haben wirklich einen guten Schlaf!"

Gestärkt durch zwei ausgezeichnete Mahlzeiten und eine Stunde Schlaf, war sein Herz erfüllt vom Lob Gottes wegen Seiner Güte. So schien er bei der Abendverkündigung eine außergewöhnliche Freimütigkeit zu besitzen, und Gott wirkte mit großer Kraft. Am Ende der Veranstaltung bekannten nicht wenige Christus als ihren Heiland und Herrn. Hinterher kam einer nach dem andern, um dem Prediger die Hand zu schütteln und ihm gleichzeitig Geld in die Hand zu drücken. Als er in sein bequemes Zimmer kam, zählte er, was der Herr ihm gegeben hatte. Es waren über 27 Dollar! Am Montagmorgen schickte Harry einen großen Teil des Geldes seiner Frau in Oakland. Er behielt gerade genug, um während der Veranstaltungsreihe davon leben zu können und die Fahrkarte nach Hause kaufen zu können.

Als er am nächsten Tag zur Post ging, fragte Harry, ob etwas für ihn angekommen sei, und fand einen Brief von seinem Stiefvater Mr. Watson vor. Als er den Brief aus dem Umschlag nahm, fiel sein Blick gleich auf ein P.S. unter der Unterschrift. Dort las er:

„Gott hat heute durch Philipper 4,19 zu mir gesprochen. Er hat verheißen, für alles zu sorgen, was wir brauchen. Vielleicht sieht Er eines Tages, daß ich eine Zeit des Hungerns brauche. Falls das der Fall sein sollte, dann wird Er auch dafür sorgen."

KAPITEL 10

Ich habe den Raben geboten, dich zu speisen

„Indem ihr alle eure Sorge auf ihn werft, denn er ist besorgt für euch“ (1. Petrus 5,7).

Oakland, wo sich die Ironsides im Jahr 1900 niederließen, wurde für 30 Jahre ihr Zuhause, wenigstens dem Namen nach. Bis etwa 1905 war Helen fast ebenso oft wie Harry weg von zuhause, weil er immer mehr Einladungen zum Dienst bekam. Am 18. August 1905 wurde ihnen ein zweiter Sohn geboren, John Schofield. Danach war Helen zum größten Teil durch die Sorge für die beiden Kinder ans Haus gebunden.

Aber ich habe vorgegriffen. Auf das Ereignis von Fresno im vorigen Kapitel folgten noch weitere Zeiten der Prüfung zuhause. Mehr als einmal war die junge, dreiköpfige Familie mittellos und in sehr realer Weise völlig auf den Herrn geworfen. Sie empfanden ihre Abhängigkeit vom Herrn nicht nur in bezug auf die tägliche Versorgung, sondern auch, was Sein Werk und Seinen Willen für ihr Leben betraf. Wenn Einladungen aus verschiedenen Orten kamen, war es nicht immer einfach, zu entscheiden, welche die vom Herrn geöffnete Tür war. Manchmal kamen auch Anfragen von weit entfernten Städten mit dem Inhalt, daß Harry zu einer bestimmten Gemeinde kommen solle, wenn er irgendwann einmal in der Nähe sei. Und in all diesen Dingen war Harry bestrebt, den Willen des Herrn ausfindig zu machen.

Einmal, als Mrs. Schofield gerade bei dem jungen Ehepaar zu Besuch war, hatte Mr. Ironside keine Klarheit darüber, wo er als nächstes hinfahren sollte; er hatte nämlich fünf Einladungen aus fünf verschiedenen Städten. Eines Tages entschuldigte er sich nach dem Mittagessen und ging ins Zimmer nebenan. Dort breitete er die fünf Briefe vor sich aus, kniete nieder und bat den Herrn

um klare Führung in dieser Sache. Doch er kam zu keinem klaren Entschluß und betete ein zweites Mal. Während er mit dem Herrn sprach, bekam er in seinem innersten Bewußtsein den deutlichen Eindruck, daß er nach Spokane fahren solle. Aber von Spokane war gar kein Brief dabei! Trotzdem konnte er das Gefühl, daß der Herr durch ihn dort wirken wollte, nicht loswerden. Er fragte sich, ob nur die Erinnerung, daß ein Freund von Los Angeles nach Spokane gezogen war, diese Idee hervorgerufen hatte. Der Eindruck war jedoch von Dauer. Also ging er und sagte es seiner Frau.
„Spokane!" rief sie aus. „Wie können wir dort jemals hinfahren wenn wir so wenig Geld haben?"
„Wenn der Herr will, daß wir hinfahren", antwortete Harry, „dann wird Er das Geld schicken."

Also machten sich die Ironsides bereit, Oakland binnen einer Woche zu verlassen. Harry schrieb an seinen Freund in Spokane und teilte ihm mit, daß und wann er kommen wollte. Er ließ auch den Brüdern in den Versammlungen von San Francisco und Oakland mitteilen, daß er wegfahren würde.

Als es Zeit wurde, abzureisen, war nur genug Geld für Fahrkarten nach Portland vorhanden. Aber in der Überzeugung, daß der Herr sie führte, kaufte Ironside die Fahrkarten. In den letzten ein oder zwei Tagen kam genug Geld herein, um die Nebenkosten der Reise zu bestreiten, und für unterwegs packten die Ironsides ein Mittagessen ein. Sie saßen schon im Zug, der gerade kurz vor der Abfahrt war, als jemand mit einem Regenschirm an ihr Fenster klopfte. Es war einer der Ältesten aus Oakland. Er winkte Ironside, daß er auf die hintere Plattform des Waggons gehen solle. Harry begab sich dorthin. Der Zug hatte sich schon in Bewegung gesetzt, aber der Bruder lief nebenher, drückte ihm einen Geldbetrag in die Hand und rief: „Der Herr zeigte mir, daß du das hier brauchen könntest."

Als der junge Prediger das Geld zählte, merkte er, daß es gerade genug war, um damit Fahrkarten von Portland nach Spokane zu kaufen. Sie erreichten ihr Ziel fahrplanmäßig und hatten sogar einen Dollar übrig!

Fünf Brüder holten die Ironsides am Bahnhof ab und gingen mit ihnen zu einem der Brüder nach Hause. Dort wurde ihnen ein herzlicher Empfang bereitet, und sie bekamen eine ausgezeichnete Mahlzeit vorgesetzt. Dann fragte einer von ihnen: „Was führte Sie dazu, gerade jetzt nach Spokane zu kommen?“
Harry erzählte ihm von seinem Erlebnis während des Gebets, und daß der Herr ihm Spokane als den Ort Seiner Wahl gezeigt hatte.
„Wann war das?“ fragte der Bruder.
Als Ironside ihnen den Tag und die Stunde mitteilte, sahen sie ihn alle voller Erstaunen an, und einer von ihnen rief aus: „Unglaublich, genau zu dieser Stunde waren wir fünf zusammen und beteten. Wir baten den Herrn, uns jemand zu schicken, um uns im Werk des Evangeliums zu helfen!“
Harrys Dienst in Spokane dauerte sechs Monate und erwies sich als von Gott geleitet, so wie er auch mit Sicherheit von Gott herbeigeführt worden war.

Im Jahr 1903 kam die erste Einladung aus dem Osten der USA, von einer Gruppe Gläubiger in St. Cloud, Minnesota. Als der Brief mit der Bitte um seinen Dienst kam, schrieb Harry zurück, er würde gerne kommen, wenn sich der Weg dorthin für ihn auftäte. Er erhielt Antwort mit einer Unterstützung für sein Fahrgeld nach St. Cloud. Die Gemeinde am Ort stellte die Mittel zur Verfügung, daß er seine Frau und das Baby mitnehmen konnte. Sie mußten dem Herrn noch vertrauen, daß Er für die Finanzierung der Rückfahrt sorgen würde. Aber sie hatten Ihm viele Male zuvor vertraut, und völlig furchtlos machten sie sich für die Abreise fertig.

Nachdem alle Vorbereitungen getroffen waren, traten die Ironsides ihre große Reise an. Als sie in Omaha ankamen, bemerkte Harry, daß in der Berechnung ihrer Reisekosten ein Fehler unterlaufen war. Zwar hätten sie genug gehabt, um nach St. Paul zu fahren, doch fehlten ihm 4 Dollar von der Summe, die nötig gewesen wäre, um nach St. Cloud zu fahren. Während sie in Omaha am Bahnhof saßen, betete Harry, daß Gott beweisen möge, daß Er wirklich das fehlende Geld bereitstellen würde. Er bat den Herrn, ihm auf irgendeine außergewöhnliche Weise fünf Cent zu geben als Zeichen dafür, daß Er für den Rest sorgen würde.

Harry stand gerade in der Nähe einer Bahnhofstür. Gleich neben ihm besprachen zwei Frauen etwas, und plötzlich wandte sich eine von ihnen ihm zu und sagte: „Mein Sohn lebt in China. Ich habe einen Brief, den ich ihm schicken will. Haben Sie vielleicht zufällig eine 5-Cent-Briefmarke, die Sie mir verkaufen könnten? Ich habe keine Zeit, zur Post zu gehen, und mir liegt sehr daran, daß der Brief eingeworfen wird, bevor mein Zug abfährt.“

Ironside suchte in seiner Jackentasche. „Nein“, antwortete er, „ich habe keine 5-Cent-Marke, aber ich habe zwei Zweier- und eine Einer-Marke, die den gleichen Zweck erfüllen.“

Die Frau gab Harry fünf Cent, und er gab ihr dafür seine Briefmarken. Gott hatte ihm das Zeichen gegeben, um das er gebeten hatte. Folglich fuhren sie im Glauben nach St. Paul weiter. Gottes Sorge für sie hörte auch dann nicht auf. Ein schwerer Sturm hatte das Gebiet von Minnesota heimgesucht, und eine Eisenbahnbrücke auf der Strecke zwischen Omaha und St. Paul war weggespült worden. Der Lokomotivführer des Zuges, in welchem die Ironsides saßen, erkannte die Beschädigung gerade noch rechtzeitig und brachte den Zug zum Stehen. Nach einigem Zeitverlust wurde der Zug umgeleitet und erreichte St. Paul mit sechs Stunden Verspätung.

Am Bahnhof wurden die Ironsides von einem Mann begrüßt, den sie noch nie gesehen hatten. Es war Mr. Harry Gray, der Rechnungsprüfer der Eisenbahngesellschaft. Die Brüder in St. Cloud hatten ihre Gäste früher am Tag erwartet. Als diese auf sich warten ließen, riefen sie ihren Freund Mr. Gray an, mit der Bitte, die

Familie ausfindig zu machen. Sie befürchteten nämlich, daß ihnen im Sturm etwas zugestoßen sein könnte. Also wartete Mr. Gray auf sie und nahm sie zum Mittagessen mit zu sich nach Hause. Dann kaufte er ihnen Fahrkarten nach St. Cloud, obwohl sie ihm nichts von ihrer Not gesagt hatten. Wieder einmal, wie viele Male zuvor, hatte Gott Seinen Kindern Seine Güte bewiesen.

Ich will meine Leser nicht ermüden durch eine Überfülle ähnlicher Erfahrungen mit Gottes liebender Fürsorge, welche die Ironsides genossen. Ich könnte noch viele andere erwähnen, wo große Beträge an Mr. Ironside geschickt wurden, und zwar ebenso freigebig wie die kleinen, hier beschriebenen Gaben. Denn Gott ist in Seinen Möglichkeiten, zu segnen, nicht begrenzt. Er ist es, dem alles Gold und Silber gehört und das Vieh auf tausend Hügeln. Seine Geschenke richten sich nach unseren Bedürfnissen. Wenn der Bedarf groß ist, sind Seine Segnungen groß. Wenn er klein ist, sind Seine Gaben klein – aber in jedem Falle sind Seine Segnungen großartig und füllen unseren Mangel aus. Ich werde nur noch ein Elia-Erlebnis schildern, das sich zu dieser Zeit in Harry Ironsides Lebensgeschichte ereignete. Danach wollen wir uns anderen Dingen zuwenden.

Auf der Rückreise von ihrem Besuch im Osten stiegen Mr. und Mrs. Ironside mit ihrem Kind Edmund in Salt Lake City aus. Wieder einmal war das Geld knapp, weil unser junger Prediger noch eine weitere Lektion zu lernen hatte. In Chicago hatten sie eine Fahrkarte besorgt, die Mrs. Ironside und Edmund nach Hause bringen sollte. Aber Harrys Ziel war notgedrungen Salt Lake City, weil das Geld nicht weiter reichte. Doch Helen wollte ihn nicht verlassen und alleine heimfahren. Darum, und weil ihr Mann meinte, daß es Gottes Absicht sein mußte, ihn dort zu behalten, nahmen sie eine sehr billige Unterkunft.

Zehn Tage lang verwendete Harry jeden Tag und jeden Abend dafür, von Tür zu Tür zu gehen, Traktate weiterzugeben und auf der Straße zu predigen. Niemand schien an seiner Botschaft der

Errettung durch Christus interessiert zu sein, und keiner nahm Anteil an seiner finanziellen Not, so daß er den Mut verlor. So wie seine Reserven schwanden, schwand auch sein Glaube. Er wurde sehr besorgt und ein wenig verstimmt darüber, daß Gott so mit ihm umging. Als die Hotelrechnung fällig wurde, verkaufte er einen Satz von C.H. Mackintoshs „Betrachtungen über die fünf Bücher Mose“ an einen Baptistenpastor. Schließlich und endlich kam jedoch der Tag, wo nichts mehr da war. Die Familie hatte sich nur so lange Zeit am Leben halten können, weil die drei jeden Tag nicht mehr als 40 Cent für Essen ausgaben.

Harry Ironside war in seinem Innern sehr beunruhigt. Es war gerade Winter, und er machte einen langen Spaziergang durch den tiefen Schnee. Dabei dachte er an die Verheißungen Gottes und sagte sie sich immer wieder vor. Niemand schien ihm zu helfen. Er zitierte die Zusage, die unser Herr gegeben hat: „Wenn ihr in mir bleibt und meine Worte in euch bleiben, werdet ihr bitten, was ihr wollt, und es wird euch geschehen.“ „Aber“, dachte er, „wie kann mir das helfen? Ich bleibe ja nicht im Herrn, also ist es sinnlos, um etwas zu bitten.“ Dann kam ihm ein anderer Schrifttext in den Sinn: „Und alles, was immer ihr im Gebet glaubend begehrt, werdet ihr empfangen.“ Aber diese Verheißung schien ihm die Stirn zu bieten, denn sein Glaube hatte ihn verlassen und er war unfähig, im Glauben zu beten.

Noch das eine oder andere Wort der Verheißung schoß ihm in den Sinn: „Seid um nichts besorgt“ – aber er *war* besorgt! „Mein Gott wird alle eure Bedürfnisse erfüllen“ – aber er hatte ein Bedürfnis, und es war nicht erfüllt worden! „Meine Gnade genügt dir“ – aber von Gnade konnte Edmund nicht satt werden! Dann leuchteten in seinem Gedächtnis wie auf einer Leinwand die Worte auf: „Wenn zwei von euch auf der Erde übereinkommen werden, irgendeine Sache zu erbitten, so wird sie ihnen werden von meinem Vater, der in den Himmeln ist.“ Er ergriff diese Verheißung begierig und eilte zurück zum Hotel, ohne sich mit Nachdenken über tiefere Aussage des Verses aufzuhalten und ohne zu bedenken, daß das

Wort „übereinkommen“ bedeutet, sowohl mit Gott als auch untereinander im Reinen zu sein.

Dort war Mrs. Ironside – selbst verzweifelt über ihre Lage – sofort bereit, mit ihrem Mann zu beten, und die zwei „kamen überein“ bezüglich ihrer Not. Harry bat Gott, ihm noch am selben Abend 40 Cent zu besorgen, damit sie für den nächsten Tag etwas zu essen hätten. Er erinnert sich heute noch an seine Verzweiflung und sein ziemlich klägliches Gebet, das er so beendete: „O Herr, wir nehmen diese Verheißung in Anspruch. Wir beide haben uns geeinigt, um diese 40 Cent zu bitten. Wenn wir sie nicht bekommen, dann werde ich diesem Vers nie wieder Glauben schenken.“
Helen protestierte. Wie konnte er in diesem Ton mit Gott reden? Aber er war unerbittlich. So war ihm zumute, und so mußte er beten. Er ging wieder hinaus auf die Straße und predigte das Evangelium jedem, den er erreichen konnte, indem er innerlich wiederholte: „Das ist die Probe aufs Exempel. Wenn Gott uns nicht hört, dann kann ich einfach nicht mehr beten.“

Ist es nicht großartig, daß wir einen Gott haben, der uns versteht und sich um uns kümmert? Unser geliebter Herr war hier auf der Erde in Menschengestalt, in einem menschlichen Leib. Ihn berührt das Gefühl unserer Schwachheit, und wie liebevoll sorgt Er für uns trotz unseres Versagens!

Als er eine günstige Ecke gefunden hatte, predigte Harry, obwohl er sich selbst fragte, wie er das fertigbrachte. Vierzig Minuten lang sprach er zu einer Menge von ungefähr dreihundert Menschen. Als er fertig war und sich auf den Heimweg machte, war er sich sicher, daß irgend jemand ihm einen Ausdruck des Dankes in materieller Form anbieten würde. Aber kein Mensch tat etwas dergleichen.

Verbittert ging er auf seinem Weg, als er bemerkte, daß ihm zwei Männer nachliefen. Er stand still.
Einer der Männer sagte: „Sie haben doch etwas vergessen, nicht wahr?“

„Was meinen Sie?“ fragte Harry.
„Sie haben vergessen, eine Kollekte einzusammeln.“
„Das tue ich nie, wenn ich selbst Versammlungen halte“, sagte Harry.
„Aber wovon leben Sie dann?“ wurde er gefragt.
„Nun“, antwortete der Prediger, „ich vertraue einfach dem Herrn, und Er sorgt für meine Bedürfnisse.“ Schon beim Sprechen allerdings merkte er, daß es Heuchelei war, auf diese Weise zu antworten. Wie konnte er behaupten, daß er dem Herrn vertraue, wenn er doch gerade weit entfernt davon war?

Aber einer der Männer sagte: „Nun, dann wollen wir Ihnen wenigsten die Hand geben.“ Er streckte seine Hand aus und ergriff die von Harry, der sogleich einige Münzen in seiner Handfläche spürte. Der andere Mann tat das gleiche. Ironside wollte ihnen danken, doch da wurde ihm bewußt, daß er sie ja gar nicht kannte. Vielleicht waren sie gar keine Christen! Er hatte die Gewohnheit, nichts von den „Heiden“, den Unerretteten, anzunehmen. Er glaubte nämlich, daß das Werk Gottes nur von Gott durch Sein Volk unterstützt wird.
„Meine Herren“, sagte er, „ich danke Ihnen. Aber sind Sie eigentlich selbst Christen? Ich nehme nämlich kein Geld von den Unerretteten.“
„Das ist in Ordnung. Wir wissen bescheid. Wir sind selbst zwei Jahre lang ohne Tasche und Geldbeutel unterwegs gewesen.“

Jetzt wußte Mr. Ironside, daß es Mormonen gewesen waren. Er wollte darauf bestehen, ihr Geld zurückzugeben, aber sie eilten davon und verschwanden bald in der Menge. Harry öffnete seine Hand und fand darin zwei 10-Cent-Münzen und vier 5-Cent-Münzen. Das machte genau 40 Cent! Gott wirkt nicht immer, wie wir es gerne hätten. Dieses Mal schickte er, um der Not Seines Dieners zu begegnen, der in solch undankbarer Weise gebetet hatte und dessen Glaube so klein gewesen war, zwei Raben, um seine „Bitte“ präzise zu erfüllen.

Aber am nächsten Tag kam mit der Morgenpost ein Brief, der von

Oakland nachgeschickt worden war. Es war ein gemeinsames Schreiben von zwei Gläubigen mit folgendem Inhalt: „Gestern abend beteten wir für dich. Wir wissen nicht, wo du bist, aber wir hatten den Eindruck, daß du Geld brauchst. Wir haben unsere Gaben zusammengelegt und schicken einen Scheck über 15 Dollar mit.“

Gott hatte Seinen mißgestimmten und wankelmütigen Diener nicht vergessen, selbst als dieser in solch einer verzweifelten und zweifelnden Gemütsverfassung war. Bevor er überhaupt gebetet hatte, war die Antwort bereits unterwegs gewesen – „über die Maßen mehr“, als er erbeten oder erdacht hatte. „Es sind die Gütigkeiten des Herrn, daß wir nicht aufgerieben sind, denn seine Erbarmungen sind nicht zu Ende. Sie sind alle Morgen neu, und deine Treue ist groß.“

KAPITEL 11

Ein heiliges Priestertum

„Am Morgen säe deinen Samen, und am Abend ziehe deine Hand nicht ab: denn du weißt nicht, welches gedeihen wird, ob dieses oder jenes, oder beides zugleich“ (Prediger 11,6).

Die Tage der Ironsides waren keineswegs von Gedanken an Essen und Trinken eingenommen, wie es dem Leser erscheinen könnte, wenn er die Erlebnisse kennt, die ich gerade wiedergegeben habe. Das waren herausragende Episoden im Abenteuer des Lebens aus Glauben, der ja nicht nur den fernen Blick auf die Ewigkeit, sondern auch die tägliche Erhaltung betrifft. Harry Ironsides Zeit war zum größten Teil mit Predigen, Predigen und nochmals Predigen ausgefüllt.

Doch auch eine verwandte Gabe hatte sich bereits herauskristallisiert. So wurden in den ersten Jahren des Jahrhunderts neben zahlreichen Traktaten mehrere seiner Werke zur Schriftauslegung herausgegeben. Das erste, „Notes on Esther“ (Gedanken zum Buch Esther), erschien im Jahr 1900, in Harrys 23. Lebensjahr. Als nächstes erschien im Jahre 1902 „Notes on Jeremiah“ (Gedanken zum Buch Jeremia), 1904 gefolgt von „Notes on the Minor Prophets“ (Gedanken zu den kleinen Propheten) und von „Notes on the Book of Proverbs“ (Gedanken zum Buch der Sprüche) zwei Jahre später. Da sich Harry seiner beschränkten Bildung bewußt war, bemühte er sich jetzt, einen äußerst umfangreichen Lesestoff zu bewältigen. Er verschlang wirklich alles, was er bekommen konnte, soweit es ihm beim Dienst am Wort Gottes eine Hilfe sein und seine Brauchbarkeit als Diener des Herrn erhöhen konnte.

Zum Beispiel studierte er katholische Literatur, um verständig mit Katholiken reden zu können – sowohl die Schriften der Kirchenväter als auch mittelalterliche Theologen. Die Werke von Gibbon, Newman und anderen waren ihm fast ebenso vertraut wie die von Hodge, Darby und Kelly. Da er mit einem unglaublich guten Gedächtnis gesegnet war, sind ihm diese frühen Studien durch die Jahre hindurch immer von sehr großem Nutzen gewesen. Sie ermüdeten sein Gedächtnis nicht, sondern regten es an, und aus diesem Grunde war er fähig, viel aufzunehmen.

Die praktische Anwendung dieser Selbstbildung kann am besten durch eine Begebenheit veranschaulicht werden, die sich im Herbst 1904 ereignete. Nach einer Reihe von Veranstaltungen, die Mr. Ironside im Nordwesten Kanadas abgehalten hatte, reiste er mit seiner Frau und dem kleinen Edmund von einer Stadt zur anderen. Es war eine Fahrt mit vielen Umwegen, die den ganzen Tag in Anspruch nehmen sollte. Kurz nachdem sie den Zug bestiegen hatten, machte dieser nochmals auf einer Zwischenstation halt. Dort stieg ein Franziskanermissionar in dem für diesen Orden üblichen braunen Gewand zu und kam ausgerechnet in den Waggon, in dem die Ironsides saßen. Er schritt den ganzen Waggon ab; mehrere Doppelplätze waren von Einzelpersonen besetzt, aber keiner der Reisenden machte dem Priester Platz. Da er selbst von demütiger und sanfter Art war, drängte dieser Mann keinem seine Gesellschaft auf, sondern setzte sich auf eine Holzkiste. (Die Waggons wurden nämlich zu jener Zeit bei Kälte mit Holzöfen beheizt.) Er gab sich alle Mühe, es sich dort bequem zu machen, was jedoch ein nahezu unmögliches Unterfangen war.

Die Familie Ironside hatte zwei gegenüberliegende Doppelsitze belegt. Harry, der sich um das Wohl seines Mitreisenden sorgte und auch eine Gelegenheit ahnte, dem Priester von Christus Zeugnis geben zu können, schlug seiner Frau vor, das Gepäck umzustellen. Dann ging er hin und lud den Fremden ein, einen der Sitze zu benutzen, die er und seine kleine Familie besetzt hielten. Der Priester nahm die Einladung mit sichtlicher Dankbarkeit und Freude an, und die beiden Männer gingen miteinander den Gang hinunter.

Nachdem sich der Franziskaner gesetzt hatte, begannen die beiden ein Gespräch, wie es sich normalerweise unter solchen Umständen ergibt. Sie unterhielten sich über das Wetter, die Gegend, die Weltlage, die Ernte und ähnliches. Endlich bot der Mönch Harry die Gelegenheit, auf die er gewartet hatte, indem er sich erkundigte, wo die Ironsides lebten und was Harry beruflich mache. H.A. Ironside hat diese Geschichte später in seinem Buch „Random Reminiscences" schriftlich festgehalten, so daß wir sie hier zitieren können:

„Was ist denn Ihr Beruf, wenn es Ihnen nichts ausmacht, darüber zu sprechen?" fragte der Priester höflich.
„Nun", antwortete ich in vollem Ernst, „ehrlich gesagt, er ist in mancher Beziehung Ihrem sehr ähnlich. Ich bin ein katholischer Priester, der missionarische Arbeit tut."
Er sah erstaunt auf, warf einen Blick auf meinen Kragen und einen zweiten, ziemlich argwöhnischen Blick auf meine Frau und meinen kleinen Jungen und sagte: „Ich glaube, Sie erlauben sich einen Scherz mit mir. Sie sind ganz bestimmt kein katholischer Priester!"
„Gewiß", antwortete ich, „ich bin tatsächlich ein Priester in der heiligen katholischen Kirche. Ich meine es vollkommen ernst, wenn ich Ihnen das sage."
„Aber", sagte er, „Sie tragen keinen römischen Ordenskragen!"
„Nein, ich sagte nicht, daß ich ein römischer Priester sei, sondern ein Priester der katholischen Kirche. Für mich persönlich – Sie mögen mich bitte entschuldigen – passen ‚römisch' und ‚katholisch' nicht sehr gut zusammen. Das eine spricht von einer eingegrenzten Gemeinschaft, das andere von einer allumfassenden Kirche."
„Ach, ich glaube, ich verstehe Sie jetzt! Sie wollen sagen, daß Sie ein anglikanischer Geistlicher sind."
„Nein, auch das nicht, denn auch ‚anglikanisch' wäre eine Eingrenzung. Aber ich bin, wie ich Ihnen gesagt habe, ein Priester der heiligen katholischen Kirche, die durch unseren Herrn Jesus Christus selbst gegründet wurde."

„Ich verstehe Sie nicht. Ich nehme an, Sie sind ein Geistlicher in einer der verschiedenen Sekten des Protestantismus."
„Nicht im Geringsten! Ich nenne mich selbst nicht einen Geistlichen, sondern einen Priester. Vielleicht wird die Sache klarer, wenn ich Ihnen berichte, wie ich Christ wurde und wie ich zum Priester gemacht wurde."
„Das würde mich wirklich sehr interessieren, wenn Sie sich die Mühe machen wollen, es mir zu erzählen", sagte der Franziskaner.

Daraufhin erzählte Mr. Ironside die Geschichte seiner Bekehrung im Alter von vierzehn Jahren, wie sie in ähnlicher Fassung in einem früheren Kapitel aufgeschrieben steht. Er betonte dabei den Umstand, daß das Lesen des Wortes Gottes, besonders von Johannes 3 und Römer 3, den Durchbruch des Lichts der Errettung in Christus in seiner Seele bewirkt hatte. Als er erzählte, wie er da ausgerufen hatte: „Herr, ich glaube, und ich wage es, Deinem Wort zu glauben. Ich werde nicht gerichtet!" entfuhr dem Mönch, der sehr aufmerksam zugehört hatte, der Ausruf:
„Das ist ja höchst interessant! Ich habe in meinem Leben noch nie so etwas gehört. Sie erinnern mich an den heiligen Augustinus."
Diese Bemerkung amüsierte und überraschte mich ein wenig. Ich versuchte, dahinterzukommen, inwiefern meine einfache Geschichte ihn an den großen Gelehrten aus Hippo denken ließ.
„Ich verstehe nicht ganz", sagte ich, „warum Sie mich mit ihm vergleichen." „Nun", sagte er, „erinnern Sie sich nicht daran, daß das Licht durch *das Buch* zu ihm kam, ohne daß irgendein Mensch zu ihm gesprochen hätte? Und so war es bei Ihnen – das Licht kam durch das Buch!"
„Ah", antwortete ich, „jetzt verstehe ich den Zusammenhang. Es geschah tatsächlich durch das Wort Gottes selbst, daß ich ins Licht und in den Frieden und in die volle Gewißheit des Heils geführt wurde."
„Aber sagen Sie mir", bat der Priester, „was haben Sie als nächstes gemacht? Augustinus ging, nachdem er Christ geworden war, zu einem Priester, um weitere Unterweisung zu erhalten, und schließlich wurde aus ihm ein großer Doktor der Theologie."

„Nun“, antwortete ich, „ich suchte mir eine kleine Gruppe von Christen, mit welcher ich bald eine glückliche Gemeinschaft genoß, und habe beständig meine Bibel studiert. Es geschah beim Studieren des ersten Petrusbriefes, daß ich eine erstaunliche Entdeckung machte. Ich fand heraus, daß ich nicht nur ein Kind Gottes war und ewiges Leben besaß, sondern daß ich im Augenblick meiner Errettung auch ein Priester in der heiligen katholischen Kirche geworden war. Der Apostel sagt uns im zweiten Kapitel im Vers fünf: ‚Laßt euch auch selbst als lebendige Steine aufbauen, als ein geistliches Haus, ein heiliges Priestertum, um geistliche Schlachtopfer darzubringen, Gott wohlannehmbar durch Jesus Christus.‘ Und in Vers 9 sagt er: ‚Ihr aber seid ein auserwähltes Geschlecht, ein königliches Priestertum, eine heilige Nation, ein Volk zum Besitztum, damit ihr die Tugenden dessen verkündigt, der euch aus der Finsternis zu seinem wunderbaren Licht berufen hat.‘ Aus dieser Schriftstelle habe ich gelernt,“ fuhr ich fort, „daß ich ein Priester bin, in Christus Jesus zur Anbetung ausgesondert, und daß es mein gesegnetes Vorrecht ist, ein Beauftragter Christi in dieser Welt zu sein, der andere mit dem Reichtum Seiner Gnade bekanntzumachen sucht.“
Lächelnd sagte der Franziskaner: „Jetzt verstehe ich, was Sie meinen, wenn Sie sich als katholischen Priester bezeichnen. Aber Sie sind kein Mitglied der wahren Kirche, die Jesus Christus auf dem heiligen Petrus gegründet hat.“

Dieses führte zu einer langen, aber freundlichen Diskussion über den Charakter der wahren Kirche und über die Beziehung, in der Petrus zu ihr steht. Von da kamen wir auf die neue Geburt zu sprechen, auf die Sakramente, besonders auf den wirklichen Charakter des Mahls des Herrn und die Absicht, mit der es eingesetzt wurde. Wir sprachen über Themen wie Fegefeuer, Gebet zu den Heiligen, das Verhältnis von Glauben und guten Werken und andere Dinge. Auf freundschaftliche Weise besprachen wir die vielen Themen, die römische Katholiken von Protestanten unterscheiden.

Der Franziskaner gab offen zu, daß er nicht in der Lage war, in einer solchen Diskussion seinen Standpunkt zu halten. Schuld daran war die Tatsache – er bedauerte, das sagen zu müssen –, daß er mit der Bibel nicht vertraut war. Er erzählte mir, daß er in seinen Studien hauptsächlich mit den Schriften der Kirchenväter und den Erlässen der Kirche beschäftigt gewesen sei. Er erkannte, daß er die Heilige Schrift nicht so gründlich gelesen hatte, wie er es hätte tun sollen. Ich meinte, bei ihm auch eine Sehnsucht nach etwas Tieferem zu entdecken, als er es je gekannt hatte. Er öffnete nämlich sein Herz für gewisse Punkte, die ich hier nicht wiedergeben möchte.

Der Priester nahm an unserem Mittagessen teil und war den ganzen Tag ausgesprochen freundlich und gütig zu uns. Als es Abend wurde, fuhr unser Zug in den Bahnhof der Stadt ein, wo ich später predigen sollte. Ein Verwandter von mir, bei dem wir zu Gast sein sollten, wartete auf uns. Er war ein wenig überrascht, als wir beiden „Priester" miteinander aus dem Zug stiegen. Mein Cousin kümmerte sich um meine Frau und den kleinen Jungen, während die „Priester" vorausgingen und die ganze Zeit über die großen Wahrheiten sprachen, die mit unserer Errettung zusammenhängen.

Schließlich erreichten wir die Ecke, wo unsere Wege sich trennen mußten. Er mußte nach rechts zum Kloster, ich nach links zum Haus meines Cousins. Sein Interesse wurde immer größer, und als wir uns gerade trennen wollten, sagte er: „Ich wünschte, Sie könnten mit zum Kloster hinaufkommen und den Abend mit mir verbringen! Ich kann die Dame nicht einladen, da es gegen unsere Regeln verstoßen würde. Aber wenn Sie nur irgendwie heute abend Zeit hätten, wäre ich so froh, mich weiter mit Ihnen unterhalten zu können. Dort hätte ich die Gelegenheit, Ihnen zu zeigen, was die Väter genau gesagt haben. Wir könnten in vielen Büchern in der Bibliothek nachschlagen, die bestimmt helfen würden, einige meiner Argumente zu verdeutlichen."

Ich versicherte ihm, daß ich gerne einen solchen Abend mit ihm verbracht hätte, aber daß eine Einladung zum Abendessen und ein

Predigttermin danach das leider unmöglich machten. Ich schlug vor, daß er sich uns anschließen möge, da ich wußte, daß mein Verwandter ihn gerne willkommen geheißen hätte. Danach könne er mit uns zur Versammlung gehen. Dagegen erhob er den Einwand, daß es sich für ihn nicht gehörte, in seinem kirchlichen Gewand an einer protestantischen Zusammenkunft teilzunehmen, da dies Mißverständnisse erregen könnte. Etwas schelmisch sagte ich: „Gut, Sie und ich sind etwa gleich groß. Ich habe hier in meinem Koffer einen zweiten Anzug dabei. Wenn Sie zum Abendessen mitkommen, werde ich dafür sorgen, daß Sie sich wie ein Mann anziehen können, mit meiner Kleidung, und keiner wird etwas merken!“
Er lachte über diesen Vorschlag und sagte: „Aber ich habe ein feierliches Gelübde abgelegt, daß ich diese Kleidung immer tragen werde.“
„Wenn das so ist“, antwortete ich, „dann werde ich keine Sekunde lang versuchen, Sie zum Brechen Ihres Gelübdes zu verleiten.“
Er ergriff sehr ernst meine Hand und sagte: „Ich denke, wir werden uns trennen müssen. Ich kann Ihnen nicht sagen, wie ich diesen Tag mit Ihnen genossen habe! Es war das erste Mal, daß ich diese Dinge mit einem protestantischen Geistlichen besprochen habe, der sich nicht über mich geärgert hat.“
„Aber ich werde mich über Sie ärgern“, sagte ich ihm, „wenn Sie die Aussage, die ich in bezug auf mich selbst gemacht habe, nicht akzeptieren. Ich bin kein Geistlicher, sondern ein Priester der katholischen Kirche.“
„Ach ja“, sagte er, „Ich hatte das vergessen! Aber lassen Sie mich nochmals sagen, daß ich diesen Tag außerordentlich genossen habe. Ich werde oft an Sie denken und ich hoffe, Sie werden für mich beten – so wie ich für Sie. Ich nehme nicht an, daß wir uns jemals wiedersehen werden, aber ich werde die Dinge, die wir besprochen haben, nicht vergessen.“
„Wir werden einander in der Tat wieder begegnen, und zwar bei mindestens einem von zwei Anlässen“, sagte ich ihm.
„Ach, Sie meinen, entweder im Himmel oder in der Hölle!“
„Nein, das meine ich gar nicht. Wenn Sie in die Hölle kommen,

was hoffentlich nie der Fall sein wird, dann werden wir uns mit Sicherheit nicht treffen. Meine Sünden sind nämlich mit dem kostbaren Blut Christi abgewaschen und ich weiß, daß ich für alle Ewigkeit bei Ihm im Himmel sein werde."
„Was meinen Sie dann mit ‚bei einer von zwei Gelegenheiten'?"

„Nun, vielleicht schon in allernächster Zukunft wird 1. Thessalonicher 4,15-17 in Erfüllung gehen. Ich hoffe, daß ich Sie da wiedersehen werde."
„1. Thessalonicher 4,15-17", wiederholte er langsam, als ob er sein Gedächtnis nach diesem Abschnitt durchsuchte. „Es tut mir leid, sagen zu müssen, daß ich mit dem Brief nicht vertraut genug bin, um zu wissen, auf welche Stelle Sie Bezug nehmen."
Ich zitierte die Worte: „‚Denn dies sagen wir euch im Worte des Herrn, daß wir, die Lebenden, die übrigbleiben bis zur Ankunft des Herrn, den Entschlafenen keineswegs zuvorkommen werden. Denn der Herr selbst wird mit gebietendem Zuruf, mit der Stimme eines Erzengels und mit der Posaune Gottes herniederkommen vom Himmel, und die Toten in Christo werden zuerst auferstehen; danach werden wir, die Lebenden, die übrigbleiben, zugleich mit ihnen entrückt werden in Wolken dem Herrn entgegen in die Luft; und also werden wir allezeit bei dem Herrn sein.'"

„Es wird uns nichts darüber gesagt, wann dieses Ereignis stattfinden wird", fügte ich hinzu, „aber wenn ich die Schrift richtig verstehe, dann kann es jeden Moment so weit sein. Wenn diese Schriftstelle erfüllt wird und der Herr vom Himmel herniederkommt, werden alle, die Ihm und nur Ihm allein als ihrem Retter vertrauen, emporgehoben, um Ihm zu begegnen. Die Toten werden auferweckt und die Lebenden verwandelt werden. Ich werde unter dieser Menge sein, obwohl ich selbst ein unwürdiger Sünder bin. Denn das kostbare Blut Christi hat mich reingewaschen und tauglich gemacht, ein Teilhaber des Erbes der Heiligen im Licht zu sein."

„Sie müssen sich für einen sehr edlen Menschen halten", unterbrach er, „wenn Sie sich sicher sind, daß Sie dort sein werden!"

„Nein, das tue ich ganz und gar nicht. Vor Jahren habe ich entdeckt, wie ich Ihnen schon erzählte, daß ich alles andere als edel bin. Ich habe aus dem Wort Gottes gelernt, daß mein Herz ‚arglistig mehr als alles und verderbt‘ war. Ich erkannte, daß ich ein verlorener Sünder war, und floh zu Christus, um gerettet zu werden. Und alle, die Ihm vertrauen, werden von allem gerechtgesprochen. Wenn dieses große Ereignis, auf welches dieser Abschnitt Bezug nimmt, eintritt, werden alle Gläubigen emporgehoben zu Christus. Ich werde da nach Ihnen Ausschau halten, und wenn Sie Ihren Glauben und Ihr Vertrauen nicht auf die Kirche, die Sakramente, Ihre Verdienste, Gebete und guten Werke gesetzt haben, sondern allein auf den Herrn Jesus Christus, der auf Golgatha starb, um das Problem der Sünde zu lösen, dann werde ich Sie dort treffen. Wir werden eine wunderbare Zeit miteinander verbringen und uns an der Vollkommenheit der Rettung Gottes freuen.“

Er sah mich einen Augenblick lang fragend an und sagte dann: „Sie sprachen von zwei Gelegenheiten. Was war die andere, die Sie im Sinn hatten?“
„Falls ich Sie nicht in der Luft sehe“, antwortete ich, „wenn der Herr Jesus kommt, dann werde ich tausend Jahre lang nicht nach Ihnen Ausschau halten.“
„Tausend Jahre! Warum sprechen Sie von tausend Jahren?“
„Weil es in einem anderem Schriftabschnitt heißt: ‚Glückselig und heilig, wer teilhat an der ersten Auferstehung! Über diese hat der zweite Tod keine Gewalt, sondern sie werden Priester Gottes und des Christus sein und mit ihm herrschen tausend Jahre.‘ Der vorhergehende Vers sagt: ‚Die übrigen der Toten wurden nicht lebendig, bis die tausend Jahre vollendet waren.‘ Und nach der Vollendung der tausend Jahre sagt Johannes: ‚Und ich sah einen großen weißen Thron und den, der darauf saß, vor dessen Angesicht die Erde entfloh und der Himmel, und keine Stätte wurde für sie gefunden. Und ich sah die Toten, die großen und die kleinen, vor dem Throne stehen, und Bücher wurden aufgetan; und ein anderes Buch wurde aufgetan, welches das des Lebens ist. Und die Toten wurden gerichtet nach dem, was in den Büchern

geschrieben war, nach ihren Werken. Und das Meer gab die Toten, die in ihm waren, und der Tod und der Hades gaben die Toten, die in ihm waren, und sie wurden gerichtet, ein jeder nach seinen Werken. Und der Tod und der Hades wurden in den Feuersee geworfen. Dies ist der zweite Tod. Und wenn jemand nicht geschrieben gefunden wurde in dem Buche des Lebens, so wurde er in den Feuersee geworfen.'"

„Wenn dieses gewaltige Ereignis, die letzte große Gerichtsverhandlung, stattfinden wird", sagte ich ihm, „werde ich mit dem Herrn anwesend sein. Aber ich werde nicht vor dem großen, weißen Thron stehen, um gerichtet zu werden, denn mein ganzes Gericht wurde hinweggenommen, als jene zwei Arme auf Golgatha ausgestreckt waren. Was dort geschah, hat ein Dichter so ausgedrückt:

Lamm Gottes, Du hast sterben müssen
an dem Kreuz, an dem Kreuz;
der Scheidevorhang ist zerrissen
durch das Kreuz, durch das Kreuz.
Das Heiligtum ist aufgetan,
wir dürfen Gott anbetend nahn,
Er nahm Dein Opfer völlig an
dort am Kreuz, dort am Kreuz.

Christus sagte, wie auch Sie es in Ihrer römisch-katholischen Bibel stehen haben, in Johannes 5,24: ‚Wahrlich, wahrlich, ich sage euch: wer mein Wort hört und glaubt dem, der mich gesandt hat, hat ewiges Leben und kommt nicht ins Gericht, sondern er ist aus dem Tode in das Leben übergegangen.' Aber obwohl ich nicht für meine Sünden ins Gericht kommen werde, werde ich an jenem Tage mit Christus dabei sein. Es wird uns nämlich gesagt, daß die Heiligen die Welt richten werden, ja, sogar Engel!"

„Wenn ich Sie bei der Wiederkunft des Herrn nicht unter den Erlösten gefunden habe, dann werde ich jene unendliche Menge

von Gesichtern absuchen, die aus all den Friedhöfen der Erde und aus den Tiefen des Meeres kommen werden. Und wenn Sie im Leben und Sterben für Ihre Errettung auf die Kirche und Ihre Sakramente vertraut haben, auf Ihre Gebete, guten Werke und auf Ihre Nächstenliebe, dann werde ich Sie dort erblicken – eine arme, verlorene Seele. Und ich werde den entsetzlichen Ausdruck wahrnehmen, der über Ihr Gesicht kommen wird, wenn der gepriesene Herr zu Ihnen sagen wird: ‚Hinweg von mir, ihr Verfluchten, in das ewige Feuer, das dem Teufel bereitet ist und seinen Engeln!'"
„Gott möge das verhindern! Gott möge das verhindern!" rief er ehrlichen Herzens laut aus. Er zitterte vor Erregung.

Ich legte sanft meine Hand auf seine Schulter: „Ja, Gott möge das verhindern! Damit das nicht geschehen muß, starb Jesus! Er starb für Sie – Er, der Sündlose, wurde für Sie zur Sünde gemacht, damit Sie in Ihm Gottes Gerechtigkeit würden. Sagen Sie mir: Ist es Christus oder die Kirche? Ist es Sein Blut, oder Ihre eigenen Verdienste? Worauf setzen Sie Ihr Vertrauen?"
Einen Augenblick lang war er still. Dann, mit tränenfeuchten Augen den Blick erhebend, sagte er: „O, es ist Christus! *Er* ist der Fels! Christus – Er ist der Fels! Ich wage es nicht, auf irgend jemand außer Ihm zu vertrauen. Ich vertraue Ihm allein meine Seele an!"
„Reichen Sie mir Ihre Hand, mein Bruder!" rief ich aus. „Denn jetzt reden auch Sie wie Augustinus, denn er war es, der gesagt hat: ‚Nicht Petrus, sondern Christus ist der Fels.' Und wenn Sie in Ihm ruhen, indem Sie Ihm allein vertrauen – seien unsere Ansichten über kirchliche Dinge auch noch so verschieden – dann werden wir uns in der Luft treffen, wenn der Herr Jesus kommt!"

Einen Augenblick lang stand er da, dann warf er impulsiv beide Arme um mich und drückte mich ziemlich fest. Das war das erste und letzte Mal, daß ich von einem römisch-katholischen Priester umarmt wurde! Wir nahmen Abschied voneinander. Er ging zum Kloster hinauf und ich zu meinem Abendessen. Ich habe ihn seitdem nie wiedergesehen, obwohl ich ihm am nächsten Tag das Buch ‚Gnade und Wahrheit' von MacKay schickte – ein Werk, das tausenden von Menschen Segen und Licht gebracht hat. Aber ich wage zu glauben, daß ich meinen Reisenachbarn wiedersehen werde, und zwar in der Herrlichkeit des Kommens unseres Herrn Jesus und unseres Versammeltwerdens zu Ihm hin.

Kapitel 12

Als Arme, aber viele reich machend

„Wehe mir, wenn ich das Evangelium nicht verkündigte!“ (1. Korinther 9,16).

Am 18. April 1906 um 5.18 Uhr morgens wurde San Francisco von einem großen Erdbeben erschüttert, dem Feuer und Hunger folgten. Jenseits der Bucht in Oakland wurde das Beben zur selben Zeit wahrgenommen und hielt lange Zeit an. Der Schaden war zwar weniger schwerwiegend als in San Francisco, aber viele Häuser wurden stark in Mitleidenschaft gezogen.

Bei den ersten furchtbaren Zuckungen der Erde erzitterte das Haus der Ironsides bis in die Fundamente. Es war, als würde es gleich zerbröckeln oder von einem Erdspalt verschlungen. Mrs. Ironside, die den kleinen Edmund bei sich im Bett hatte, beugte intuitiv ihren Körper über seinen, um ihn vor der noch unbekannten Gefahr zu schützen. Gleich darauf stürzten die Decke des Zimmers und der Kamin, der zum Dach hinaufging, ein. Einige Brocken fielen auf Helens Rücken und fügten ihr schwere Verletzungen zu. Ihre mütterlich beschützende Handlung hatte ihrem kleinen Sohn mit Sicherheit das Leben gerettet. Von da an hat Helen immer an starken Kopfschmerzen gelitten, die durch keines der gebräuchlichen Schmerzmittel gelindert werden konnten.

Was Harry betrifft, so unterbrach er seinen zunehmend ausgedehnten Dienst als Reiseprediger für zwei Monate. Er arbeitete, um Christen, die durch das Erdbeben ihr Zuhause verloren hatten, zu helfen. Außerdem brachte er den Verlorenen das Evangelium sowie Hilfsgüter für ihre leiblichen Bedürfnisse. Bald waren jedoch die kritischen Nachwirkungen des Bebens vorüber, und Ironside nahm seinen wachsenden Dienst im Namen Christi wieder auf. Während er früher ein- oder zweimal im Osten der Vereinigten Staaten gewesen war, verbrachte er jetzt einen Großteil seiner Zeit auswärts und besuchte Brüderversammlungen in vielen Städten. Bald bekam er auch Einladungen von evangelistischen Organisationen, Bibelkonferenzen und verschiedenen Denominationen und Gemeinden. Darum wünschte er sich, das Jahr hätte mehr Tage, damit er an noch mehr Orten dienen könnte.

Während der Jahre kurz vor und nach dem Erdbeben lernte Mr. Ironside andere Christen kennen, die zu einem ähnlichen Dienst berufen worden waren. Zu diesen gehörten einige der führenden „Brüder", nämlich: B.C. Greenman, A.E. Booth, P.J. Loizeaux, Samuel Ridout, F.J. Enefer, William Horsey und viele andere. Wie General William Booth und später Henry Varley ihn dazu inspiriert hatten, verlorene Seelen zu suchen, so wurde ihm durch diese späteren Beziehungen das auslegende Predigen wichtig. Vielleicht hat ihm keiner die Bedeutung der Kenntnis und Auslegung des Wortes Gottes so fest eingeprägt wie der „Brüder"-Evangelist und Bibellehrer W.J. McClure. Sein Zeugnis übte einen großen Einfluß auf Ironsides Leben aus.

Ein anderer, der ihm von außergewöhnlich großer Hilfe war, war Paul J. Loizeaux, dessen Name schon oben erwähnt wurde. Ein paar Jahre vor dem Erdbeben war Mr. Loizeaux in Begleitung von B.C. Greenman und William M. Horsey zur alljährlichen Bibelkonferenz der „Brüder" nach San Francisco gekommen. Die Versammlungen wurden in einem Saal in City Hall Square abgehalten und waren gut besucht. Mr. Loizeaux war vor allen Dingen ein Evangelist, der durch sein kraftvolle Verkündigung viele Menschen ansprach.

Eines Abends begab sich Ironside früh zum Versammlungssaal. Er stand hinten in einer kleinen Nische, die durch eine Querwand vom Rest des Saales abgetrennt war. Da kamen zwei Männer herein und betraten gleich den Hauptraum. Einer der beiden sagte: „Ist dir aufgefallen, worin sich der Predigtstil Loizeaux' von dem Ironsides unterscheidet?"

Harry hielt es für angebracht, seine unsichtbare Anwesenheit kundzutun, aber bevor er überlegen konnte, was er sagen solle, antwortete der zweite Mann dem Fragenden: „Die beiden kann man überhaupt nicht miteinander vergleichen. Sie sind so grundverschieden.“

Jetzt war es zu spät, und im nächsten Augenblick hörte der unfreiwillige Lauscher den ersten Mann sagen: „Ja, aber es gibt eine Sache, die ins Auge fällt. Wenn Paul Loizeaux spricht, sagt er den Leuten immer, was sie bekommen werden, wenn sie zu Christus kommen. Harry Ironside dagegen sagt ihnen immer, was sie erwartet, wenn sie es nicht tun.“

Ironside wurde von diesem Gegensatz so getroffen, daß er das Gespräch später am Abend Mr. Loizeaux mitteilte. Jener sagte auf die für ihn typische Art: „Ja, mein lieber junger Bruder, das sollte uns zu denken geben. Wir dürfen niemals vergessen, daß unser großer Auftrag darin besteht, die *Gnade* Gottes zu verkünden.“

In diesen Tagen war Mr. Ironside ununterbrochen unterwegs, wie er es auch seither immer gewesen ist. Er wurde von einer gottgewirkten Rastlosigkeit angetrieben, den Menschen in der Dunkelheit das Licht zu bringen und Gläubige zu unterweisen, wie sie für den Herrn brauchbarer werden und in persönlicher Heiligung leben konnten. Er liebte seine Familie von Herzen, und nichts erquickte sein Herz mehr, als einen Abend zuhause in Gemeinschaft mit ihnen zu verbringen. Aber es wurde ihm immer seltener möglich, solche Gelegenheiten zu genießen. Und selbst wenn er im Familienkreis aus den Werken von Dickens oder Bunyan oder einem anderen guten Autor vorlas, fühlte er sich schuldig, weil er nicht gerade irgendwo das Wort Gottes verkündigte.

Einträge wie der folgende sind immer wieder in seinen Tagebüchern zu finden: „Ich verbrachte den Abend zuhause bei meiner Familie – ein seltenes Vergnügen. Ich habe das Gefühl, ich hätte beim Verkündigen sein sollen.“ Oder: „Wir verbrachten den

Abend miteinander zuhause. Wir hatten schöne Gemeinschaft beim Lesen, Musizieren usw. Dennoch fühle ich mich ziemlich angeklagt, wenn ich daheim herumfaulenze, anstatt draußen Christus zu verkündigen."

Einmal berichtet das Tagebuch, daß er mehrere Wochen lang krank gewesen war. Jetzt befand er sich auf dem Weg der Besserung, war aber immer noch ziemlich schwach. Inzwischen hatten Mrs. Ironside und die Kinder alle eine Erkältung oder die Grippe bekommen, und das Wetter war bitterkalt. Er notierte: „Helen, den Jungen und mir ist allen so elend zumute. Ich konnte sie nicht alleine lassen und fühlte mich nicht einmal selbst in der Lage, nach San Francisco zu fahren. Ich fürchte, die liebe kleine Herde dort drüben wird meinen, ich hätte sie vernachlässigt. Aber der Herr weiß warum, und darum überlasse ich sie Ihm."

Mr. Ironside war durch und durch gewissenhaft, und Bemerkungen wie diese erscheinen ständig in seinem Tagebuch: „Bin heute abend nach San Francisco hinübergefahren – eine biblische Unterweisung über Kolosser 2: ‚Christus, die Antwort auf den Rationalismus, die Gesetzlichkeit und den Ritualismus.' Ich glaube, daß wir eine fruchtbare Zeit miteinander verbracht haben. Bin, wie gewöhnlich, ziemlich spät heimgekommen und habe die ganze Familie schlafend vorgefunden. Ich finde die langen Fahrten zur und von der S.F. Hall sehr ermüdend an regnerischen Wintertagen, aber ich mag die lieben Heiligen dort drüben nicht vernachlässigen."

Der Herr hatte ihm eine eiserne Konstitution mitgegeben. Nur wenige Male in seinem Leben war er wirklich krank. Er sagt, er habe kein einziges Mal an Kopfschmerzen gelitten. Da er bei jedem Wetter draußen war und unter den verschiedensten Bedingungen lebte, bekam er des öfteren eine Erkältung. Aber im Normalfall konnte er sie innerhalb weniger Tage wieder loswerden, ohne seinen Predigtplan zu unterbrechen. Oftmals wurde er von seiner Arbeit müde, aber niemals ist er ihrer müde geworden.

Einmal erinnere ich mich, in Harrys Tagebuch den Bericht vom Verlauf einer schweren Erkältung gelesen zu haben. Sie hatte ihn dermaßen im Griff, daß mehrmals vor Schwachheit ohnmächtig wurde. Eines Abends, als er spät nach Hause gekommen war, nahm er ein sehr heißes Dampfbad, nach welchem er zweimal der Ohnmacht nahe war. Doch am nächsten Tag hielt er einen Predigttermin ein, obwohl er sich sehr schlecht fühlte. Am zweiten Tag war er von früh bis spät im Dienst – und trotzdem konnte er am Abend schreiben: „Es geht schon besser heute, wenn auch nicht viel mit mir los ist!“

Bei Regen und bei Sonnenschein, in Krankheit und Gesundheit, in Armut und im Überfluß, Ironside säte den Samen – manchmal müde und manchmal angefochten, aber immer seiner Berufung treu. So lesen wir am 25. März 1913: „Habe an der Tafel unterrichtet, und zwar über ‚Das Manna, das gegeben und verachtet wurde‘ – 2. Mose 16 und 4. Mose 11. Der Saal war ziemlich voll und das Interesse sehr erfreulich. Bin erst spät nachts heimgekommen, ziemlich müde und erledigt – aber es ist ein Vorrecht, für *den* müde zu werden, der so oft für uns müde wurde (Johannes 4).“

Wie aktiv das Leben von jemand auch sein mag, es wird auch immer die Erfahrung des täglichen Einerleis geben, an der jeder teilhat. Es gibt Hausarbeit, die getan werden muß, familiäre Probleme, die zu lösen sind. Mieten müssen gezahlt und Reparaturen erledigt werden, Briefe müssen geschrieben und Rechnungen beglichen werden. Wenn ein Mann auf dem Podium steht und das Wort Gottes verkündigt, bedeutet das nicht, daß ihm der Gang zum Zahnarzt erspart bleibt oder die Pflicht, sich um den Kohlevorrat im Keller zu kümmern. Weil einer das Vorrecht hat, die großartigste Botschaft, die die Welt je gehört hat, zu verkündigen, weil er ein Botschafter Christi ist, wird ihm die Züchtigung seiner Kinder oder das Mähen des Rasens nicht abgenommen. Harry Ironside mußte mit all seinen Gaben und trotz seines brennenden Verlangens, die gute Botschaft der Errettung zu verkünden, auch an den ermüdenden Aufgaben teilnehmen, die uns alle betreffen.

Harry Ironside hatte seine Zeiten der Hochstimmung und der Siegesgewißheit, aber er kannte ebenso Stunden der Mutlosigkeit und der Niedergeschlagenheit. Manchmal war es ihm geschenkt, erhebende Ergebnisse seines Dienstes mitzuerleben. Bei anderen Gelegenheiten dagegen schien überhaupt keine Reaktion in irgendeiner Form vorhanden zu sein. Diese frühen Jahre waren auch in finanzieller Hinsicht weiterhin schwere Jahre. Auf der einen Seite wurden die Ironsides zwar manchmal mit Gutem überhäuft, wie am 6. Januar 1913, als er schrieb: „Diesen Abend wurden wir freudig überrascht von einer großen Zahl von Gotteskindern – alles in allem 78 – die kamen, um mit uns unser Hochzeitsjubiläum mitzufeiern. Wir verbrachten einen wunderschönen Abend miteinander. Sie hatten einige sehr nette Geschenke und Erfrischungen mitgebracht. Mr. Crane hielt die Überreichungsrede, und ich war durch ihre Freundlichkeit so gerührt und bewegt, daß ich kaum etwas antworten konnte. Ich fürchte, sie meinten, ich hätte mich nicht gefreut, dabei war ich nur ein wenig aus der Fassung gebracht durch das Ganze."

Auf der anderen Seite berichtet das Tagebuch drei Tage später: „War heute abend in San Francisco drüben. Hatte kein Geld, so mußte ich von der Fähre zum Saal zu Fuß gehen – eine Strecke von acht Kilometern. Ich wurde für einige Schriften ausgezahlt, so daß ich reichlich Geld für die Heimfahrt hatte. Habe über die erste Hälfte von Daniel 11,1-35 gelehrt. Zahlreiche Anwesende; ernsthaftes, nachdenkliches Interesse wurde sichtbar."

Harry Ironsides Dienst mit der Feder weist in diesen Jahren eine gewisse Unterbrechung auf. Eine Reihe Traktate und Schriften wurden geschrieben. Aber nach der Veröffentlichung seines Buches „Notes on Proverbs" (Gedanken zum Buch der Sprüche) im Jahre 1906 wurde keine Auslegung mehr gedruckt, bis 1910 „Notes on Ezra, Nehemiah and Esther" (Gedanken zu Esra, Nehemia und Esther) in einem Band erschienen.

In der Zwischenzeit allerdings beschäftigte ihn die Frage, ob es weise sei, das Buch zu schreiben, das später eines seiner meistgelesenen Werke wurde. Zwei Jahre darauf sollte es im Druck erscheinen, jetzt war es im Anfangsstadium: „Holiness, the False and the True“ (auf Deutsch erschienen unter dem Titel „Heiligung – Zerrbild und Wirklichkeit“). Darin erzählt er von seiner Bekehrung mit vierzehn Jahren, fast genauso wie in diesem Buch beschrieben, und erörtert die wahre Heiligung im Gegensatz zur falschen, mit der er in den Tagen bei der Heilsarmee Erfahrungen gesammelt hatte.

Er selbst zögerte, dieses Werk zu schreiben, da er eine tiefe Zuneigung zur Heilsarmee und einigen ihrer Arbeiter empfand. Aber die Überzeugung, daß die Heiligungslehre, wie sie dort vertreten wurde, unbiblisch ist, war stärker als die Zurückhaltung aus Höflichkeit und aus einem natürlichen Gefühl der Rücksichtnahme. So erschien das Buch im Jahre 1912.

Gewisse entscheidende Ereignisse trugen sich in den Jahren davor zu. In dieser Zeit fing Ironside seinen Lehrdienst auf der „Mount Hermon Bible Conference“ an, den er für mindestens zehn Jahre ununterbrochen fortsetzte. Er und seine Familie liebten diesen wunderschönen Platz in Kalifornien. Deshalb dachte er daran, dort ein Ferienhaus für Helen und die Jungen zu erwerben.

1911 oder 1912 (die Aufzeichnungen lassen das genaue Datum nicht erkennen) tat sich für Harry Ironside eine weitere Tür des Zeugnisses auf, die ihm schon immer sehr am Herzen gelegen war. Es handelte sich um eine Arbeit unter den Indianern Amerikas. Mindestens zwölf Jahre lang verbrachte er zwei Monate jeden Sommers mit diesen Menschen in Arizona, Südostkalifornien und Neumexiko. Hier fand er ein aufnahmebereites Volk und besuchte immer die Heimatdörfer und -lager der Stämme Mojave, Laguna, Zuni, Hopi, Walapai und Navajo. Ein Teil jedes dieser Sommer gehörte der jährlichen „Southeast Missionary Bible Conference“ auf dem reizvollen Camp Eldon in der Nähe von Flagstaff in Arizona.

Bei diesem Dienst war Harry Ironside mit einem Mann verbunden, der einer der Pioniere des Reisepredigerdienstes in Amerika war – Arno C. Gaebelein, der Herausgeber der Zeitschrift „Our Hope" (Unsere Hoffnung). Keiner der Männer dieser Generation ist als Botschafter für Christus mehr herumgekommen oder hat mehr Schriften veröffentlicht als A.C. Gaebelein und H.A. Ironside.

Im Jahre 1914 wurde in Oakland die „Western Book and Tract Company" gegründet. Schon 1912 war mit einem kleinem Büchertisch in der „Gospel Hall" begonnen worden. Doch Mr. Ironside hatte inzwischen einen anderen Auslegungsband geschrieben: „Lectures on Daniel the Prophet" (Vorträge über den Propheten Daniel) im Jahre 1911. Die Nachfrage nach diesem Buch war groß, und nachdem er sich mit einigen Brüdern besprochen hatte, beschloß er, ein Depot für die Verbreitung biblischer Literatur zu eröffnen. Im Tagebuch finden wir unter dem Datum 1.6.1914 diesen Eintrag:

> „Ein harter Tag – aber in Seinem Dienst ein glücklicher. War um sechs Uhr auf und habe für acht Leute Frühstück hergerichtet, abgespült und bin in die Stadt gegangen. Habe den Laden in der Telegraph Avenue Nr. 17 gemietet. Bin zum Mittagessen zu Bruder Lebo gegangen. Habe ihn dafür gewonnen, mitzukommen und mit mir die Arbeit zu beginnen, indem wir alles für unsere Zwecke einrichteten."

Am 9. Juni wird berichtet:

> „Der Bücherladen sieht recht frisch und attraktiv aus nach dem Anstreichen", und am 10. Juni heißt es: „Unser Laden ist jetzt eröffnet."

In den Anfangsmonaten und -jahren hatte das Unternehmen „Western Book and Tract Company" einige Schwierigkeiten, wie das immer der Fall ist bei Geschäftsunternehmen, die mit wenig

Startkapital beginnen. Daß dies auf das Werk des Herrn genauso zutrifft wie auf den weltlichen Bereich, ist eine Lektion, die viele im Volk Gottes lernen mußten. Harry Ironside konnte das zunächst nicht verstehen. War er nicht um Christi willen in diesen Dienst eingetreten, wollte er ihn nicht für Ihn tun? Er selbst sollte aus dem Geschäft keine Gewinne erhalten. Es ist eine Tatsache, daß Ironsides Einkünfte aus seinen eigenen Schriften die ganzen Jahre hindurch weitergegeben wurden. Er hat nie etwas davon für sich behalten, obwohl es Zehntausende von Dollars waren. Das Traktatdepot sollte nach seinen Vorstellungen eine echte Dienstleistung darstellen. Durch das gedruckte Wort sollten das Evangelium und biblische Lehre verbreitet werden. Warum waren dann die finanziellen Lasten so drückend?

„26. Juni 1914: Ein gelungener Tag im Geschäft, aber für mich trotzdem ein prüfungsreicher, da ich ununterbrochen in Geldnot bin. Ich muß alle möglichen Wege in Erwägung ziehen, um vorwärts zu kommen. Es erscheint seltsam – dennoch weiß ich, daß es die Hand des Herrn ist und bemühe mich, zufrieden zu sein."

„14. Juli 1914: Den ganzen Tag in großer Verwirrung wegen finanzieller Dinge, aber ich hoffe, daß heute abend alles in Ordnung ist, da Herr X. nochmals 50,00 $ in das Geschäft eingezahlt hat, was eine große Hilfe für uns bedeutet."

„18. Juli 1914: Im Laden ging es uns sehr gut, und wir fühlen uns gleichzeitig ermutigt und niedergeschlagen – aber wir wollen mit Gott rechnen, damit wir am Montag drängende Forderungen begleichen können. Vielleicht kommt der Herr dem zuvor, und so versuche ich, in Ihm zu ruhen."

„23. Juli 1914: Ein sehr verwirrender Tag – war in Gedanken sehr besorgt wegen Schwierigkeiten in Zusammenhang mit dem Traktatdepot. Bemühe mich sehr, alle Rechnungen termingerecht zu begleichen ... Habe heute mehrere sehr bedürftige Leute getroffen und wünschte wirklich, die Mittel zu haben, um ihnen zu helfen."

„6. August 1914: Es reibt einen förmlich auf, wenn man wartet und hofft auf etwas, das lange aufgeschoben zu sein scheint – die Mittel, um das zu tun, ‚was ehrbar ist vor allen Menschen'. Heute war ich sehr geprüft, doch ‚ich will vertrauen und mich nicht fürchten' ... Du weißt warum, o Herr."

„14. Oktober 1914: Mein 38. Geburtstag – mehr als die Hälfte meines Lebens ist nun sicherlich vorbei. Selbst wenn das Kommen des Herrn nicht mehr in meiner Lebenszeit stattfinden sollte, scheint es sehr nahe bevorzustehen. O, daß ich die noch verbleibende Zeit mehr für Gott nutze, als die vergangene! – Die Heiligen bereiteten mir ein Überraschungsmahl am Abend im Gemeindesaal und gaben mir einige willkommene Geschenke – eins davon war ein Umschlag mit 52,00 $."

„15. Oktober 1914: Viele verworrene Umstände in finanziellen Dingen haben mir das Gefühl gegeben, ich müßte langsamer vorangehen, doch die Hilfe von gestern abend hat mir eine Menge bedeutet. Habe mir für 15,00 $ einen Anzug gekauft, und zwar einen sehr guten für das Geld."

„10. November 1914: ... Geschäftsorgen lasten auf meinem Geist, und mir fällt es schwer, über ihnen zu stehen. Herr, hilf mir, Dir mehr stillschweigend zu vertrauen."

So ging es das nächste und das übernächste Jahr weiter. Die einzige Rettung des Geschäfts bestand in den Gaben und Leihgaben einiger vom Volk des Herrn, die im Laufe der Zeit bis zu 15.000 $ in diese ohne Gewinne arbeitende Organisation gesteckt haben. Als die Zeit gekommen war, begann die „Western Book and Tract Company", sich ganz gut zu machen, was bis zur großen Inflation in den späten Zwanzigern anhielt. Darüber wird an entsprechender Stelle berichtet werden.

Mr. Ironsides Leben war so ausgefüllt mit Aktivitäten, daß er, obwohl er zu tiefen Freundschaften fähig war, nur wenige wirklich enge Beziehungen genießen konnte. Denn um eine Freundschaft lebendig zu erhalten, ist es nötig, zusammenzusein und sich zu schreiben. Der, der zu gelegener und zu ungelegener Zeit im Dienst des Herrn aktiv ist, mindestens sechshundertmal im Jahr predigt, ein Geschäft führt, Bücher schreibt usw., kann sich keine Zeit nehmen für persönliche Vorlieben. Harry Ironside hat tausende, die er in Christus liebhat. Er ist immer erfreut, sie zu sehen, und es besteht gegenseitige Hochachtung und Wertschätzung zwischen ihm und ihnen. Doch wie wenige kennen ihn gut, und wie wenige sind ihm persönlich vertraut!

Eine dieser engen Freundschaften nahm ihren Anfang im Sommer 1914 auf der Bibelkonferenz von Mount Hermon. Dort traf Mr. Ironside James A. Sutherland, damals Pastor der Calvary Baptist Church in San Jose, Kalifornien. Von diesem Treffen berichtet Ironsides Tagebuch:

> „1. Juli 1914: Heute morgen um 9.30 Uhr begann ich mit meinen Ansprachen hier in Mount Hermon zum Thema ‚Skizze der Reisen Israels‘. Um 10.30 Uhr hörte ich Mr. J.A. Sutherland über ‚Gebet‘ predigen, und fühlte mich ziemlich schuldig wegen meiner eigenen Nachlässigkeit.“

Sutherland und Ironside waren von dieser Zeit an innige Freunde. Diese vertraute Bekanntschaft war dazu bestimmt, die Jahre zu überdauern. Es war Mr. Sutherland, der Mr. Ironside später überredete, bei einigen „Moody Bible Institute Extension Conferences“ zu helfen, wodurch letzterer bekannter wurde. Mr. Ironside sagte, daß er seinen Ruf an die „Moody Church“ bis auf jenen Tag und seine Freundschaft mit diesem Mann Gottes zurückverfolgt.

Inmitten der Aktivitäten und Prüfungen der ersten Jahre von Ironsides landesweitem Dienst verspürte er immer in seinem Herzen das Verlangen nach einem heiligeren Wandel. Auch war immer das Bewußtsein da, wie sehr er zurückblieb hinter seinem eigenen Sehnen und dem, was Gott für ihn als das Beste bereithielt. Das erfahren wir aus seinen Tagebüchern. Ein oder zwei Zitate daraus werden seine Gedanken in dieser Beziehung deutlich machen:

> „Beschäftigt mit Schreiben usw., den ganzen Tag hindurch. Am Abend in Porter Hall über die Route von Ägypten nach Kanaan gelehrt – Thema: ‚Passieren des Landes Edom.' Bibeltext: 4. Mose 20 und 5. Mose 2.
>
> Diese Lektion schien die meisten Anwesenden besonders zu interessieren, weil sie mit der Haltung des Gläubigen gegenüber dem Fleisch in sich zu tun hat, das nicht zu bekämpfen noch auszulöschen ist, sondern das man verleugnen muß. ‚Haltet euch der Sünde für tot.' Ich merke sehr deutlich, mit welcher Schwachheit ich in all dies hineinkomme.
>
> ... Bei der Gebetsversammlung war ein ganz schöner Kreis zusammen. Ich sprach ein wenig über ‚die Zutaten des lieblichen Wohlgeruchs' (2. Mose 30,34), die uns die Bestandteile des wahren Gebets zeigen: Räucherklaue oder Balsam – Bitten; Staktetropfen – Anbetung; Weihrauch – Christi Vollkommenheit. Wäre ich selbst heiliger, dann könnte ich dies viel besser verstehen. Abends wieder zuhause habe ich über ‚Die Stiftshütte' weitergelesen. Finde es höchst lehrreich und nutzbringend für meine eigene Seele."

Als Mr. Ironside im Juni 1914 Sacramento besuchte, um eine Serie von Veranstaltungen zu abhalten, wurde er von zwei Freunden, James Arthur und Bert Creque, begleitet. Manchmal fürchtete er, sein Sinn für Humor und Heiterkeit könnte mißverstanden werden und seinem Einfluß als Diener des Herrn ein Hindernis sein. So entdecken wir, wie er unter dem Datum 15. Juni in sein Tagebuch eintrug:

> „... Habe am Nachmittag über ‚Die Familie Gottes, das Königreich der Himmel und die Gemeinde Christi' gelehrt. Abends

predigte ich über ‚Die Flügel einer Taube'. Bert und Jim machen einen sehr glücklichen Eindruck. Ich wünschte, ich wäre selbst ernster, um wirklich ein Segen für sie sein zu können."

Nun haben wir manche der Probleme, Wünsche und Einflüsse im Leben von Mr. Ironside kennengelernt, und einiges von seinem unermüdlichen Dienst im Namen des Heilands. Nichts ist hier niedergeschrieben, das sich nicht in der Erfahrung vieler Gotteskinder wiederfindet. Es waren einfach Jahre der Erziehung und Prüfung, um einen Diener des Herrn auf einen umfangreicheren und erfüllteren Dienst zuhause und auswärts vorzubereiten.

Angenommen in dem Geliebten

Ich erinnere mich sehr lebhaft daran, wie Mr. Ironside das folgende Bild gebrauchte, als er die Stellung des Gläubigen vor Gott als ‚angenommen in dem Geliebten' (Eph 1,6) erklärte.

Vor einigen Jahren hatte Ironside im Staat Washington einige Versammlungen abgehalten. Er befand sich als Gast im Haus eines Ranchers, der Schafe züchtete. Es war die Zeit des Jahres, wo die neugeborenen Lämmer auf den grünen Weiden herumtollen. Ironside erzählte, daß er eines Morgens verblüfft und schockiert bemerkte, wie ein äußerst unbeholfenes und ziemlich scheußliches Lamm einem Mutterschaf folgte. Es sah aus, als habe es sechs Beine, wobei das arme Wesen die hinteren beiden nutzlos am Boden nachschleifte. Das Fell des Lammes schien zerrissen zu sein. Alles in allem bot es einen kläglichen Anblick.

Ironside fragte den Hirten, warum das Lamm so aussehe und was ihm bloß zugestoßen sei. Er erfuhr, daß es eigentlich nicht zu dem Schaf gehörte, dem es nachlief. Die Mutter dieses Lammes war getötet worden, und das Mutterschaf, dem es folgte, hatte auf irgendeine Weise sein Junges verloren. Der Züchter hatte versucht, die beraubte Schafmutter dazu zu bringen, das Lamm zu bemuttern. Sie merkte aber, daß es nicht ihr eigenes war und wollte nichts mit ihm zu tun haben. Da kam dem Hirten ein genialer Gedanke. Er zog dem kleinen Lamm, das umgekommen war, das Fell ab und streifte es dem mutterlosen Lamm über. So war das komisch aussehende Wesen entstanden, das Ironside bemerkt hatte. Als dieses augenscheinliche Ungeheuer dem alten Schaf zugeführt wurde, erkannte es am Geruch des Kleinen die Duftnote der Familie und adoptierte das Babyschaf glücklich als sein eigenes.

Mr. Ironside erinnert uns daran, was für ein schönes Bild das für den durch Gnade geretteten Sünder ist: Wir waren für immer ohne Hoffnung, Ausgestoßene, die in sich keine Verdienste aufweisen können und keinen Rechtsanspruch bei Gott haben. Aber Er hat Seinen Sohn geschickt, das Lamm Gottes, das die Sünde der Welt wegnimmt, der an unserer Statt starb. Gott der Vater hat uns freudig als Seine Kinder angenommen, weil wir mit Seiner Gerechtigkeit bekleidet sind durch Christus – wir sind angenommen in Seinem geliebten Sohn.

Kapitel 13

Der Ackerbauer muß sich mühen

„Ich weiß sowohl erniedrigt zu sein als Überfluß zu haben. In jedem und in allem bin ich unterwiesen ...“ (Philipper 4,12).

In den Tagebüchern H.A. Ironsides finden sich viele geistliche Schätze; sie decken ein ganze Bandbreite von Themen ab. Wenn wir jedes interessante Thema aus einer Zeitperiode von mehreren Jahren zitiert hätten, wäre dieses Buch drei- oder viermal so dick geworden. Darum haben wir hier die Tagebücher von drei Jahren ausgewählt, und zwar 1913, 1914 und 1915. Anhand von ausgewählten Zitaten können wir einige Erfahrungen und Charakterzüge von Harry Ironside in dieser Phase seines Dienstes kennenlernen.

Über seinen allgemeinen Zustand, sowohl körperlich als geistlich, erfahren wir etwas aus einem Vermerk am Anfang des Jahres 1914:

> „Ich beginne das Jahr voller Zuversicht und schaue auf den, der uns bis hierher gebracht hat, um uns bis zum Ende zu führen und für uns zu sorgen – ‚Ebenezer‘ . Bin in New Westminster B.C., und meine Familie ist zuhause in Oakland. Ich weiß nicht, wann ich sie wiedersehen werde, aber meine Zeiten sind in Seinen Händen, und Er macht keine Fehler.
>
> Ich wohne bei Hugh F. McAllister und seiner lieben Familie, bestehend aus seiner Frau, seinen Söhnen Carl, Allen und George, und seinen Töchtern Maymie, Grace, Annie und Ruth – eine vorbildhafte christliche Familie; jeder ist freundlich und aufmerksam.
>
> Manchmal scheint mir, ich genieße alles in allem zu viel Komfort und werde zu sehr umsorgt für einen, der ‚als ein guter Kriegsmann Christi Härten erdulden‘ sollte. Aber ‚Er reicht

uns alles reichlich dar zum Genuß'; Paulus wußte, ‚sowohl erniedrigt zu sein, als Überfluß zu haben; sowohl satt zu sein, als zu hungern', und ich nehme an, es ist mir bestimmt, das gleiche zu lernen. Israel kannte sowohl ein Elim als auch ein Mara, und beide dienten ihm zum Segen und zur Erziehung.

Die neue Westminster-Versammlung trifft sich in der Cunningham's Hall, 6th Street Nr. 39, und es sind dort etwa 50 in Gemeinschaft. Eine einmütige, freudige Versammlung mit einigen gottesfürchtigen älteren Brüdern, die wirklich ‚Vorbilder der Herde' sind, und einer ganzen Reihe von lauteren jungen Gläubigen, die treu zu Christus und der Wahrheit stehen und ein echtes Zeugnis sind für den, der sie gerettet hat.

In Vancouver gibt es eine kleine Versammlung von etwa 25 Gläubigen, aber vom gleichen Charakter, die sich in der I.O.O.F. Hall, 7th und Granville Streets, treffen. Und in Nordvancouver versammelt sich eine kleine Gemeinschaft von nur ungefähr sechs in Mrs. Scales Haus in der 12th Street.

Es gibt außerdem noch Versammlungen von ‚Offenen Brüdern' und mehrere Gruppierungen von ‚Exklusiven' in Vancouver. Es stimmt mich wirklich traurig, daß Gläubige, die so viele Wahrheiten gemeinsam festhalten, so gespalten sein müssen. Es wäre eine Herzensfreude, wenn man ein wenig dazu beitragen könnte, jedem zu einem besseren Verständnis der anderen zu verhelfen, damit wir uns alle gleichermaßen darum bemühen, die Einheit des Geistes zu bewahren durch das Band des Friedens."

> Herr Jesus, uns vereine
> mit Dir und in Dir ganz!
> Ein einig Volk von Brüdern,
> das laß, o Herr, uns sein,
> in allen Seinen Gliedern
> auf ewig, ewig Dein!

Ein Vierteljahrhundert später, als sein Buch „A Historical Sketch of the Brethren Movement“ (Ein historischer Abriß der Brüderbewegung) herauskam, beschuldigten nicht wenige den Schreiber, seine Meinung geändert zu haben, als er Pastor der „Moody Memorial Church“ wurde. Doch in seiner Gemeinschaft mit den „Brüdern“ hatte es von Anfang an sein Herz belastet, daß sich die Brüderbewegung durch Spaltungen befleckt hatte, obwohl sie doch so sichtbar von Gott ins Leben gerufen und gesegnet worden war. Vor allem machte ihn die Tatsache traurig, daß ja alle Zweige dieser Bewegung Christus als das Haupt, die Einheit Seines Leibes und die Unfehlbarkeit der Schrift unerschütterlich festhielten und vertraten. Damit ging bei ihnen das Bemühen einher, entsprechend den Geboten der Schrift und den Vorrechten der Stellung in Christus zu leben.

Für einen, der Heim und Familie so schätzte wie Harry Ironside, bedeutete sein Wanderleben mit der zwangsläufigen Trennung von seinen Lieben ein großes Opfer. Doch mit den Jahren erschien ihm das mehr und mehr notwendig zu sein. Konnte seine Frau ihn anfangs noch begleiten, so wurde das durch die wachsende Familie und die Strapazen der Reisen zunehmend unmöglich. Zuerst dauerte sein Fernbleiben ein paar Tage oder Wochen, aber im Laufe der Zeit dehnten sich die Trennungen über einige oder sogar viele Monate aus.

Wie sehr Harry seine kleine Familie vermißte! Aber er ertrug die Einsamkeit „um Seines Namens willen“, eine Tatsache, die oft in seinen Tagebüchern zu finden ist. So machte er weiter als ein „Fremder im fremden Land“, mit dem Ziel, daß Christus bekannt gemacht werde. Wenn er zuhause war, erfreute er sich am Zusammensein mit Helen und den beiden Jungen. In seinen Tagebüchern kann man kleine, heimelig anmutende Kommentare wie diese entdecken:

> „9. August 1913: Heute war ein Freudentag, denn Helen und der kleine Jack (der jüngere Sohn John) sind von Los Angeles

zurückgekehrt, nachdem sie eine sehr erholsame Zeit der Ruhe und Gemeinschaft mit Tante Stella und Onkel George verbracht hatten. Beide sehen prächtig aus, und wir sind froh, sie wieder zu haben. Viel zu hören und zu erzählen vom Land des Südens mit seinen Wundern."

„Edmunds Erkältung ist heute viel schlimmer geworden. Er mußte das Bett hüten, und der Doktor kam. Ich hatte ein gutes Gespräch mit Ed. Ich merkte, daß er über seine Seele beunruhigt ist. Ich stellte ihm das Evangelium deutlich vor und ließ ihn mit 1. Petrus 1 eine Zeit lang allein. Als ich wieder zu ihm hineinging, sagte er, er sähe eindeutig den Weg der Rettung und habe dem Herrn Jesus vertraut. Ich hoffe, daß ein echtes Werk der Gnade in seiner Seele geschieht, und daß er wirklich errettet ist. Preis sei Gott für diese Antwort auf unsere vielen Gebete!"

Daß Edmund noch nicht den letzten Schritt zum Herrn getan hatte, ist aus diesen Einträgen ersichtlich, die fast zwei Jahre später gemacht wurden:

„21. August 1915: Das war ein Tag, der für immer in Erinnerung bleiben soll, voller Dankbarkeit für den Gott aller Gnade!

Am Abend kam der große Durchbruch. Ed und Dr. T. (Reuben A. Torrey – das war in Flagstaff, Arizona, wo Mr. Ironside auf einer Konferenz sprach, zu der er Edmund mitgenommen hatte) unterhielten sich, und Ed brach zusammen und kam mit Gott ins Reine. Dann, in der Abendversammlung, sprach ich über ‚Das Kommen des Herrn', und fünf weitere kamen zu Christus. Halleluja!"

„24. August 1915: Die Nacht war warm bis 2 Uhr morgens, dann wurde es ziemlich kalt – wir hatten den ganzen Tag lang eine angenehme Fahrt und erreichten Oakland um 5.20 Uhr und waren etwa eine Stunde später zuhause. Helen war so glücklich über Edmund ..."

„26. August 1915: Es ist eine solch spürbare Veränderung, daß Edmund jetzt so großes Interesse am Lesen des Wortes und am Familiengebet zeigt. Er scheint ein ganz anderer Junge zu sein. Heute abend betete er auf eine Weise, die uns tief bewegte.“

„2. September 1915: Bin heute abend bei der Familie geblieben. Habe ‚Ben Hur‘ vorgelesen, da Ed das in der Schule aufsagen muß.

Armer Junge – er scheint einen Kampf durchzumachen, und mein Herz leidet mit ihm. Ich will nicht, daß er seine erste Liebe verliert. Der Herr möge ihn gnädigerweise bewahren!“

„6. September 1915: Ich habe acht getauft, die an unseren Herrn Jesus Christus glauben; einer von ihnen war mein Sohn, der es sehr ernst zu meinen scheint, außerdem Lillian James und Russel Todd, zwei junge Leute, an denen mir sehr viel liegt.“

Es erscheinen noch mehr Notizen über das, was ein Vaterherz bewegte:

„10. Dezember 1914: Heute absolvierte Edmund das Gymnasium. Es war eine ziemlich große Sache für uns, so daß ich mir freinahm und die Abschlußfeier am Nachmittag besuchte. Er hat sich gut gemacht, wenn man bedenkt, daß er so sehr durch seine schwache Gesundheit beeinträchtigt war. Zur Feier des großen Ereignisses schenkte ich ihm eine Uhr und seine Mutter ein Sicherheitsschloß.“

„24. Dezember 1915: Heute war der letzte Schultag, und John scheint, wie wir alle, sehr erfreut zu sein über sein Vorrücken in die 5. Klasse. Er hat gute Aussichten, ein weit besserer Schüler als Ed zu werden, der ja weder an Mathematik noch an Büchern Gefallen findet.“

Die Tagebücher sind übersät mit interessanten Dingen, die nicht direkt mit dem Werk des Herrn zu tun haben. Die Titel von

Büchern, die zuhause mit der Familie oder im Zug gelesen wurden, der Fortschritt beim Bau eines neuen Hauses und andere informative kleine Sätze füllen die Seiten. Hier und da finden sich ein paar Zeilen Poesie:

„Voran, voran, zum Ausruhn hast du noch die Ewigkeit,
Zu wenig sind zum Dienst mit Hand und Tat bereit.
Es ist kein Risiko, ins Werk des Herrn zu investier'n,
Doch schlimm wär's, müßtest du Sein ‚Wohl getan!' verlier'n!"

„Geh, arbeite weiter, gib hin und werde verbraucht.
Deine Freude sei's, des Meisters Willen zu tun.
Das ist der Weg, den einst der Retter ging,
Sollt' der Errettete nicht immer noch ihn gehn?"

„Nur eine kleine Zeit noch, die frohe Botschaft zu erzählen
Von dem, der unsere Schuld und Strafe auf sich nahm.
Eine kleine Zeit, bis Seine Herrlichkeit wir schauen,
Noch neue Juwelen für Seine himmlische Krone zu erwerben."

Verse wie diese finden sich immer wieder in seinen Tagebüchern. So kann man sich vorstellen, wie geschickt er in seinen Predigten Strophe um Strophe auswendig rezitierte, um einen Gedanken auf passende Weise zu illustrieren oder abzuschließen. Aber vielleicht waren es vor allem – außer seinem beachtlichen Gedächtnis – die Singabende, durch die Harry so mit Versen gesättigt wurde, daß er sie er leicht wiedergeben konnte. Diese Treffen wurden über zwölf Jahre hinweg jeden Montagabend in den verschiedenen Häusern derer abgehalten, die der Versammlung in Oakland angehörten. Wann immer er nicht verreist war, nahm er an diesen Singstunden teil und genoß sie, obwohl man ihn wohl kaum als guten Sänger bezeichnen kann. Niemand gab das bereitwilliger zu, als er selbst, wie folgende Niederschrift zeigt:

„28. Juli 1913: Singtreffen am Abend in Arthurs Haus – das Haus war voll, und wir lernten mehrere neue Lieder. Wir haben uns nun schon ziemlich mit den „Hymns of Grace and Truth“ angefreundet, je mehr wir das Buch kennenlernten.

Ich persönlich bin ein schwacher Sänger – kann zwar den Ton halten, aber habe keine schöne Stimme und verstehe auch nichts von Musik. Es wird eine Freude sein, einmal mit all den Erlösten das Neue Lied zu schmettern!“

Trotz der Tatsache, daß Mr. Ironside manchmal fand, daß er zu viel Überfluß an Gutem hatte, erlebte er häufig auch das Gegenteil. In New Westminster war er sehr gut behandelt worden, aber oft hatte er es nicht allzu bequem in seinen Unterkünften. In seinen Aufzeichnungen ist an keiner Stelle irgendeine Klage darüber zu entdecken. Doch an der Erleichterung, die er des öfteren empfand, wenn er den Ort wechselte, kann man erkennen, daß er zuweilen Entbehrungen auf sich nehmen mußte. Zum Beispiel schrieb er einmal bei der Ankunft in einer bestimmten Stadt in Oregon:

„2. April 1914: Bruder Doughty kam diesen Morgen und nahm mich auf seine Farm mit, wo ich ein bequemes Bett ganz für mich allein habe. Da es mir nun einmal sehr viel bedeutet, alleine zu schlafen, werde ich die Zeit hier mit Sicherheit sehr genießen.“

Im großen und ganzen fand Harry Ironside allerdings, daß seine Freunde weit besser zu ihm waren, als er es verdient hatte. Ich erinnere mich daran, als ich ihn das erste Mal in Philadelphia unterbrachte. Das war im Januar 1933, wo ich ihm ein bescheidenes, aber gemütliches Zimmer im Drake Hotel organisiert hatte. Als er am Morgen in die Vorhalle herunter kam, sagte er:
„Mein lieber Bruder, du hast eine viel zu luxuriöse Unterkunft für mich gemietet!“
Ich befürchtete, er meinte, die Rechnung zahlen zu müssen und versicherte ihm, daß er sich darum nicht zu kümmern brauchte.
„Ja, ich weiß“, sagte er, „aber ich würde äußerst ungern vom

Apostel Paulus gesehen werden, wenn ich gerade aus diesem Hotel komme. So lerne ich wohl nicht gerade, bescheiden zu sein!"
„Vielleicht hast du es schon gelernt!" entgegnete ich.
„Na gut", antwortete er, „Paulus sagte auch, daß wir lernen sollten, mit Überfluß zu leben. Aber so etwas solltest du nicht für einen alten Landstreicher wie mich tun!"

Oft waren die Dankesgaben, die er bekam, bescheiden. Das lag nicht daran, daß den Brüdern das Geben nicht wichtig gewesen wäre; viele Versammlungen bestanden jedoch aus Leuten mit sehr beschränkten Mitteln. Aber der entscheidendste Grund dafür, daß Mr. Ironside meistens knapp bei Kasse war, lag in seiner Überzeugung, die die Welt und sogar manche Christen als „naiv" bezeichnen würden. Er glaubte nämlich, daß er, wenn er zehn Dollar bekam und momentan nur die Hälfte davon brauchte, die andere Hälfte weitergeben sollte. Er hatte eine angeborene schottische Sparsamkeit, die Erfahrung einer Kindheit in Armut und eine geistgewirkte Freigiebigkeit. Diese Voraussetzungen veranlaßten ihn dazu, sich in seinem eigenen Leben mit dem Nötigsten zu begnügen, Verschwendung zu verabscheuen und mit anderen Notdürftigen zu teilen. Diese Informationen habe ich nicht irgendwelchen Äußerungen seinerseits entnommen, noch ließ er seine Tagebücher wissen, was seine Rechte tat. Man findet es heraus, wenn man zwischen den Zeilen liest. Daher ist es also nicht verwunderlich, daß wir selbst nach fast vierzig Jahren seines Dienstes am Wort Einträge wie diesen finden:

> „8. November 1913: Ich fuhr in Oakland um 9.20 Uhr mit dem Santa Fe-Zug los nach Needles, wo ich eine Reihe von Veranstaltungen in der Methodistenkirche halten werde.
>
> Nachdem ich mir meine Fahrkarte besorgt hatte, blieben mir nur 10 Cent übrig – aber Bert Creque fuhr mich mit seinem Auto zum Bahnhof und gab mir drei Dollar, wovon es mir gelang, einen Helen zuzustecken."

„29. September 1914: Ziemlich beunruhigt heute wegen fehlender Mittel, trotzdem geht das Geschäft (im Buchladen) gut. Aber einige, die versprochen hatten, es zu unterstützen, haben es nicht getan, und ich hatte zu sehr mit ihrer Hilfe gerechnet."

„29. Oktober 1914: Einen Teil des Tages in Berkeley verbracht mit der Suche nach ein paar gebrauchten Büchern für Kunden. Bekam was ich wollte im Austausch für eine Briefmarkensammlung."

Hier wird zum ersten Mal etwas von Mr. Ironsides Interesse an Briefmarken erwähnt. Seit seinen frühen Mannesjahren war Briefmarkensammeln sein einziges, großes Hobby gewesen. Aber an diesem Tag sah er sich gezwungen, seine Sammlung herzugeben, um Bücher für einen Kunden zu bezahlen.

„23. April 1915: Heute war der Geburtstag meiner Frau, und ich hatte kein Geld, um ihr ein Geschenk zu kaufen – aber sie hat dafür von anderen viele schöne Sachen bekommen."

„5. Juni 1915: Edmund geht es jetzt so gut, daß er heute in der Lage war, in die Stadt zu gehen, aber ich fürchte, er hat sich ein wenig übernommen. Er sieht so müde aus.
Helen kam nach und wir genossen am Abend alle miteinander ein gemeinsames Abendessen, und die Jungen fuhren nach Hause. Aber Helen blieb bis zum Ladenschluß bei mir.
Hab für 15 $ einen neuen Anzug erstanden, so werde ich am Sonntag nicht mehr so schäbig erscheinen wie sonst immer in letzter Zeit. Helen bekam einen neuen Hut, für 3.75 $ – also werden wir beide recht gut gekleidet sein!"

In all dieser Zeit fuhr Harry Ironside natürlich fort, beständig das Wort zu predigen. Viele Einträge berichten vom Interesse der Zuhörer oder von offensichtlichem Segen oder bemerken, daß es „eine ernste Versammlung" gewesen war. Oft wird festgestellt, daß drei oder fünf Menschen Christus als ihren Heiland bekannt hatten, oder daß einige getauft worden waren. Hin und wieder finden sich in den Tagebüchern Worte wie: „Herr, rette die Verlorenen!“ oder „Ich wollte, daß Christus diesen Leuten mehr vor Augen stehen würde!“ oder „O Gott, belebe dein Werk in der Mitte der Jahre!“

Mr. Ironside fühlte sich oft sehr entkräftet. Er fand wenig Zeit, sich einmal zu entspannen. Gelegentlich versuchte er es mit den Vergnügungen oder Freuden, die anderen Spaß machten – Fischen oder Gesellschaftsspiele. Aber er fand keinen Gefallen an diesen Dingen. Er liebte die Musik und ging manchmal ausnahmsweise zu einem Konzert, was ihm meistens Erholung verschaffte.

> „17. Mai 1913: Heute sehr müde und ausgezehrt, sowohl körperlich als geistig. So ging ich nach dem Mittagessen in den Idora-Park, saß still im Freien und hörte einer Blaskapelle zu, was ich genoß und sowohl beruhigend als auch belebend fand.“

> „24. Mai 1913: Alle heute nachmittag im Idora-Park gewesen. Der Blaskapelle zugehört. Die Jungen vergnügten sich auf verschiedene Weisen – aber Helen und ich genossen die Musik. Fand es sehr geruhsam, und eine gute Einstimmung auf den Tag des Herrn.“

Auf einer Predigtreise im Norden schrieb er:

> „16. Juni 1913: Heute morgen im Shasta Retreat angekommen und in einem ländlichen Hotel Zimmer genommen ... Das Bergpanorama und die Luft sind gleichermaßen schön ... Noch nicht viele Leute hier – aber es ist genau solch ein Platz, wie ich ihn liebe, denn ich bin lange dauernd von Menschenmengen umgeben gewesen.

> 17. Juni 1913: Lesen, Essen, Schlafen, Fischen – das war der heutige Tag. Gefangen haben wir allerdings nichts! Andere

zogen ein paar schöne Forellen heraus, aber wir sind anscheinend keine Experten.“

Angefeuert von einem unstillbaren Verlangen, sich von Gott gebrauchen zu lassen, fiel es Harry Ironside nicht leicht, herumzusitzen, während Männer und Frauen jede Stunde in Gefahr waren, ohne Christus zu sterben. Seine Einstellung zu Vergnügungen und Entspannungen jeder Art kann vielleicht am besten durch einen Eintrag aus dem Jahre 1914 zusammengefaßt werden. Die Ironsides waren bei Freunden zuhause zum Abendessen eingeladen gewesen, und er schreibt darüber:

> „16. Juli 1914: Sie gaben ein großartiges Fest im spanischen Stil ... Musik und Tanz folgten aufs Essen, und ich konnte nur in einer Ecke sitzen und befürchte, sie haben mich für unhöflich und sonderlich gehalten. O ja – mein Tag wird kommen, da werde auch ich tanzen!“

KAPITEL 14

Gefährte derer, die den Herrn fürchten

„Oft auf Reisen“ (2. Korinther 11,26).

Das Jahr 1915 war in vielerlei Hinsicht voller Aufregung und Aktivität. Das Geschäft, die „Western Book and Tract Company“, lief gut. Das war zu einem nicht geringen Teil der Mitarbeit von Miss Louise Diemel zu verdanken. Ironside beschrieb sie als „die richtige Frau am richtigen Platz“, eine Meinung, die er seither nie geändert hat. Sie hat die Last des Werkes durch gesegnete und durch schwierige Jahre getragen, besonders auch während seiner Abwesenheiten. Auch Mr. L.F. Crane fing im selben Jahr an, sich im Bücherdepot zu engagieren. Er war in den Anfangsjahren eine große Hilfe, ein Mitarbeiter, der sich mit Stärke und Ermutigung einbrachte.

Ungefähr zehn Jahre lang hatten die Ironsides in einem Haus gewohnt, das ein Stück entfernt von der neuen Gospel Hall in der Rich Street lag. Aber der Herr machte es ihnen möglich, das alte Haus zu verkaufen und 1915 ein neues zu erwerben. Am 28. August zogen sie in das neue Haus in der Rich Street Nr. 476 um, das ihnen für 15 Jahre als Zuhause dienen sollte.

In diesem Jahr beobachten wir auch das Wachsen einer Freundschaft zwischen Harry und „Jim“ Sutherland, der schon erwähnt wurde – sie trafen sich ziemlich häufig. Erst im Sommer vorher hatten sie sich zum ersten Mal gesehen. Nun, im Januar, fuhr Mr. Ironside zu Mr. Sutherlands Gemeinde in San Jose und hielt dort eine Reihe von Vorträgen. So schreibt „H.A.I.“ (wie man ihn in Brüderkreisen zu nennen pflegte): „Ich mag Sutherland unwahrscheinlich gerne. Seine Hingabe und Christusähnlichkeit sprechen mich sehr an.“ Im Juli stattete Mr. Sutherland Harry einen Besuch ab, worauf dieser schrieb: „Habe das Zusammensein mit James sehr genossen.“

Zwei Wochen, nachdem die Familie in die Rich Street umgezogen war, begann Mr. Ironside seinen ausgedehnten Reisedienst, den er über dreißig Jahre lang fortsetzte. Zugreisen schaffen die Möglichkeit zu Kontakten, die sonst nie entstehen würden. Dort trifft man Leute verschiedenster Art, und vor allem auf langen Reisen läßt man sich zum Zeitvertreib gerne auf ein Gespräch ein. Oft lockt eine offene Bibel eine Bemerkung hervor, die als Einstieg benutzt werden kann, um das Evangelium weiterzusagen. Harry Ironside zeigte sich nie träge, wenn es darum ging, aus solchen Gelegenheiten das Beste zu machen.

Ich erinnere mich an einen Zwischenfall, der sich ein paar Jahre vor 1915 ereignete. Er scheint an früherer Stelle noch nicht hineingepaßt zu haben, aber er muß berichtet werden. Mr. Ironside hatte einige Zeit unter den Laguna-Indianern in New Mexico gedient und fuhr von dort nach Minneapolis weiter. Irgendwo unterwegs hatte er Krankheitskeime eingefangen, so daß er plötzlich an Typhus erkrankte. Daher mußte er in Minneapolis in einem christlichen Haus sechs Wochen lang das Bett hüten. Es verlangte ihn sehr danach, heimzufahren. Als er sich gerade stark genug fühlte, um gehen zu können, bestieg er einen Zug nach Kalifornien. Er brauchte allerdings ein ganzes Abteil im Schlafwagen für sich allein. So blieb er ununterbrochen in seiner Koje, außer, wenn er es schaffte, zu einer Mahlzeit in den Speisewagen zu gehen, wobei er aber noch ziemlich wacklig auf den Beinen war.

Tagsüber öffnete er immer die Vorhänge seiner Koje. Zurückgelehnt sah er dann zu, wie die Landschaft draußen vorbeiflog oder die Fahrgäste drinnen vorbeigingen. Da fühlte er sich, wie er selbst es ausdrückt, in etwa wie ein orientalischer Despot auf einem Diwan. Am ersten Morgen, als er dort drinnen seine Bibel las, wurde er von einer ziemlich korpulenten Dame bemerkt, die ausrief: „Was, Sie machen da ganz alleine Familienandacht? Warten Sie! Ich hole meine Bibel, und dann lesen wir miteinander.“ Ein paar Minuten später kam sie mit ihrer deutschen Bibel zurück, und die beiden fingen an, ihre Übersetzungen des

Hebräerbriefs zu vergleichen, in welchem Ironside soeben gelesen hatte.

Nicht lange danach kam ein großer blonder Herr vorbei. Er machte plötzlich halt und sagte: „Ah, gerade beim Bibellesen? Warten Sie kurz, ich denke, ich hole meine auch und schließe mich Ihnen an!“ – Und bald darauf kam er mit seiner norwegischen Bibel zurück. Die Dame saß am Rand von Mr. Ironsides Koje, also nahm der Mann gegenüber Platz.

Während sie über die Dinge Christi sprachen, ging der Fahrkartenkontrolleur durch den Wagen, und innerhalb weniger Minuten kamen andere herbei, um sich zu den Dreien zu gesellen. Offensichtlich hatte der Kontrolleur Fahrgästen in den anschließenden Waggons von dem berichtet, was hier im Gange war. So viele waren nun versammelt, daß Mr. Ironside lauter sprechen mußte, damit ihn alle verstehen konnten. Nachdem er über eine Stunde gesprochen hatte, war er wegen seiner geschwächten Verfassung erschöpft. Also entschuldigte er sich höflich, indem er den Leuten sagte, daß er sich für eine Weile ausruhen müsse.

Kaum war er von seinem Nickerchen wieder erwacht, sah er den norwegischen Bruder neben seiner Koje sitzen. „Er ist aufgewacht, er ist wach!“ rief dieser Mann aus, und die Botschaft wurde in die nächsten Waggons weitergetragen. Innerhalb kürzester Zeit war die ganze Zuhörerschaft von vorher wieder versammelt, und Mr. Ironside begann erneut, den Hebräerbrief auszulegen. Dabei legte er soviel Betonung wie nur irgend möglich auf das Evangelium von Christus, damit es von allen Anwesenden eindeutig verstanden würde. Er sprach besonders ausgiebig von der Person des Herrn, des ewigen Sohnes. Auch für das Beantworten von Fragen räumte er Zeit ein. Dadurch wurde offenbar, daß vielen die gerade besprochenen großen Wahrheiten neu waren. Jeden Tag widmete man nun Vormittag und Nachmittag dieser „Bibelkonferenz“, und es war für viele eine Stunde des Bedauerns, als der Zug in den Zielort einfuhr.

Die deutsche Dame verabschiedete sich und brachte ihre Dankbarkeit für die frohe Gemeinschaft, die sie genossen hatten, zum Ausdruck. Nach der Feststellung, wie sehr ihre eigene Seele genährt worden war, fragte sie: „Bruder, welcher Denomination gehörst du eigentlich an?“
Lächelnd sagte ihr Mr. Ironside: „Ich gehöre zur selben Denomination wie David einst.“
„Welche war das denn?“ fragte sie nach. „Ich wußte gar nicht, daß er überhaupt einer angehörte.“
„David hat gesagt“, war seine Antwort, „ich bin ein Gefährte aller, die Dich fürchten und Deine Vorschriften halten.“
„Ja, richtig! Es muß schön sein, dieser Denomination anzugehören.“

Aber ich habe einen Abstecher gemacht, jetzt müssen wir wieder zum Jahr 1915 zurückkehren. Die Reise, die im September jenen Jahres ihren Anfang gehabt hatte, war die weiteste, die er bis dahin unternommen hatte. Er war zweieinhalb Monate lang von zuhause weg und besuchte unter anderem die Städte Abilene in Kansas, Minneapolis und St. Paul in Minnesota, St. Louis in Missouri, Philadelphia in Pennsylvania, Plainfield in New Jersey, New York City, Albany und Buffalo in New York, Detroit und Grand Rapids in Michigan, Chicago und Oak Park in Illinois, Albuquerque, Laguna und andere Orte in New Mexico und Arizona. Vor seiner Rückkehr nach Oakland machte er noch in San Diego und Los Angeles in Kalifornien Zwischenstation – eine Reisestrecke von mehreren tausend Kilometern, die zur damaligen Zeit weitaus beschwerlicher zu bewältigen war als heute.

Auf der langen Zugreise ergab sich eine Begegnung mit sechs Dominikanerinnen, und Ironside suchte nach einer Gelegenheit, mit ihnen über den Herrn zu sprechen. Aber er stellte enttäuscht fest, daß sie deutsch miteinander redeten, eine Sprache, die ihm nicht geläufig war. Er hatte seine Hoffnung, mit ihnen ins Gespräch zu kommen, schon fast aufgegeben, als ein junger Mann am Ende des Waggons eine Violine auspackte und anfing, darauf zu spielen. Anderen Fahrgästen gefiel das, und sie begannen zu singen oder zu summen, während der junge Mann allgemein bekannte Melodien spielte. Schließlich stimmte er zufällig ein melancholisches deutsches Lied an, das den Nonnen sehr vertraut war, und einige sangen die Worte zum Spiel der Violine. Dieses Lied war auch Ironside bekannt, weil einige deutsche Mennonitenmissionare, die unter Indianern gearbeitet hatten, manche ihrer Lieder in die Hopi-Sprache übersetzt hatten. Ein solches geistliches Lied wurde nun von diesem ungewöhnlichen Chor dargeboten.

Mr. Ironside, der das Zuhören sehr genoß, muß sein Gefallen unbewußt zum Ausdruck gebracht haben, denn die ältere Nonne (die anderen fünf waren noch recht jung) lehnte sich vor und sagte in tadellosem Englisch: „Diese armen Kinder! Wie sehr sie das berührt! Wissen Sie, wir sind deutsche Klosterschwestern auf dem Weg nach Kalifornien. Unser Konvent zuhause ist im Krieg zerstört worden, und wir haben uns zu einem neuen Land aufgemacht. Ich betrachte diese jungen Schwestern als meine Kinder, denn ich bin die Ordensmutter. Sie haben solches Heimweh! Alles hier ist so anders, und diese Melodie hat sie tief angerührt, denn sie wurden dadurch an ihr Heimatland erinnert.“ Und nun schien sie eine Antwort von Mr. Ironside zu erwarten, denn sie sah ihn fragend an.

Hocherfreut über diese Gelegenheit antwortete er ihr bereitwillig und erzählte ihr, daß auch er mit dem Lied vertraut war, das sie sangen. Er erklärte ihr, daß er weder die englische noch die deutsche Version kenne, aber daß er die Hopi-Indianer dieses Lied in ihrer eigenen Sprache singen gehört hatte.
„Wollen Sie damit sagen“, fragte sie nach, „daß es unter diesen dunkelhäutigen Indianern, die Sie kennen, einige gibt, die wirklich unseren Herrn Jesus Christus kennen und lieben?“
Begeistert von der Frage – denn sie sprach sicherlich als eine, die selbst Christus kannte – erzählte ihr Mr. Ironside, daß es unter den Indianern viele echte Christen gebe. Sobald der Geiger aufhörte zu spielen, fragte Schwester Gregoria Ironside deshalb, ob er den

Nonnen nicht von dieser Arbeit erzählen wolle, wenn sie dabei übersetzte. Diesem Vorschlag stimmte er sofort zu.

Bei der Beschreibung der Missionsarbeit unter den Indianern war Ironside natürlich bemüht, das Evangelium des Heils in Christus und der Rechtfertigung aus Glauben in seine Erzählung einzuflechten. Er war sorgsam darauf bedacht, Streit oder Kritik zu vermeiden. Als er seine „Lektion“ beendet hatte, fragte ihn Schwester Gregoria, ob er denn selbst ein Missionar sei. Er antwortete, daß er jemand sei, der seine ganze Zeit der Verkündigung des Evangeliums widmete. Daher kam es auch, daß er etwas über die Indianer wußte, weil er jahrelang einige Monate im Jahr dafür verwendet hatte, sie zu besuchen und ihnen Christus zu verkünden.
„Ich hoffe sehr“, sagte die Ordensmutter, „daß Sie ein guter Katholik sind.“
„Obwohl ich nicht in Anspruch nehmen kann, selbst irgendwie gut zu sein“, antwortete er, „kann ich Ihnen versichern, daß ich der heiligen katholischen Kirche angehöre, die unser Herr Jesus Christus mit Seinem eigenen Blut erkauft hat.“

Das rief natürlich Fragen hervor, und Mr. Ironside dachte daran, daß der Apostel Paulus gesagt hatte: „Ich bin allen alles geworden“, und erwähnte nun auch einige Schriften von Vätern der römisch-katholischen Kirche. Dabei erklärte er, wie ungerechte Sünder durch Glauben Gerechtigkeit erlangen, und daß sie durch Gnade allein fähig gemacht werden, in Gottes heilige Gegenwart zu treten. So zeigte er ihnen beispielsweise, wie Bernhard von Clairvaux bei seinem Tode ausrief: „Heiliger, heiliger Jesus, Deine Wunden sind mein Verdienst!“
„Sie versetzen mich in Staunen“, sagte Schwester Gregoria. „Sie scheinen mit all den Heiligen vertraut zu sein, was höchst ungewöhnlich ist für jemand, der nicht katholisch ist.“
„Ach, wissen Sie“, antwortete er, „ich versuche, sie alle zu kennen, denn alle Heiligen gehören zu mir, und ich zu ihnen. Und mehr noch – durch die unendlich große Gnade unseres Herrn Jesus Christus bin ich selbst ein Heiliger!“

„Ein Heiliger!“ platzte es höchst überrascht aus ihr heraus. „Kinder!“ rief sie den jüngeren Nonnen auf Deutsch zu und sprach in schnellem, aufgeregten Ton Worte, die für Ironside mit ziemlicher Sicherheit etwa dieses bedeuteten: „Kinder! Ich kann es kaum fassen, was ich soeben gehört habe, aber dieser Mann sagt, daß er selbst ein Heiliger sei!“

Jetzt waren sie an der Reihe, ihn mit größter Verwunderung anzustarren, was sie auch taten. Mit Sicherheit hatten sie gemeint, daß alle Heiligen verstorben wären – doch hier war ein Mann, der in der Tat sehr lebendig war, und behauptete, ein Heiliger zu sein. Ihre belustigten Blicke zeigten ihm deutlich, daß sie ihn für ein klein wenig verrückt hielten. Aber dadurch bekam er genau die Gelegenheit, auf die er gewartet hatte. Er zeigte ihnen in seiner Bibel, daß ein Heiliger jemand ist, der für Gott abgesondert worden ist durch das kostbare Blut Christi und Sein erlösendes Werk am Kreuz. Also werden alle, die Ihm als dem Sohn Gottes und Retter von der Sünde vertrauen, in Seinem Wort „Heilige“ genannt. Er zitierte dabei Vers um Vers, welche Schwester Gregoria alle für „ihre Kinder“ übersetzte.

So überhäuften sie ihn den ganzen Tag lang mit Fragen, die er nur zu gerne beantwortete. Als sie sich in Albuquerque trennten, bezeugten alle, daß sie auferbaut worden waren durch die Einsichten über Christus, die sie besprochen hatten. Mr. Ironside hatte dabei den Eindruck, daß ihre Herzen empfänglich gewesen waren für die Wahrheit des Wortes Gottes, das nicht leer zu Ihm zurückkehren wird.

KAPITEL 15

Allen zum Diener gemacht

„Denn die Liebe des Christus drängt uns ... so sind wir nun Gesandte für Christus ...“ (2. Korinther 5,14.20).

Während der nächsten vierzehn Jahre, 1916 bis 1929 (etwa 1/5 seines Lebens), vollbrachte Harry Ironside mehr im Dienst für den Herrn als fünf andere Männer mit weniger Eifer und Energie miteinander in ihrem ganzen Leben geschafft hätten. Er war pausenlos unterwegs. Wenn ich versuche, hochzurechnen, wie oft er Christus und die Errettung durch Seinen Namen predigte, kommt eine Zahl zwischen 6500 und 7000 heraus. Das ist vorsichtig geschätzt. Dabei spornte er gleichzeitig immer die Gläubigen zu einem engeren Wandel mit dem Herrn an. Alles in allem hörten ihn annähernd 1 1/4 Millionen Menschen. Um das vollbringen zu können, war es für ihn notwendig, viele tausende von Kilometern zu reisen, auf jeden Urlaub zu verzichten und immer in Bewegung zu bleiben, selbst in Krankheit und Schwäche.

Gott trug Ironside durch Gefahren verschiedenster Art. An früherer Stelle erwähnte ich schon Seine vorausschauende Fürsorge, als eine Zugbrücke weggespült wurde, und zweifellos geriet er in Gefahren, von welchen wir gar nichts wissen. Es gibt allerdings einige, von denen wir wissen. Ein Beispiel: Mr. Ironside schlief gerade im 10. Stock des Lincoln-Hotels in Seattle, Washington, als ein Feuer ausbrach. Durch den Lärm der herbeieilenden Feuerwehrautos wurde er geweckt und lief in den Gang hinaus. Dort bemerkte er die Flammen, die durch das Hotel loderten. Die Aufzüge waren außer Betrieb gesetzt worden. So suchte er sich mit einem Haufen halbbekleideter Leute durch das raucherfüllte Treppenhaus einen Weg nach unten. Eine Frau starb dort an Rauchvergiftung. Vier weitere Menschen kamen um, weil sie aus einem Fenster des brennenden Gebäudes gesprungen waren. Doch bei Ironside wurde nicht einmal das Gepäck beschädigt, denn zwei Tage später stieg sein Freund Fred Elliot zu dem Zimmer hinauf, das er bewohnt hatte, und fand seine Habseligkeiten unversehrt vor.

Zusätzlich zu den Büchern, die Mr. Ironside früher geschrieben hatte, legten seine Herausgeber in diesen Jahren sieben Bibelauslegungen auf: „Notes on Daniel" (Gedanken zum Buch Daniel), 1911. „Notes on Ezra" (Gedanken zum Buch Esra), 1912. „Notes on Nehemia" (Gedanken zum Buch Nehemia), 1913. „Lectures on Revelation" (Vorträge über die Offenbarung), 1920. „Notes on Philippians" (Gedanken zum Philipperbrief), 1927. „Lectures on Romans" (Vorträge zum Römerbrief), 1928. „Lectures on Colossians" (Vorträge zum Kolosserbrief), 1918 – von diesen Werken wurden vier während der anfangs erwähnten vierzehn Jahre geschrieben.

Das Werk „The Four Hundred Silent Years" (Das 400jährige Schweigen), das die Geschichte des jüdischen Volkes im Intervall zwischen Maleachi und Matthäus behandelt, kam 1914 heraus. Aber von 1916 bis 1929 gingen auch zahlreiche Broschüren, Hefte und Traktate aus Ironsides Feder hervor, zum Beispiel: „Adder's Eggs and Spider's Webs" (Schlangenbrut und Spinnweben), 1924. „The Only Begotten Son" (Der eingeborene Sohn), 1926. „The Mass vs. the Lord's Supper" (Die Messe im Vergleich mit dem Mahl des Herrn), 1926. „Letters to a Roman Catholic Priest" (Briefe an einen römisch-katholischen Priester), 1926. „The Midnight Cry" (Der Ruf um Mitternacht), 1928 und „Lectures on the Levitical Offerings" (Vorträge über die levitischen Opfer), 1929.

In den Anfangsjahren hatte Ironside oft mit Kirchen bestimmter Denominationen und mit Freikirchen zu tun, doch der weitaus größere Teil seines Dienstes spielte sich in Brüderversammlungen ab. Er war immer der Ansicht, daß die Verkündigung des Evangeliums Gottes höchste Berufung war. Trotzdem wurde er immer mehr zu Lehrdiensten eingeladen, ohne daß dies von ihm beabsichtigt war.

Sein erweiterter Dienst ist vielleicht zum Teil auf eine Einladung zurückzuführen, die von Dr. George McPherson an ihn herangetragen wurde, der die Zeltmission „Old Tent Evangel“ in New York City leitete. Im Jahre 1918 begann Mr. Ironside mit einem zweiwöchigen Dienst in McPhersons Zelt. Dieser Einsatz wurde acht Jahre lang jeden Sommer wiederholt. Durch die Veranstaltungen kam er mit vielen wohlbekannten Dienern des Herrn in Kontakt. Diese luden ihn wiederum an andere Orte der Verkündigung ein oder empfahlen ihn weiter.

Im selben Jahr mieteten die Brüderversammlungen die St. James M.E. Church in Elizabeth, New Jersey, für eine zehntägige Evangelisation, bei der Ironside der Sprecher war. Da dieses Unternehmen von allen Brüdern dieser Gemeinschaft im Staat und der näheren Umgebung getragen wurde, kam eine zahlreiche Menge zusammen. Es gab Anzeichen dafür, daß während dieses Feldzugs nicht wenige Christus als ihren Retter erkannten und auch viele Gläubige Hilfe erfuhren.

Aber auch wenn Mr. Ironside gleichzeitig zwei- bis dreimal täglich predigte, die „Western Book and Tract Company“ direkt oder brieflich leitete, seiner Korrespondenz nachging und ein beachtliches Schreibpensum bewältigte, gelang es ihm noch, auf andere Weise aktiv zu bleiben. So las er zahlreiche Bücher zu philosophischen, literarischen und religiösen Themen, und seine unvermeidliche Reisetasche war immer angefüllt mit Lektüre.

An beinahe jedem freien Abend konnte man Mr. Ironside dabei ertappen, wie er nach einer Straßenversammlung suchte oder einem bekannten Sprecher oder Lehrer, der gerade in der Nähe war, zuhörte. Er hatte eine große Liebe für das Wort Gottes und wurde oft durch den Dienst von anderen angeregt. Und wir können mit Sicherheit annehmen, daß er sich eifrig bemühte, die Geheimnisse ihres Wirkens als Redner oder Lehrer zu ergründen.

Im Jahre 1924 begann Ironside, Veranstaltungen unter der Leitung des Moody Bibelinstituts zu übernehmen. Sein Freund „Jim“

Sutherland war nun Mitglied des „Moody Extension Staff" [einem Zweig der Bibelschule, der sich der Ausbildung von Gläubigen in Fernkursen und Veranstaltungen an verschiedenen Orten widmete – d. Übers.], und bald wurde ein großer Teil von Ironsides Zeit in diese Sache investiert. In den Wintermonaten wurde er vom Moody Institut nach Florida geschickt, und im Sommer wurde er von einer Bibelkonferenz zur nächsten weitergereicht.

Diese Beziehung blieb bestehen und nahm bis 1930 mehr und mehr von seiner Zeit in Anspruch. In seinen „freien" Monaten war er anderswo durch direkte Einladungen engagiert, entweder in Brüderversammlungen oder in anderen örtlichen Gemeinden. Daher kam es, daß er inzwischen über fünfhundertmal im Jahr predigte. Wenn man bedenkt, daß im allgemeinen samstags keine Veranstaltungen waren und einige Tage auf der Reise von einem Ort zum anderen verbracht wurden, dann sprach Ironside normalerweise in zwei Tagen fünfmal.

Im Jahre 1926 ergab sich ein ziemlich reger Briefwechsel zwischen Mr. Ironside und Lewis Sperry Chafer, dem Präsidenten des „Dallas Theological Seminary" (damals „Evangelical Theological Seminary"). Er hatte schon einige Jahre die Studenten des Seminars für zwei Monate im Jahr unterrichtet. Nun lud Dr. Chafer ihn ein, vollzeitliches Mitglied des Lehrkörpers zu werden. Der Lehrauftrag sollte sieben Monate im Jahr umfassen; während dieser Zeit würde ihm beträchtlicher Freiraum gewährt, abwesend zu sein, vorausgesetzt, daß die Unterrichtsstunden umgelegt werden könnten.

Zunächst schien Mr. Ironside ziemlich geneigt zu sein, die Stelle anzunehmen. Aber gewisse Verpflichtungen am Moody Bibelinstitut machten einen Eintritt zum geplanten Zeitpunkt unmöglich, und Ironside entschloß sich, die Angelegenheit aufzuschieben und intensiv vor dem Herrn zu prüfen. Mr. und Mrs. Ironside beteten monatelang, daß der Herr Seinen Willen in bezug auf diesen Ruf deutlich machen möge. Als sie von Dr. Chafer brieflich ein neues, konkreteres Angebot erhielten (Ironside sollte den Lehrstuhl für Geschichte übernehmen), brachten sie die Sache erneut vor den Herrn, obwohl er in Ohio und sie in Oakland waren. Etwa eine Woche nach Erhalt von Dr. Chafers Brief schrieb er:

„Willoughby, Ohio, 22. Juli 1926

Geliebter Bruder!

Seitdem ich Deinen letzten Brief erhielt, bin ich ihn mit Mrs. Ironside voller Sorgfalt durchgegangen. Sie empfindet allerdings nach wie vor, daß es falsch wäre, eine so schwerwiegende Sache überstürzt zu entscheiden. Es sind so viele Gesichtspunkte, die man mit bedenken muß. Was die Arbeit und die Entlohnung betrifft, wäre ich zufrieden. Aber ich frage mich immer noch, ob ich damit zufrieden wäre, an einen Ort gebunden zu sein, nachdem ich so viele Jahre lang einen so ausgedehnten und abwechslungsreichen Reisedienst getan habe.

Als ich letztes Frühjahr da war, gab es eine Reihe von Dingen, die mich belasteten, so daß ich mich am liebsten irgendwo in eine Ecke verkrochen hätte und mich nicht mehr viel bewegen wollte. Aber in der Zwischenzeit haben sich die meisten dieser Dinge von selbst geklärt ... Damals hegte ich auch die Hoffnung, daß meine Familie bei mir sein könnte, wenn ich sieben Monate im Jahr in Dallas wohnen würde. Doch meine Frau meint, daß sie an erster Stelle für unseren Sohn John verantwortlich ist, der noch weitere vier Jahre Studium vor sich hat, wenn er den Doktortitel anstrebt.

Ich habe viel über die Western Book and Tract Co. nachgedacht. Viele haben in sie investiert, insgesamt etwa 35.000 $, und das hauptsächlich wegen ihres Vertrauens zu mir. Auf meinen Reisen tue ich eine ganze Menge für das Bücherdepot, viel mehr, als ich tun könnte, wenn ich mich niederlassen würde ...

> Ich habe mich gefragt, ob es nicht Männer mit dem richtigen Format gibt, die nicht den ausgeprägten Ruf für die Art von Dienst haben, den der Herr mir gegeben zu haben scheint. So jemand könnte den regulären Unterricht der Kirchengeschichte und Geschichte der Lehre übernehmen, und ich würde weiterhin für begrenzte Zeitabschnitte ans College kommen."

Kaum einen Monat später schrieb Mr. Ironside wieder an Dr. Chafer:

> „Grand Rapids, Michigan, 25. August 1926
>
> Geliebter Bruder!
>
> ... Ich habe noch nichts entschieden bezüglich meiner weiteren Beziehung zum College. Doch ich bete ernstlich, daß Gott, wenn Er einen anderen Mann für diese Aufgabe hat und mich draußen auf dem Feld lassen will, Dich auf diesen Mann aufmerksam machen wird. Wir können alles besprechen, wenn wir uns sehen werden. Die evangelistische Arbeit und die Bibelkonferenzarbeit scheint sich ununterbrochen zu vermehren. Aber mein einziges Verlangen ist, mich in der Strömung des Willens Gottes zu befinden und genau das zu tun, was Er will."

Offensichtlich war die Sache geregelt, als die beiden Männer sich trafen, denn die Entscheidung wird in keinem weiterem Brief mehr erwähnt. Mr. Ironside fühlte so stark die Hand Gottes auf sich in dem Dienst, der ihn nun schon so lange in Anspruch nahm, daß er nicht die Freiheit hatte, seine Situation zu ändern.

In diesen Jahren fand in der Familie Ironside eine entscheidende Veränderung statt. Die Jungen waren jetzt keine Kinder mehr, und nun war eine Tochter, Lillian, im Haus. Im 1. Weltkrieg war Edmund gerade alt genug, um der Armee beizutreten. In dieser Zeit heiratete er Mrs. Mabel Guthrie. Im Jahre 1920 wurde ihre Tochter Lillian geboren. Aber die junge Mrs. Ironside starb kurz darauf an Tuberkulose. Das kleine Mädchen wurde zu ihren Großeltern gebracht, die sie später als ihre legale Tochter adoptierten.

Nach dem Tod seiner Frau hatte Edmund sich vom Herrn entfernt und war in Florida in Geschäfte verwickelt. Dort heiratete er wieder im Jahre 1926, und zwar Miss Freda Banford aus Montreal. Im großen Wirbelsturm von 1928 verloren sie alles, was sie in dieser Welt besaßen. Doch durch diese Erfahrung gewannen sie alles, was sowohl für dieses Leben als auch für die Ewigkeit von Wert ist. Edmund wurde auf wunderbare Weise wiederhergestellt und kam bald darauf nach Dallas, wo er am Seminar einige Sonderkurse belegte. Der Herr schenkte ihm und seiner Frau zwei reizende Töchter – Marion und Enid, geboren dort in Dallas.

Edmund hatte ein Herz für die farbige Bevölkerung. So gründete er innerhalb eines Jahres das „Southern Bible Institute“ für die Farbigen und wurde dessen Leiter, was er bis zu seinem Tod 1941 auch blieb.

In der Zwischenzeit geriet John, der ein eifriger Christ gewesen war, in eine geistliche Dunkelheit. Das war in seinem letzten Jahr an der University of California (Berkeley), das er 1927 absolvierte. In großer geistiger Verwirrung stürzte er sich in dieses und jenes. Seine Zweifel bezüglich der Realität geistlicher Wahrheiten verursachten seiner Mutter und seinem Vater großen Herzenskummer.

Im Dezember 1929 leitete Mr. Ironside eine Reihe von Versammlungen in der „Moody Memorial Church“ in Chicago. Es war das dritte Mal, daß er zu solchen Bibeltreffen dort war, und das letzte Mal, bevor er einen Ruf bekam, dort Pastor zu werden. Nach fast elfmonatiger Abwesenheit von zuhause kam er am 22.Dezember in Oakland an. Dort fand er eine weitere Einladung von Dr. Chafer vor – dieses Mal ging es darum, ein Mitglied des Aufsichtsgremiums zu werden, und am 27. Dezember sagte er zu. Das war die erste Gremiumsmitgliedschaft von vielen, die er innehatte.

KAPITEL 16

Verkündiger des Wortes

„Also ist der Glaube aus der Verkündigung; die Verkündigung aber durch Gottes Wort“ (Römer 10,17).

Bis jetzt sind wir bewußt nicht näher auf H.A. Ironsides Verkündigung des Wortes eingegangen; in diesem Kapitel wollen wir uns mit den Themen seiner Predigten und mit der Art seiner Vorbereitung beschäftigen.

Obwohl Mr. Ironside manchmal über ein angekündigtes Thema oder einen bestimmten Bibeltext predigte, kann man nicht sagen, seine Predigten seien entweder text- oder themenbezogen. Seine Methode hat sich nicht geändert, denn sie ist immer noch fast ausschließlich die der auslegenden Predigt. Selbst wenn ein Thema angekündigt oder ein Bibeltext gewählt wurde, erweist sich die Entfaltung seiner Botschaft in der Regel als eine Vers-für Vers-Auslegung der Heiligen Schrift.

Man sagt, daß Ironside so manchen Homiletikprofessor zur Verzweiflung brachte, denn wenn der Lehrer ein bestimmtes Predigtprinzip betonte, bekam er nicht selten von einem der Studenten zu hören: „H.A. Ironside macht es aber nicht so!“ Nein, er hat seine eigene Art zu verkündigen, die jedoch äußerst wirksam und sehr wohl nachahmenswert ist. Nicht allein sein Stil, sondern auch seine Methode der Vers-für-Vers-Darlegung könnte von vielen zum Nutzen der Gemeinde angewandt werden.

Ironside versucht niemals, gelehrt zu erscheinen, denn er hält sich nicht für einen Gelehrten. Er besitzt soviel Griechischkenntnis, wie er zum Arbeiten braucht, aber er versteht nur wenig Hebräisch. In späteren Zeiten tat es ihm leid, daß er nie Hebräisch studiert hatte. Er sah allerdings keine Möglichkeit, das nachzuholen, solange er den Verpflichtungen seines vollen Zeitplans nachkommen mußte. Sein Bedauern wurde noch stärker, als Studenten am „Dallas Theological Seminary“ sich mit dem Argument vom Hebräischkurs befreien lassen wollten: „Mr. Ironside hat es nicht studiert, warum sollte ich mich damit plagen?“

Bei den bisherigen Zitaten aus Ironsides Tagebuch habe ich nur die Abschnitte wiedergegeben, die jeweils zur Sache gehörten. Aber zwei Einträge sind durchweg in seinen Tagebüchern zu finden, eine davon oben auf den meisten Seiten, die andere unten.

Eine davon hat mit der „Morgenwache“ zu tun. Das ist sein persönliches Studium des Wortes, dem er jeden Tag mindestens eine Stunde widmet. Diese Stunde wird im Gebet und im Studieren verbracht und häufig durch intensiveres Studium ergänzt. Allerdings, selbst diese Zeit des Lesens in Gottes Wort zur Erfrischung seiner eigenen Seele kann zur Zeit seiner Predigtvorbereitung gerechnet werden. Denn er liest einen Abschnitt, bis er ihn selbst verstanden und geistliche Hilfe daraus erhalten hat, und gibt dann dieses Gelernte, diese geistliche Wahrheit an andere weiter. H.A. Ironside hat beständig das Wort gelesen, und hat es wieder und immer wieder gelesen, bis er damit erfüllt und durchdrungen war. Er läßt die so gewonnene Erkenntnis des Wortes einfach auf andere überfließen.

H.A. Ironside besitzt ein außergewöhnlich merkfähiges Gedächtnis, die Fähigkeit, mit denen zu fühlen, über welche und zu welchen er spricht, und die Gabe der Veranschaulichung aus seiner lebenslangen Erfahrung und weitläufigen Lektüre. Außerdem hat er die glückliche Begabung, Personen in der Bibel zunächst für sich selbst und dann für seine Zuhörer lebendig werden zu lassen. Er besitzt eine gewisse darstellerische Gabe, durch die er seine Zuhörer dazu bringt, sich die Person, von der er spricht, lebendig vorzustellen.

Ironsides kraftvolle, volltönende Stimme ist eine wertvolle Unterstützung seines Zeugnisses für den Herrn. Er kann in einer Freiversammlung, dem härtesten Test für Prediger, von jedem verstanden werden. Selten erlaubt er, daß man ein Mikrofon einsetzt, was meist in großen Sälen zu Hilfe genommen wird. Trotz all ihrer Lautstärke fehlt es seiner Stimme nicht an Ausdruck und Beherrschung.

Was Ironside als Redner so beliebt macht, sind die Einfachheit seiner Lehre, die ungekünstelte Aufrichtigkeit seiner Person, seine Herzensgüte – und die Kürze seiner Botschaften, denn er spricht selten länger als 35 Minuten. Er meint, es sei besser, zu wenig als zu viel zu bringen.

Die hauptsächliche Anziehungskraft liegt in der Botschaft selber, die er bringt. Er verkündigt immer das Wort Gottes, zu gelegener und ungelegener Zeit, ermahnend, zurechtweisend und ermunternd mit aller Langmut und Lehre, wie der Apostel Paulus es Timotheus gebot (2. Tim 4,2). Er ist ein konsequenter Fundamentalist im guten Sinn des Wortes; er steht fest auf dem Boden des geoffenbarten Wortes der Heiligen Schrift und ist sorgsam darauf bedacht, immer die Person und das Werk unseres Herrn Jesus Christus in Vergangenheit, Gegenwart und Zukunft in den Mittelpunkt zu stellen.

Die Themen und Bibelstellen seiner Botschaften hat Ironside sorgfältig in seinen Tagebüchern notiert, so daß man seine Wege durch ein halbes Jahrhundert nachvollziehen und sein Predigtthema an einem bestimmten Tag und Ort darin finden kann. Schlagen wir eines seiner Tagebücher beispielsweise beim Datum 3. April 1913 auf. Dort lesen wir, daß Ironside in der Christian Church in Palo Alto über Daniel 2 sprach – „Das große Bild von der Herrschaft der Heiden“. Hin und wieder schließt sich an einen solchen Eintrag ein Kommentar an, der sich auf das Thema selbst oder auf den Segen Gottes, den Er zu der Botschaft gab, bezieht. Hier sind ein paar Beispiele:

> „Habe abends über die Stiftshütte gesprochen – ‚Die Seile und die Pflöcke‘ [2. Mose 35,18 – d. Übers.]. Es ist wunderbar,

wieviel in Einzelheiten eingepackt ist, die der natürliche Verstand für unbedeutend halten würde.“

„Am Abend hatte ich bei der Kearney St. Mission die Gelegenheit, das Evangelium einer Menge erschöpft aussehender Männer zu verkünden, mit dem Thema ‚Ein *Mann* wird eine Zuflucht sein vor dem Sturm‘ [Jes 32,2 – d. Übers.].“

„Habe heute abend über ‚Das nahende Ende des Zeitalters‘ gelehrt. Das Interesse daran ist sehr groß und wird, so glaube ich, Frucht für die Ewigkeit hervorbringen.“

„Habe über ‚Gewißheit durch Gottes Wort‘ gesprochen, wobei ich 1. Joh 5 behandelte. Mehrere bezeugten, Frieden gefunden zu haben.“

„Sprach über Apg 18, ab Vers 12. Armer Gallio – wie hat er doch seine Gelegenheit versäumt!“

„Ich predigte über die ‚Neue Geburt‘. Einige sind ziemlich ernst geworden, aber keine konkreten Entscheidungen für Christus.“

„Heute abend sprach ich über ‚Ein Traum, der sich nie bewahrheiten wird‘, aus Jesaja 29,8. Ich fühlte mich sehr schwach, aber Gott wirkte mächtig, und zehn oder zwölf Seelen kamen zu Christus, zur großen Freude des Volkes Gottes.“

Jemand hat gesagt: „Eine Predigt, die es nicht wert ist, mehr als einmal verkündigt zu werden, ist es schon beim ersten Mal nicht wert.“ Auch Mr. Ironside hielt nicht jedesmal eine völlig neue Predigt. Dennoch überrascht es, daß er kaum eine Predigt immer und immer wieder verwendete. Natürlich wiederholte er so manche Predigtserie, die er an einem Ort gehalten hatte, auch anderswo. Und warum auch nicht? Gläubige in Detroit müssen den Kolosserbrief genauso kennenlernen wie Christen in Oakland.

Die geistlichen Lektionen, die wir von den Erfahrungen des Volkes Israel in der Wüste lernen, sind genauso wertvoll und wichtig für die Gemeinde in Cleveland wie für die in Manitoba. Mit Sicherheit ist das Evangelium, wie es in Römer 1 vorgestellt wird, die Kraft Gottes zur Errettung sowohl für Menschen aus New York als auch für Menschen aus Kalifornien, sowohl für die Juden als auch für die Heiden.

Es ist allerdings bemerkenswert, daß Mr. Ironside selten, wenn überhaupt, ein bestimmtes Buch oder eine spezielle Serie von Botschaften länger als einen oder zwei Monate lehrte. Vielmehr war es seine Gewohnheit, eine Lehrreihe nach einer gewissen Zeit der Darbietung beiseitezulegen, um sie nach Jahren wieder aufzugreifen. So wurde die Botschaft nicht „abgestanden".

Wenn Ironside eine Predigt wiederholte, war sie trotzdem frisch, weil er immer aus dem Stegreif sprach, ohne Aufzeichnungen. Eine Illustration, die er einmal verwendet hatte, wurde vielleicht nie wieder in Verbindung mit demselben Abschnitt vorgetragen. Ziemlich häufig gebrauchte er dann eine neue, noch nie zuvor benutzte Illustration, wenn sie ihm beim Sprechen einfiel. Jemand, der der „Moody Memorial Church" mehrere Jahre angehörte, erzählte mir, daß er sich nicht erinnere, daß Ironside eine Illustration ein zweites Mal gebraucht habe.

Zu der Zeit seines Lebens, von der hier die Rede ist, hatte Mr. Ironside schon mehr als 10.000 Predigten gehalten. Eine vollständige Auflistung wäre nicht sinnvoll, so daß wir am besten seine Tagebücher durchblättern und ausgewählte Beispiele herausgreifen.

Zunächst wollen wir Ansprachen betrachten, die ein bestimmtes Thema behandeln. Hier finden wir etwa folgendes: „Lektionen aus dem Leben Gideons", „Die Zehn Jungfrauen und die Wiederkunft des Herrn", „Der Tod und was danach kommt", „Wo sind die neun?", „Die sunnamitische Frau und Elia", „Wie unsere Bibel zu uns kam“, „Die zwei Zeugen“, „Die ewigen Dinge“, „Das nahe Bevorstehen der Wiederkunft Christi“, „Das himmlische Jerusalem“, „Das bestmögliche Leben“, „Der Gott der Täler“, „Die Ketten unserer Sünden“, „Innerhalb des Vorhangs, außerhalb des Lagers“, „Die Königin des Südens, die dieses Geschlecht verdammt“, „Der Schauplatz wird vorbereitet“, „Zurückschauen“, „Habakuks Danksagung“, „Der Zufluchtsort“, „Gebet und der unsichtbare Feind“, „Der Auftrag des Paulus an Timotheus“.

Daß diese sogenannten Themenpredigten direkt mit Bibelstellen und deren Auslegung zusammenhängen, wird ersichtlich, wenn man sie mit anderen vergleicht: „Gerechtigkeit aus Glauben und Werken“ – ein Vergleich zwischen Römer und Jakobus. „Gottes Kindlein“ – eine Auslegung von 1. Johannes 2. „Das vollbrachte Werk Christi“ – wo es um die Worte „hat sich gesetzt“ in Hebräer 1 und 10 geht, und „Gott geoffenbart in Christus“ – eine Betrachtung von Johannes 1,18 und Hebräer 1,3.
Was Predigtreihen betrifft, finden wir nicht wenige, unter anderem „Von Ägypten nach Kanaan“, Ruth, Hohelied, Daniel, Römer, Galater, Epheser, Kolosser, Hebräer, Jakobus, 1. Petrus, Offenbarung.

Schließlich wollen wir noch gewisse kurze Schriftabschnitte festhalten, über die er sprach: Lukas 15, Psalm 32, 1. Korinther 11, Johannes 3,14-16, Apostelgeschichte 8, Psalm 56, 3. Mose 13 (eine Versammlungsstunde mit dem Thema „Mission in Israel“), Matthäus 18,20, Psalm 23, Matthäus 13, Kolosser 1,9-11, 1. Johannes 4, Römer 9 und Psalm 32,1-5.

Diese Beispiele geben nur einen kleinen Ausschnitt aus der großen Vielfalt von Predigtthemen, die ein Leben der Verkündigung erfüllten. Aber machen zumindest deutlich, daß das Fundament von Ironsides Ansprachen immer das Wort Gottes war.

Ich habe ihm zwei Fragen gestellt: „Über welches Thema hast du am meisten gesprochen?“ und „Was ist deine Lieblingspredigt?“

Seine Antwort auf die erste Frage lautete: „Ich denke, 2. Mose 12, Psalm 32, Römer 1,16-20 und Philemon." Auf die zweite Frage erwiderte er: „Das ist schwer zu sagen, aber ich würde sagen, es ist ‚Rechne dies mir an'."

Angesichts der Tatsache, daß eine bestimmte Predigt in beiden Antworten genannt wurde und diese Botschaft gedruckt vorliegt, will ich sie im Folgenden wiedergeben. „Aber wie kann man aus einer Predigt von Ironside eine umfassende Vorstellung von seinem Predigen bekommen?" fragt vielleicht jemand. Das kann man natürlich nicht. Es ist nur eine Kostprobe. Es gibt allerdings Bücher, die Predigten von ihm enthalten, falls jemand ihn nie gehört hat, aber gerne näher kennenlernen möchte.

Man beachte, daß die unten abgedruckte Ansprache eine evangelistische Botschaft ist, doch sie ist zur gleichen Zeit eine Auslegung. Der sorgfältige Leser sollte über den Brief an Philemon Bescheid wissen, wenn er diese Botschaft zuende gelesen hat.

Rechne dies mir an

Wenn du mich nun für deinen Genossen hältst, so nimm ihn auf wie mich. Wenn er dir aber irgendein Unrecht getan hat oder dir etwas schuldig ist, so rechne dies mir an. Ich, Paulus, habe es mit meiner Hand geschrieben, ich will bezahlen. Daß ich dir nicht sage, daß du auch dich selbst mir schuldig bist. Philemon 17-19).

Jemand hat gesagt, daß dieser Brief an Philemon das schönste Beispiel früher christlicher Korrespondenz darstellt, das uns erhalten geblieben ist. Wir sollten das auch erwarten, weil dieser Brief göttlich inspiriert wurde. Und doch handelt er im Grunde von einem diebischen, weggelaufenen Sklaven namens Onesimus, der gerade zu seinem früheren Gebieter zurückkehren will.

Die Geschichte hinter dem Brief, die durch sorgfältiges Studium desselben erschlossen werden kann, scheint folgende zu sein: In der Stadt Kolossä wohnte ein reicher Christ mit Namen Philemon, der vermutlich das Oberhaupt einer großen Hausgemeinschaft war und, wie damals üblich, eine Reihe von Sklaven oder Leibeigenen hatte. Das Christentum schaffte den bösen Brauch der Sklavenhaltung nicht sofort ab, obwohl es schließlich doch bewirkte, daß die gesamte zivilisierte Welt davon befreit wurde. Es ordnete am Anfang erst einmal die Beziehung zwischen Herren und Sklaven durch seine Gebote neu und bewirkte so unsagbaren Segen für alle, die in der Knechtschaft waren.

Dieser Philemon hatte sich offensichtlich durch den Dienst des Apostels Paulus bekehrt. Wo sie sich getroffen hatten, wird uns nicht berichtet. Mit Sicherheit nicht in Kolossä, denn Paulus macht deutlich, daß er diejenigen, welche die Gemeinde dort bildeten, nie von Angesicht gesehen hat [vgl. Kol 2,1 – d. Übers.]. Sie werden sich erinnern, daß er lange in Ephesus gearbeitet hatte. Man sprach überall von seinem Predigen und Lehren, so daß wir lesen, daß ‚alle, die in Asien wohnten, das Wort des Herrn hörten‘ [Apg 19,10 – d. Übers.]. Unter denen, die auf diese Weise die Botschaft des Evangeliums hörten, war wohl auch dieser Philemon von Kolossä, und er wurde zur Erkenntnis Christi geführt.

Einige Jahre waren vergangen, und inzwischen war dieser Sklave Onesimus von Philemon weggelaufen. Vor seiner Flucht hatte er offensichtlich seinen Herrn bestohlen. Mit seinem schändlich erworbenen Besitz war er nach Rom geflohen. Wie er dort hingelangte, wissen wir nicht. Aber ich habe keinen Zweifel, daß er, sobald er dort ankam, sich austobte und mit dem gestohlenen Geld das Leben in vollen Zügen genoß.

Er dachte nicht an Gott, aber Gottes Auge war trotz allem auf ihn gerichtet, als er sich von zuhause fortstahl, und es folgte ihm auf dem ganzen Weg von Kolossä nach Rom. Als er die große Weltstadt erreichte, wurde er offensichtlich genau mit dem Mann zusammengeführt, durch den sein Herr Philemon errettet worden war. Vielleicht wurde Onesimus wegen irgendeiner weiteren

Schandtat verhaftet und kam im Gefängnis mit Paulus zusammen, oder er suchte ihn von sich aus auf. Auf jeden Fall hat Gott, der genau weiß, wie er den rettungsbedürftigen Sünder und den Botschafter des Kreuzes zusammenführt, dafür gesorgt, daß Onesimus und Paulus sich begegneten.

Vor einigen Jahren passierte etwas, das genau diese Sache sehr schön verdeutlicht: die Fähigkeit Gottes, den notbeladenen Sünder und den Boten Christi zusammenzuführen.

Als Sam Hadley kurz vor seinem Heimgang in Kalifornien war, arrangierte Dr. J. Wilbur Chapman, dieser fürstliche Mann Gottes, eine Mitternachtsversammlung. Dazu mietete er das größte Theater in der Stadt Oakland, um die Botschaft Hadleys gerade den Leuten nahezubringen, die sie am dringendsten brauchten. An diesem Abend nahm ein langer Menschenzug, vielleicht 1000 Leute, seinen Weg durch die größeren Straßen der Stadt. Er rekrutierte sich aus den verschiedenen Gemeinden und wurde von der Heilsarmee angeführt. Um 22.30 Uhr beginnend, marschierten sie eine halbe Stunde lang und erreichten das Metropolitan Theatre. Binnen kürzester Zeit war es bis auf den letzten Platz besetzt.

Ich saß zufällig auf der ersten Galerie, von wo aus ich genau auf das Podium sehen konnte. Mir fiel auf, daß jeder Platz auf dem Podium von christlichen Mitarbeitern besetzt war. Als Sam Hadley aufstand, um seine packende Predigt an diesem Abend zu halten, wurde sein Platz natürlich frei. Gerade als er zu sprechen begann, sah ich einen Mann, der auf der Rückseite des Podiums hereingekommen war. Er hatte sich an der Seite des Vorhangs vorbeigeschoben, stand nun am Ende des Podiums und lauschte mit der Hand hinter dem Ohr der Ansprache. Offenbar hörte er nicht sehr gut.

Nach kurzer Zeit ging er an das andere Ende hinüber, dann suchte er sich wieder einen anderen Standort. Schließlich stellte er sich seitlich vor die Bühne und hörte zu, aber immer noch hatte er

Schwierigkeiten, alles zu verstehen. Als Dr. Chapman ihn bemerkte, stand er sofort auf, begrüßte den Mann und nahm ihn mit aufs Podium. Er wies ihm genau den Platz zu, welchen Sam Hadley zuvor besetzt hatte. Von dort aus hörte jener gebannt die Geschichte von Hadleys Bekehrung.

Als der Prediger geendet hatte, stand Dr. Chapman auf, um den Abend abzuschließen, und Hadley setzte sich auf Chapmans Platz, neben diesen Mann. Er wandte sich ihm zu, reichte ihm seine Hand und unterhielt sich mit ihm. Als Dr. Chapman gerade die Leute bitten wollte, aufzustehen und den Segen zu empfangen, sprang Hadley plötzlich auf und sagte: „Wartet einen Augenblick, meine Freunde. Bevor wir schließen, Dr. Chapman, darf ich da noch etwas sagen? Als ich vor ein paar Wochen von New York nach Oakland unterwegs war, machte ich in Detroit halt. Ich reiste in einem Privatwaggon, der mir von einem großzügigen gläubigen Fabrikbesitzer zur Verfügung gestellt worden war. Während mein Waggon im Rangierbahnhof stand, ging ich in die Stadt und predigte zu einer Gruppe von Leuten in einer Missionsversammlung. Als ich fertig war, sprach mich ein altes Ehepaar an und fragte: ‚Mr. Hadley, wollen Sie nicht zum Abendessen mit uns nach Hause kommen?‘ Ich antwortete: ‚Sie müssen mich bitte entschuldigen. Ich fühle mich gar nicht gut, und es strengt mich sehr an, zwischen den Veranstaltungen Besuche zu machen. Ich sollte eigentlich zum Waggon zurückgehen und mich hinlegen.‘ Sie waren so enttäuscht. Das Mütterchen stotterte: ‚O, Mr. Hadley, wir wollten unbedingt mit Ihnen über eine gewisse Sache reden!‘ ‚Nun gut, lassen Sie mich nur ein paar Minuten ausruhen, und dann werde ich mit Ihnen gehen.‘“

Darauf beschrieb er, wie sie dort in dem altmodischen Wohnzimmer auf Roßhaar-Polstermöbeln zusammensaßen und sich unterhielten. Sie erzählten ihm ihre Geschichte:

‚Mr. Hadley, wissen Sie, wir haben einen Sohn, Jim. Unser Sohn wurde erzogen, die Sonntagsschule und die Gottesdienste zu besuchen, und ach, wir setzten solche Hoffnungen in ihn! Aber er mußte ziemlich früh in seinem Leben wegen der Arbeit von zuhause weg. Er gesellte sich zu Weltmenschen, und es ging immer mehr abwärts mit ihm. Nach und nach geriet er in die Fesseln der Trunksucht. Wir werden nie vergessen, wie er das erste Mal betrunken nach Hause kam. Manchmal kam er bis in die frühen Morgenstunden nicht heim. Es brach uns das Herz, ihn so zu sehen.

Eines Nachts kam er nicht nach Hause, erst am frühen Morgen. Nachdem wir die ganze Nacht wachgeblieben und auf ihn gewartet hatten, kam er eilig hereingestürzt, mit blassem Gesicht, und sagte: ‚Leute, ich kann nicht hierbleiben, ich muß weg! Ich war letzte Nacht betrunken und habe etwas angestellt – wenn sie das rauskriegen, dann wird es mir schlecht ergehen! Ich will nicht hierbleiben und euren Namen ruinieren.‘ Er küßte uns beide und verließ uns, und danach haben wir nichts mehr von ihm gehört oder gesehen.

Mr. Hadley, hier ist ein Brief, der uns eben gerade von einem Freund in Kalifornien erreicht hat. Er sagt uns: ‚Ich bin mir ziemlich sicher, daß ich euren Sohn Jim in San Francisco gesehen habe. Ich fuhr in einer Straßenbahn und sah ihn an einer Haltestelle warten. Einen Wohnblock weiter stieg ich aus und rannte zurück, aber er war schon in eine andere Straßenbahn eingestiegen. Ich weiß, daß es Jim war.‘ Er lebt noch, Mr. Hadley, und wir beten, daß Gott ihn noch retten möge. Sie sind auf dem Weg nach Kalifornien, um dort Veranstaltungen zu halten. Jeden Tag werden wir hier knien und beten, daß Gott unseren Sohn Jim schickt, um Sie zu hören. Und vielleicht weiß er, wenn er hört, wie Gott einen armen Trinker gerettet hat, daß es auch für ihn Hoffnung gibt. Werden Sie sich unserem täglichen Gebet anschließen?‘

Ich versprach, daß ich das tun würde, und wir beteten miteinander. Sie nahmen mir das Versprechen ab, daß ich jeden Tag zu einer festgesetzten Zeit mein Herz gemeinsam mit ihnen zu Gott erheben würde. Da wußte ich dann jedes Mal, daß sie in jenem Raum knieten und Gott baten, Jims Herz zu erreichen, und es mir zu ermöglichen, ihn zu Christus zu führen. Das war vor zwei Wochen. Ich habe mich an mein Versprechen gehalten.

Meine Freunde, das ist meine erste Veranstaltung in Kalifornien, und hier ist Jim! Er war heute abend gerade am Trinken in einer Kneipe am Broadway, als der lange Menschenzug vorbeikam. Er hörte den Gesang, folgte ihm zum Theater und sagte sich: ‚Ich glaube, ich werde hineingehen!‘ Er eilte hier herauf, aber es war zu spät. Jeder Platz war besetzt, und der Polizist sagte: ‚Wir können niemand mehr erlauben, hineinzugehen!‘ Jim dachte sich: ‚Ich bin wirklich ein Pechvogel. Selbst wenn ich hingehen *will*, um das Evangelium zu hören, wird es mir verwehrt! Ich geh lieber zurück zur Kneipe.‘ Er machte sich auf den Rückweg. Doch dann drehte er wieder um, entschlossen, zu sehen, ob es nicht doch einen Weg gäbe, hineinzukommen. Er kam durch die Hintertür herein und saß schließlich auf meinem eigenen Platz. Freunde, Jim will zu Christus, und ich bitte euch, für ihn zu beten!“

Und dort sahen wir, wie der arme Kerl in dieser Nacht auf die Knie fiel, seine Sünde und Schuld bekannte und Christus als Retter aufnahm. Das letzte, was ich von ihm sah, war, wie er mit Dr. Wilbur Chapman zum Western-Union-Telegrafenamt ging, um die freudige Botschaft nach Hause zu senden: „Eure Gebete sind erhört. Meine Seele ist gerettet.“ O, welch ein Gott! Welch eine Liebe hat er für die Sünder! Welche Freude ist es für Ihn, die zu erreichen, die verloren und bedürftig sind!

Dieser selbe Gott wachte auch über Onesimus. Er sah ihn, als er das Geld stahl, und als er aus dem Haus seines Herrn flüchtete. Er beobachtete ihn auf seinem Weg nach Rom, und genau zur richtigen Zeit brachte Er ihn zu Paulus. Durch dasselbe kostbare Evangelium, das dem Philemon ein Segen zur Errettung gewesen war, wurde auch Onesimus, der entlaufene Sklave, gerettet. So wurde der Krone des Erlösers ein neuer Stein hinzugefügt.

Und dann kann ich mir vorstellen, wie Onesimus zu Paulus kommt und ihn fragt: „Du, Paulus, ich brauche deinen Rat. Da ist eine Sache, die mich belastet. Du kennst meinen Herrn, Philemon. Ich muß gestehen, daß ich ihn bestohlen habe und weggelaufen bin. Ich habe jetzt das Gefühl, daß ich zurückkehren und versuchen muß, die Sache in Ordnung zu bringen."

Ein Zeichen dafür, daß Menschen wirklich aus Gott geboren sind, ist ihr Bemühen, wiedergutzumachen, was sie in der Vergangenheit falsch gemacht haben. Sie möchten vor Gott und den Menschen ein gutes Gewissen haben.

„Paulus, soll ich zurückgehen, wie es das römische Gesetz fordert? Ich habe nichts, um das Gestohlene zurückzuzahlen. Ich weiß einfach nicht, was ich machen soll. Ich gehöre nicht mir selbst und kann unmöglich soviel verdienen, daß ich den Verlust wiedergutmachen könnte. Kannst du mir sagen, was ich tun soll?" Paulus hätte sagen können: „Ich kenne Philemon gut. Er hat ein weiches, freundliches, liebendes Herz und einen vergebungsbereiten Geist. Ich werde ihm eine Nachricht schreiben, und ihn bitten, dir zu vergeben, und das wird die ganze Sache regeln."

Aber das tat er nicht. Warum nicht? Ich denke, er wollte uns ein wunderbares Bild von dem herrlichen Evangelium der stellvertretenden Erlösung geben. Einer der wesentlichen Aspekte der Wirksamkeit des Kreuzes ist die *Stellvertretung*. Der Herr Jesus hat selbst die Schuld, die wir dem ewigen Gott schuldig sind, bezahlt, damit die Vergebung, die wir empfangen, auf einer vollkommen rechtmäßigen Grundlage beruht. Paulus, der selbst durch das Kreuz gerechtfertigt worden war, sagte nun: „Ich werde Philemon einen Brief schreiben, und es auf mich nehmen, dein Bürge zu werden. Du gehst zu Philemon zurück und übergibst ihm diesen Brief. Du brauchst dein Anliegen nicht selbst bei ihm vorzubringen. Gib ihm einfach meinen Brief."

Nun sehen wir, wie Onesimus, den Zettel von Paulus gut in seiner Brieftasche versteckt, nach Kolossä zurückeilt. Stellen Sie sich vor, wie Philemon auf der Veranda seiner wunderschönen Villa steht, die Straße hinunterblickt und plötzlich ausruft: „Ja wer ist denn das? Der sieht mir ja ganz wie dieser Schurke Onesimus aus! Aber der hätte sicher nicht den Mut, zurückzukommen. Trotzdem, er sieht ihm wirklich täuschend ähnlich. Ich will ihn einfach beobachten und abwarten.“ Ein wenig später sagt er: „Es ist tatsächlich Onesimus! Er scheint aufs Haus zuzugehen. Ich schätze, er hat keine schöne Zeit in der Welt hinter sich. Das ganze gestohlene Geld ist aufgebraucht, und jetzt kommt er vielleicht, um Vergebung zu erbitten.“

Als er den Weg zum Haus heraufkommt, ruft Onesimus: „Herr, Herr!“
„Nun, Onesimus, bist du wieder zurück?“
„Ja, Herr. Lies das doch bitte.“ Onesimus sagte kein Wort mehr zu seiner Verteidigung. Der Brief von Paulus würde alles klarstellen.
Philemon nimmt den Brief, öffnet ihn und fängt an zu lesen:
Paulus, ein Gefangener Christi Jesu.
„Was, Onesimus, du hast Paulus getroffen? Hast du ihn denn persönlich gesehen?“
„Ja, Herr. Im Gefängnis in Rom. Er hat mich zu Christus geführt.“
Er liest weiter: ... *Philemon, dem Geliebten, und unserem Mitarbeiter ...*
„Viel zu wenig ist es, was ich je getan habe, aber das ist die Art von Paulus!“
... *Und Appia, der Schwester ...* (das war Philemons Frau).
„Komm her, Appia. Hier ist ein Brief von Paulus!“
Als die Frau Onesimus erblickt, ruft sie aus: „Bist du wieder da?“ Man kann sich die Mischung von Abscheu und Entrüstung vorstellen, die sie empfindet, als sie ihn da stehen sieht.
Aber Philemon sagt: „Ja, meine Liebe, aber sei ruhig! Hier ist ein Brief für uns, den wir lesen müssen – ein Brief von Paulus.“

Beim Überfliegen des Briefes stößt er auf die Zeilen: ... *so bitte ich doch vielmehr um der Liebe willen, da ich nun ein solcher*

bin, wie Paulus, der Alte, jetzt aber auch ein Gefangener Jesu Christi. Ich bitte dich für mein Kind Onesimus ...
„Stell dir das vor! Er muß es auf irgendeine Weise geschafft haben, Paulus das aufzudrängen."
... das ich gezeugt habe in den Banden.
„Mich würde interessieren, ob er ihm irgendwas von dem Geld gesagt hat, das er von uns gestohlen hatte. Ich nehme an, er hat vor Paulus den Frommen gespielt."
... Onesimus, der dir einst unnütz war, ...
„Das kann man wohl sagen!"
... jetzt aber dir und mir nützlich ist ...
„Da bin ich mir nicht so sicher."
... den ich zu dir zurückgesandt habe ...
„Paulus muß ziemlich viel von ihm gehalten haben. Wenn er ihm nicht besser gedient hätte als mir zuvor, dann hätte er nicht viel Nutzen von ihm gehabt."
Er fährt fort, den Brief durchzulesen.
„Ach, dieser erbärmliche, verlogene Dieb! Paulus denkt vielleicht, daß er bekehrt ist, aber ich werde das nie denken, bevor ich nicht erlebe, daß er das Unrecht gesteht, das er mir angetan hat!"
Was ist das? ... *wenn er dir aber irgendein Unrecht getan hat, oder dir etwas schuldig ist, so rechne dies mir an. Ich, Paulus, habe es mit meiner Hand geschrieben, ich will bezahlen; daß ich dir nicht sage, daß du auch dich selbst mir schuldig bist.*

Ich glaube, innerhalb eines Augenblicks war Philemon überwunden. „Dann ist ja doch alles ans Licht gekommen. Er hat kein Hehl aus seiner Sünde gemacht. Er hat seinen Diebstahl eingestanden, seine Schuld bekannt. Und stell dir nur vor, Paulus, dieser liebe Diener Gottes, der im Gefängnis um Christi willen leidet, sagt: ‚Rechne das mir an. Ich werde alles für ihn regeln.' Paulus ist sein Bürge geworden." Das war genauso, wie wenn Paulus heute schreiben würde: „Belasten Sie das meinem Konto!"

Haben wir hier nicht ein Bild für das Evangelium? Ein Bild für das, was der Retter für jeden bußfertigen Sünder getan hat? Ich glaube, ich sehe Ihn, wie Er den bedürftigen, reuigen Sünder vor Gott führt und sagt: „Mein Vater, er hat dir Unrecht getan. Er ist dir viel schuldig, aber alles ist mir angerechnet worden. Laß ihn frei.“ Wie kann der Vater die Bitte Seines Sohnes abweisen, nach jenem schändlichen, leidvollen Tod am Kreuz von Golgatha, als Er unsere Strafe auf sich nahm und an unsrer Stelle litt?“

Aber beachten Sie bitte: Paulus bot nicht nur an, Onesimus’ Bürge zu werden. Er versprach nicht nur, alles in bezug auf seine Vergangenheit zu regeln, sondern er sorgte auch für dessen Zukunft vor. Er sagt zu Philemon: *„Wenn du mich nun für deinen Genossen hältst, so nimm ihn auf wie mich.“*

Ist das nicht ein weiterer Aspekt unserer Errettung? Wir sind „angenommen in dem Geliebten“. Der gepriesene Heiland bringt die Erlösten in die Gegenwart Seines Vaters und sagt: „Mein Vater, wenn du mich als Teilhaber deines Thrones betrachtest, dann nimm diesen wie mich selbst auf.“ Paulus sagt: *nicht länger als einen Sklaven, sondern mehr als einen Sklaven, als einen geliebten Bruder, besonders für mich, wieviel mehr aber für dich, sowohl im Fleische als im Herrn.* Er soll nicht die Stelle eines Leibeigenen erhalten, sondern als eines geehrten Mitglieds der Familie, eines Bruders in Christus. Stellt euch das vor: zuvor ein armseliger, stehlender, entlaufener Sklave, und jetzt ein anerkannter Diener Christi, Paulus zuliebe willkommengeheißen. Genauso rettet unser Vater den gesetzlosen, schuldigen Sünder, und heißt ihn um Christi willen willkommen, und behandelt ihn so wie Seinen eigenen Sohn.

> O Du Lamm Gottes, das da getragen
> all meiner Sünden Schuld, Fluch und Macht;
> für mich ans Kreuzholz warst Du geschlagen,
> für mich hast alles Du dort vollbracht!

Und nun ist jeder Gerechte „in Christus vor Gott“ – ja, „Gottes Gerechtigkeit geworden in Ihm“. Was für eine wunderbare Liebe!

Der Gerechtigkeit ist alle Genüge getan. Was für ein Bild haben wir hier für die Stellvertretung und Annahme! Der Apostel Paulus faßte das alles für uns zusammen: „welcher unserer Übertretungen wegen dahingegeben und unserer Rechtfertigung wegen auferweckt worden ist“ (Römer 4,25).

Wir sind angenommen in dem Geliebten. Der Herr Jesus wurde unser Bürge, brachte unsere ganze Vergangenheit in Ordnung und hat für unsere ganze Zukunft vorgesorgt. Im Buch der Sprüche steht eine recht auffällige Feststellung (11,15): „Sehr schlecht ergeht's einem, wenn er Bürge für einen anderen geworden ist. Wer aber das Handeinschlagen haßt, ist sicher.“ Diese Worte wurden mehrere Jahrhunderte vor dem Kreuz geschrieben, um die Menschen vor dem zu warnen, was im Geschäftsleben immer noch häufig zu Ruin und Bankrott führt. Für einen Fremden Bürge zu werden, ist eine äußerst gefährliche Sache, wie Tausende leidvoll erfahren mußten. Es ist eine unkluge Handlungsweise, solch ein Risiko einzugehen, außer, wenn man bereit ist, der Verlierer zu sein.

Aber da war Einer, der genauestens wußte, wie die Folgen Seiner Tat aussehen würden. Und dennoch ließ Er sich aus lauter Gnade herab, der „Bürge für einen Fremden“ zu werden. Denkt über diese wunderbaren Worte nach: „Denn ihr kennt die Gnade unseres Herrn Jesus Christus, daß er, da er reich war, um euretwillen arm wurde, damit ihr durch seine Armut reich würdet“ (2. Kor 8,9). Er war der Bürge für die Fremden.

Ein Bürge ist einer, der für einen anderen den Kopf hinhält. Manch einer würde das für einen Freund tun, den er schon lange kennt und dem er vertraut; für einen Fremden jedoch wird kein weiser Mann so einstehen, es sei denn, er nimmt den Verlust in Kauf. Aber gerade, als wir Fremde und Feinde waren, entfremdet durch unsere bösen Taten, ist Jesus aus Gnade unser Bürge geworden. „Christus hat einmal für Sünden gelitten, der Gerechte für die Ungerechten, damit er uns zu Gott führe.“

Alles, was wir schuldig waren, wurde von Ihm eingetrieben, als Er am Kreuz für Sünden litt, die nicht Seine eigenen waren. Er konnte damals sagen: „Was ich nicht geraubt hatte, erstattete ich zurück“ (Ps 69,4). Bischof Lowths schöne Übersetzung von Jesaja 53,7 lautet: „Es wurde eingetrieben, und Er wurde haftbar gemacht.“ Das ist das eigentliche Herz des Evangeliums. Er starb an meiner Stelle. Er bezahlte meine Schuld.

Wie gänzlich bewies Er doch die Wahrheit der Worte, die wir aus den Sprüchen zitiert haben, als Er auf jenem schändlichen Kreuz litt! Wie schlecht ging es Ihm, als Gottes schreckliches Gericht über die Sünde Ihn traf! Aber Er schreckte nicht zurück. Aus Liebe zu Gott und zu den Fremdlingen, deren Bürge er geworden war, „erduldete er das Kreuz und achtete die Schande für nichts“.

Sein Schmerz gehört jetzt für immer der Vergangenheit an. Er hat die Schuld bezahlt, jede Forderung in vollkommener Gerechtigkeit erfüllt. Der glaubende Sünder wird von jeder Anklage freigesprochen, und Gott wird vollkommen verherrlicht.

> Dich, Herr, der Du einst am Kreuze für uns bist gestorben,
> durch Deinen Tod uns hast ewiges Leben erworben,
> preisen wir jetzt,
> die Du in Freiheit gesetzt
> und für Dich hast erworben.

Kein anderer hätte den Forderungen, welche die Heiligkeit Gottes an den Sünder stellt, erfüllen und dabei noch siegreich hervorgehen können. Er alleine konnte die Sünde sühnen. Weil Er jede Forderung erfüllt hat, hat Gott Ihn von den Toten auferweckt und in der höchsten Herrlichkeit zu Seiner eigenen Rechten gesetzt.

Hast du dich „dem Bürgen der Fremden“ anvertraut? Wenn nicht, dann kehre jetzt zu Ihm um, solange die Gnade noch umsonst angeboten wird!

KAPITEL 17

Treu über Weniges ...

„*Ich will den HERRN sehr preisen mit meinem Mund, und inmitten vieler werde ich ihn loben*" (Psalm 109,30).

Das Jahr 1930 war ein außergewöhnliches Jahr im Leben von Harry Ironside, weil es durch Gottes Gnade einen neuen Meilenstein in seinem Liebesdienst im Namen Christi setzte.

Das Jahr begann am selben Ort, wo es auch endete: im Gospel Auditorium, als die Mitternachtsversammlung zuende ging und er für ein paar Tage mit seiner geliebten Familie zusammensein konnte. Dann erfahren wir aus seinem Tagebuch, daß er sich schon nach kurzer Zeit gedrängt fühlte, sie wieder zu verlassen.

„4. Januar 1930: Heute morgen Oakland verlassen, um nach Los Angeles zu fahren – um 23.40 Uhr angekommen. Bin hier, um eine zweiwöchige Bibelkonferenz zu leiten in der Glendale Presbyterian Church, und auch, um am Institut einige Predigten zu halten.

War hart, die Familie zu verlassen, mit der ich nur zwei Wochen zusammen war, nach einer Abwesenheit von praktisch elf Monaten – aber es ist ‚um Seines Namens willen' , daß ich ‚ein Fremdling auf Erden' bin."

Während seines Aufenthalts in Los Angeles erhielt Ironside einen Brief von Mr. George Gorton aus Racine, Wisconsin. Er bot sich an, ihm eine Reise nach Palästina zu finanzieren. In seinem Tagebuch heißt es:

„24. Januar 1930: Ich würde gerne fahren, aber es ist zeitlich nicht mehr unterzubringen in diesem Jahr. Mal sehen, wie es später aussieht."

Er dankte Mr. Gorton und lehnte ab, aber nicht ohne ein gewisses inneres Bedauern, denn es verlangte ihn sehr danach, das Heilige Land zu sehen. Wie treu und gnädig der Herr ist! Zu Seiner Zeit wurde Ironside eine solche Reise möglich gemacht, in einer Situation, als er die Erholung und Abwechslung noch dringender benötigte als jetzt.

Mr. Ironside konnte noch für zwei Tage nach Oakland zurückkehren, bevor er wieder von zuhause weg mußte. Es ging nun auf eine längere Reise mit einer Serie von Veranstaltungen in Chicago, Racine, Augusta, St. Louis, und Ende März in Galvestone. An dem Abend vor seiner Abreise, bevor er sich niederlegte, stellen wir wieder fest, wie schwer ihm die Trennung von seinen Lieben fiel.

> „28. Januar 1930: Hatte heute abend nach der Versammlung schöne Gemeinschaft mit meiner Familie. Er wird schwer sein morgen, sie zu verlassen, aber es ist ‚um Seines Namens willen'."

Ironside war nie frei von der Sehnsucht, bei seiner Familie zu sein, und von der Einsamkeit, wenn er von ihnen getrennt war. Außerdem war ihm immer bewußt, daß Platz und Aufgabe eines Mannes unter normalen Umständen bei seiner Familie sind. Das wird aus einem Brief deutlich, den ich einige Jahre später von ihm bekam. Ich hatte mich nach Mrs. Ironsides Gesundheit erkundigt, nachdem sie einen schweren Herzinfarkt erlitten hatte:

> „16. Dezember 1939: Vielen Dank für deinen Brief. Ich freue mich jedes Mal, wenn ich von dir höre. Mit Mrs. Ironside geht es stetig aufwärts, und nun meint der Arzt, sie sollte zum Röntgen und für einige Untersuchungen ins Krankenhaus. Also werde ich heute mit ihr nach Geneva fahren. Ein wenig später werden wir genaueres darüber wissen, wie es um sie steht.
>
> Ich wünschte wirklich, ich müßte nicht so oft weg, während sie krank ist. Aber das ist eine der Prüfungen auf dem Weg,

> wenn man versucht, anderen Christus nahezubringen. Ich fühle mich oft wie die Braut im Hohelied, und möchte mit ihr sagen: ‚Sie haben mich zum Hüter des Weinbergs gemacht, aber meinen eigenen Weinberg habe ich nicht gehütet.'"

Nach einem Zwischenhalt in Albuquerque reiste Mr. Ironside in Richtung Osten weiter. Der 2. Februar 1930 fiel auf einen Sonntag. Da befand sich Ironside gerade im Zug unterwegs nach Chicago, und das beunruhigte ihn:

> „2. Februar 1930: Es tut mir leid, daß die Umstände es erfordern, den Tag des Herrn im Zug zu verbringen. Mir gefällt das überhaupt nicht, und ich hatte gehofft, zumindest bis zum Tag des Herrn in Albuquerque zu bleiben – aber hatte die Befürchtung, daß der 2er-Zug mich nicht rechtzeitig nach Chicago bringen würde. Allerdings fühle ich mich ausgelaugt und krank, so ist es vielleicht ganz gut, daß ich hier liegen und dösen kann. Ich hoffe, morgen abend ausgeruht mein Ziel zu erreichen."

Der Zug kam mit Verspätung an, was aber nichts ausmachte. Ironside begann mit seinem Dienst an der „Moody Founder's Week Conference", die vom Institut organisiert und abgehalten wurde. Während dieser Woche hatte er eine Unterredung mit Mr. James M. Gray, dem Präsident des Moody Bibelinstituts. Dabei bat Mr. Gray ihn eindringlich, sich dauerhafter am Moody Bibelinstitut zu engagieren. Aber er war sich nicht sicher, ob das dem Willen des Herrn entsprach. So schlug er vor, so weiterzumachen, wie bisher: Ironside würde bei Konferenzen des Instituts mitwirken, wenn er eingeladen würde und die Freiheit hatte, zuzusagen.

Nach der Wochenkonferenz wurde Mr. Ironside für eine Reihe von Veranstaltungen am Wheaton College in Wheaton, Illinois, in Anspruch genommen. In dieser Zeit fand ein wichtiges Gespräch statt, das in seinem Tagebuch kurz erwähnt wird:

> „17. Februar 1930: Ein unwahrscheinlich ausgefüllter Tag. Nach dem Frühstück und der Andacht eine Reihe Briefe

geschrieben. Dann im Zentrum [von Chicago] zu einem Treffen mit Thomas S. Smith und einem anderen Ältesten der Moody Church, wegen der Möglichkeit, dorthin als Pastor berufen zu werden.“

Ironside hatte die Moody Church dreimal anläßlich von Veranstaltungsreihen besucht. Das erste Mal im Jahr 1925, einen Monat, nachdem das neue 1-Million-Dollar-Gebäude fertiggestellt worden war. Dr. P.W. Philpott war zu jener Zeit der Pastor der Gemeinde und hatte Mr. Ironside für zwei Wochen eingeladen. Er besuchte die Gemeinde wiederum im Jahr darauf und zum dritten Mal im Dezember 1929. Diesen Besuch hatte ich im vorigen Kapitel erwähnt.

Ungefähr sieben Monate vor dem Gespräch mit Mr. Smith war ein Komitee der Moody Church auf Mr. Ironside zugekommen. Sie hatten ihn gefragt, ob er eventuell einen Ruf zum Pastor annehmen würde, da Dr. Philpott das Amt niedergelegt hatte. Aber Ironside antwortete mit einem entschiedenen „Nein!“. Er konnte solch einen Vorschlag keine Sekunde lang in Erwägung ziehen! Er fand sich für dieses Amt völlig ungeeignet. Aber gewichtiger noch als das war seine Auffassung vom christlichen Dienst. Diese Auffassung, die allgemein unter den Brüder-Versammlungen Gültigkeit hat, ließ sich nicht damit vereinbaren, der Pastor einer Gemeinde zu werden. Das Komitee sprach ihn allerdings wegen dieser Sache mehrere Male an, zuletzt im Dezember 1929.

Schließlich meinte Ironside, daß es vielleicht Gottes Wille für ihn sein könnte, den Ruf ernsthaft in Erwägung zu ziehen. Er verbrachte darüber viel Zeit im Gebet. Wenn er den Ruf annähme, würde er dann das verwerfen, was er lange Zeit über den Dienst geglaubt und gelehrt hatte? Immer mehr schien sich in ihm der Eindruck zu formen, daß diese Gelegenheit ein ausdrücklicher Ruf von Gott sei. Doch zögerte er noch. Jahrelang war er davon überzeugt gewesen, daß ein „Ein-Mann-Dienst“ verkehrt sei.

Außerdem befürchtete er, die Gemeinde nicht zufriedenstellen zu können und hatte keine Erfahrung in Verwaltungsarbeiten. All diese Dinge erschienen ihm als große Hindernisse auf dem Weg zu einer Zusage.

Er wog die Sache noch weiter ab. Letztendlich war es doch kein Ein-Mann-Dienst, weil die Moody Church zwei Hilfspastoren hatte. Diese halfen auf verschiedene Weisen: beim Besuchen von Gemeindegliedern, bei der Durchführung einzelner Gemeindeaufgaben und in der Beaufsichtigung der verschiedenen Verantwortlichkeiten. Die Menschen dort waren bei jedem seiner Besuche durch seinen Lehrdienst gesegnet worden, und es sah so aus, als wollten sie ihn. Die Moody Church wurde von einem offiziell bekannten Kreis von fünfundfünfzig Männern geleitet. Diese waren in der Lage, ihm in Verwaltungsangelegenheiten ratgebend zur Seite zu stehen.

Schließlich zog Mr. Ironside den Schluß, daß er zusagen könne, ohne seinen Gewissensüberzeugungen bezüglich der Ordination durch Menschen und anderer Dinge Gewalt anzutun. Darum teilte er Mr. Smith mit, daß er die Angelegenheit einer Prüfung unterwerfen wolle: Die Sache sollte dem Leitungskomitee der Gemeinde vorgelegt werden. Wenn sich das Komitee in dem Wunsch, daß er den Ruf annehmen solle, völlig einig wäre, dann würde er ihnen erlauben, seinen Namen der Gemeindeversammlung vorzulegen. Und dieselbe Bedingung sollte dort gelten – wenn die Abstimmung gänzlich einstimmig verliefe, würde er den Ruf für eine Probezeit von einem Jahr annehmen.

Eine Woche später befand sich Ironside in Racine, Wisconsin. Er war nach der Abendversammlung in sein Hotelzimmer zurückgekehrt, als er einen Anruf bekam. Sein Tagebucheintrag berichtet davon:

> „24. Februar 1930: Um 22.30 Uhr klingelte das Telefon. Ein Ferngespräch aus Chicago. Mr. Herring (Hilfspastor an der

Moody Church) setzte mich darüber in Kenntnis, daß ich einstimmig dazu berufen worden war, Pastor der Moody Church zu werden. Ich werde morgen hinfahren, um alles zu besprechen.“

Nach dem ersten Beschluß des Leitungskomitees stand noch die Gemeindeversammlung bevor.

„25. Februar 1930: Ein hektischer Tag, doch sehr zufriedenstellend. Habe mich um 7.45 Uhr auf den Weg nach Chicago gemacht. Hatte fast 2 1/2 Stunden lang ein Zusammentreffen mit Leitern der Moody Church. Es herrschte ein sehr gesegneter Geist, und ich bin glücklich über die Aussicht, mit ihnen bald eng verbunden sein zu dürfen. Am Nachmittag Jim Sutherland gesehen.“

Sutherland und Ironside besprachen die Möglichkeit dieses Rufes ausführlich und beteten darüber. Von Chicago fuhr Mr. Ironside nach Augusta in Georgia. Das war das erste Mal, daß er diese Stadt besuchte, und am 5. März heißt es in seinem Tagebuch:

„Heute abend entscheidet die Moody Church über meine Ernennung zum Pastor. Später – Telegramm erhalten von Hilfspastor Porter mit der Nachricht, daß die Gemeinde mich einstimmig gerufen hat.“

Ironside sandte ein Telegramm zurück mit der Antwort, daß er den Ruf annehme. Eine Reihe von Vorbedingungen, die er aufgestellt hatte, sollten eingehalten werden: Es sollte ein Versuch für ein Jahr sein; ferner war man übereingekommen, daß, sollte die Entscheidung die Zustimmung beider Seiten finden, Mr. Ironside Termine bis Ende August einhalten müsse, zu welchen er sich vorher verpflichtet hatte. In der Zwischenzeit würde er nur ein paar Sonntage frei haben, an denen er der Moody Church zur Verfügung stehen könnte, so daß er am 16. März Pastor wurde, aber erst am 6. September alle Dienstpflichten wahrnahm.

Nur zehn Tage lagen zwischen seiner Berufung und seinem nächsten Besuch in Chicago. Zu diesem ersten Auftritt als Pastor auf der Kanzel, auf der solch berühmte Diener des Herrn wie Dwight L. Moody, Dr. Reuben A. Torrey, Dr. A.C. Dixon, Paul Rader und Dr. P.W. Philpott gepredigt hatten, lassen wir wieder das Tagebuch sprechen:

> „16. März 1930: Mein erster Tag des Herrn als Pastor der Moody Church. Um 9.15 Uhr brachen ein paar von uns im Studierzimmer des Gemeindehauses das Brot, um das Gedächtnis des Herrn zu feiern. Um 10.45 Uhr über 1. Korinther 2,2 gepredigt. 3.500 waren anwesend, und die Zuhörenden waren ernstlich beeindruckt. Mittagessen bei den Herrings. Um 17.50 Uhr kurz zu dem C. C.-Club in der Torrey-Halle gesprochen, über ‚Das bestmögliche Leben' Um 19.30 Uhr gepredigt über ‚Gottes Rettung und der Untergang der Spötter' – 2. Könige 7, zu etwa 3.700 Leuten. Fünf bekannten, Christus angenommen zu haben."

Gott schien ein weiteres Zeichen Seiner wohlwollenden Zustimmung gegeben zu haben.

„Betet für uns" (Hebräer 13,18).

Wer kann ermessen, wie viel jeder Diener Christi den Gebeten derer zu verdanken hat, die Gott im Verborgenen hält? Solche Diener des Herrn vor Ihn zu bringen und im Gebet zu tragen ist ein wunderbarer Dienst. Wieviel er wirklich bedeutet, wird erst an jenem Tage offenbar werden, wenn jedes Geheimnis gelüftet und jeder entsprechend seinem Dienst belohnt werden wird. Niemand soll denken, daß es eine geringe Sache sei, zu beten. Es gibt keinen erhabeneren Dienst, kein wichtigeres Amt als das des Fürbitters.

H.A. Ironside

TEIL IV:

An der Moody Memorial Church

„Wenn jemand redet, so rede er es als Aussprüche Gottes; wenn jemand dient, so sei es als aus der Kraft, die Gott darreicht, damit in allem Gott verherrlicht werde durch Jesus Christus, dem die Herrlichkeit ist und die Macht in alle Ewigkeit“ (1. Petrus 4,11).

Kapitel 18

Als Gottes Mitarbeiter

„Jetzt aber reise ich ... im Dienste für die Heiligen" (Römer 15,25).

Die Zeitspanne zwischen Mr. Ironsides erstem Sonntag als Pastor der „Moody Memorial Church" und seinem zweiten Sonntag dort verbrachte er in Texas, zuerst in Galvestone, dann in Dallas. April war nämlich der Monat, den er in der Regel dem Lehrdienst am Seminar dort widmete. Ironside verlebte in beiden Städten eine glückliche Zeit. Die alljährlichen Besuche in Dallas waren für ihn eine willkommene Abwechslung in seinem vielbeschäftigten Leben. Das bedeutet aber nicht, daß er sich dort vom Predigen ein wenig ausgeruht hätte. In Dallas sprach er in der Regel noch häufiger, wegen des Unterrichts am Seminar. Aber abgesehen von seiner herzlichen Freundschaft mit Dr. Chafer und seiner Familie bedeutete Dallas für ihn jedesmal auch ein Wiedersehen mit Edmund und dessen lieben Familie. Ende März notierte er in seinem Tagebuch:

> „Der Monat März ist für mich ein sehr segensreicher Monat mit großen Vorrechten gewesen. Wenn ich zurückblicke, staune ich über die viele Gnade, die Gott mir erwiesen hat. Er hat mich erwählt, das Werk der Moody Church zu leiten, eine Stellung, die ich nie angestrebt hatte und für die ich in keiner Weise ein Kandidat war. Außerdem für die Gelegenheiten in Racine, Chicago selbst, Augusta, St. Louis und Galvestone. Ich habe in den ersten drei Monaten dieses Jahres insgesamt 185 mal gepredigt."

Der Dienst in Dallas wurde am 25. April beendet (67 Botschaften in 25 Tagen seines „Urlaubs"), und Mr. Ironside bestieg den Zug nach Chicago. Über seinen Dienst am zweiten Tag des Herrn als Pastor der Moody Church schrieb er:

> „27. April 1930: Es scheint wirklich gut zu sein, daß ich wieder in Moody Memorial bin. Ich bin glücklich darüber, daß mir Gott ein solches Werk anvertraut. Um 9.00 Uhr brachen wir zu fünft das Brot in meinem Studierzimmer, um des Herrn zu gedenken. Um 10.10 Uhr unterrichtete ich die Friendly Bible Class über 1. Thessalonicher 1. Um 11.00 Uhr zum Thema ‚Die Dinge, die geschaffen sind und Seine Kunstfertigkeit – Gottes zwei große epische Gedichte' gepredigt. Bei Bruder Tom Smith zum Mittagessen, dann um 15.00 Uhr zurück zum Hotel für einen Nachmittagsschlaf. Es regnete, als ich aufwachte. Abends Regen – nur etwa 2.000 kamen. Predigte über ‚Die eherne Schlange und der erhöhte Heiland.' Mehrere im Ausspracheraum."

Die jährliche Missionskampagne begann am 30. April. Die Moody Memorial Church ist eine Gemeinde mit missionarischer Gesinnung. Zu dieser Zeit hatte sie aus ihren eigenen Reihen 92 Missionare in 28 verschiedenen Ländern auf dem Feld. 67 davon wurden ganz von der Gemeinde getragen. Von den übrigen bekamen die meisten zumindest eine teilweise Unterstützung aus den Gaben der Moody Church.

Die Jährliche Konferenz des Jahres 1930 war in jeder Hinsicht nicht weniger gesegnet als die der vorhergehenden Jahre. Gott hat in diesen Zusammenkünften immer mächtig gewirkt, indem Er Sein Volk dazu aufrief, sich selbst und von ihren Mitteln zu geben, und die Reaktion war erstaunlich gewesen. Im Laufe der Veranstaltungswoche wurde Mr. Ironside bis ins Innerste bewegt von den Botschaften und dem aufnahmebereiten Geist der Menschen.

> „6. Mai 1930: Ein großer Sieg hier am Tag des Herrn. Es wurden über 50.000 $ gespendet. ‚Die Menschen waren willigen Herzens, zu geben.' Dadurch wurde die geistliche Seite auch nicht beeinträchtigt. Dutzende gaben sich hin für den Dienst, und sechs bekannten am Abend, errettet worden zu sein."

Die folgenden Wochen waren voller Arbeit und liefen nach einem festen Muster ab, das er bis zum heutigen Tag beibehalten hat. Mr. Ironside verließ Chicago am späten Sonntagabend per Bahn, um in einer anderen Stadt zu dienen. Er kehrte gewöhnlich am Samstagmorgen zurück, um die Sonntagsgottesdienste an der Moody Church vorzubereiten. Häufig wurde er an Samstagen und an den wenigen anderen Tagen, die er in Chicago verbrachte, von Besuchern, Komiteesitzungen und vom Briefeschreiben in Anspruch genommen.

Am 22. Juni hielt er vor dem Herbst seine letzten Gottesdienste in der Gemeinde. In der Zwischenzeit hatte er mit den üblichen Sommerkonferenzen zu tun, Woche für Woche – Gull Lake, Cedar Lake, Eaglesmere, Montrose, Ocean Grove, Chester und Colorado Springs. So kam er schließlich am 27. August heim nach Oakland, zum ersten Mal in sieben Monaten. An diesem Abend sprach er im Gospel-Auditorium. Er verweilte acht Tage lang in Oakland, bevor er sich wieder von den Gläubigen dort verabschiedete, um seinen Dienst in Chicago wieder ganz aufzunehmen. Die Umstände erlaubten nicht, daß Mrs. Ironside und Lillian mit ihm fuhren, also fuhr er alleine ab.

Außer den Tätigkeiten, die bereits berichtet wurden, ereigneten sich noch drei Dinge von besonderem Interesse in der erwähnten Periode von sieben Monaten.

Am 15. Mai nahm sein Sohn John eine Stelle bei der „Dollar Steamship Company“ an und machte sich mit dem Dampfschiff „President Johnson“ auf seine erste Rund-um-die-Welt-Reise. Wie oft Ironside an ihn dachte und sich fragte, wie und wo er sich befinde, ist an seinem Tagebuch zu erkennen. Ich zitiere nur ein Beispiel:

> „16. Mai 1930: Denke heute abend an John, der sich auf dem riesengroßen Pazifik befindet, und weiß, daß Helen über seine Abwesenheit traurig sein wird.“

Es war eine große Freude für den Vater, daß John am 2. September, genau an dem Abend, bevor er selbst wieder nach Chicago aufbrach, nach Oakland heimkehrte.

Das zweite wichtige Ereignis in diesem Zeitraum fand in Wheaton, Illinois statt: am 18. Juni zeichnete das Wheaton College Ironside mit dem Ehrentitel „Doctor of Letters“ aus. Der Heilsarmeejunge von einst war nun Henry Allan Ironside, Litt.D.

Einige aus den Brüdergemeinden waren nicht glücklich darüber gewesen, daß Ironside den Ruf an die Moody Memorial Church angenommen hatte. Sie glaubten ernsthaft, daß er den Überzeugungen, die er so viele Jahre vertreten hatte, den Rücken gekehrt habe. Wegen dieser Angelegenheit war nicht wenig Kritik über ihn im Umlauf. Ironside hatte sich selbst die Einwände, die sie gegen seine eventuelle Pastorschaft einer Gemeinde vorbrachten, durch den Kopf gehen lassen, wie schon erwähnt. Aber er zog den Schluß, daß die Gelegenheit von Gott geschenkt war. Er hatte das Vlies ausgelegt, und schien eine bestätigende Antwort vom Herrn erhalten zu haben. Und da er nicht abstreiten konnte, daß dieses Werk ein sehr wichtiges war und zugleich eine große Gelegenheit bedeutete, nahm er es an, auf der Basis eines einjährigen Versuchs. Gott gab ihm Frieden darüber, und im Laufe der Monate empfing er viele Beweise Seines Wohlgefallens.

Was den „Ein-Mann-Dienst“ betrifft, so änderte Mr. Ironside nicht lange, nachdem er Pastor der Moody Church wurde, den Titel der zwei „Hilfspastoren“, Harry Herring und Charles A. Porter, in die Bezeichnung „Mitpastoren“. Denn obgleich sie nicht den Predigtdienst versahen, war ihr Dienst natürlich genauso wichtig und in gleichem Maße von Gott gegeben wie der seine.

Nun erhob sich jedoch eine neue Welle des Tadels darüber, daß er einen Titel angenommen hatte. Die Brüdergemeinden waren der Überzeugung, daß es dem Fleisch entspringt, solch eine Ehre anzunehmen, und hatten besonders viel gegen den Titel D.D.,

„Doctor of Divinity“ (Doktor der Theologie). Doch Mr. Ironside hatte den Litt.D. eigentlich als Anerkennung für seine schriftlichen Veröffentlichungen angenommen, was auch in der Ehrungsrede von Wheaton zum Ausdruck kommt. Er hatte den Eindruck, daß der Herr veranlaßt hatte, daß ihm dieses zuteil wurde, damit er einen größeren Hörerkreis bekäme unter denen, für die solche Dinge etwas bedeuten. Bei dieser Auffassung ist er geblieben, unabhängig vom Urteil seiner Kritiker.

Niemals allerdings hat Ironside seine Wertschätzung für die „Brüder“ und seine aufrichtige Liebe zu ihnen verloren. Er hält sich auch heute noch für einen von ihnen, und wann immer sich die seltene Gelegenheit ergibt, daß er am Sonntagmorgen frei ist, woanders hinzugehen, sucht er eine Brüderversammlung auf, um dort den Herrn anzubeten und im Gedächtnis an Ihn Brot zu brechen in Gemeinschaft mit einigen der lieben Heiligen. Mehrere Jahre lang behielt er am Sonntagmorgen die Angewohnheit bei, im Studierzimmer der Moody Church bei mit einigen anderen, die seine Überzeugung teilten, das Brot zu brechen.

Das dritte Ereignis von Interesse in dieser Zeitspanne hängt mit Montrose im Staat Pennsylvania zusammen. Während Ironside dort an der „General Bible Conference“ als einer der Redner teilnahm, wurde er zum Direktor der Bibelkonferenzen von Montrose ernannt. Er trat damit die Nachfolge ihres Gründers Dr. Reuben A. Torrey an, der Ironside vier Jahre zuvor das erste Mal zu der Konferenz eingeladen hatte und nun schon seit zwei Jahren beim Herrn war.

Am Sonntag, den 6. September 1930 war Mr. Ironside wieder in Chicago, um seine Aufgabe als Hirte dieser Gemeinde anzutreten. Die Zahl ihrer Mitglieder beträgt etwa 3.500 Gläubige; der Gemeindesaal kann ungefähr 4000 Personen aufnehmen. Die Gemeinde unterhält viele Aktivitäten im In- und Ausland.

„6. September 1930: Der Tag des Herrn dämmerte heute kühl und wolkig. Am Morgen über 3000 anwesend – ein Mahlgottesdienst. Ich predigte über ‚Den Tod des Herrn verkünden, bis Er kommt‘.

Am Nachmittag ging ich zu Bruder Burks Grace and Truth Chapel, die mit etwa 300 vollbesetzt war, und sprach über ‚Des Vaters Haus und das Königreich‘.

Am Abend hatten wir etwa 3500 Besucher, und Gott war mit Kraft unter uns. Eine Reihe bekannten Christus gegen Ende – einige strahlten offensichtlich besonders und waren eine große Freude für uns.“

Der sichtbare Segen auf seiner Arbeit schien ein weiteres Zeichen vom Herrn zu sein, daß Er Wohlgefallen daran hatte, und ein Unterpfand bezüglich seines zukünftigen Dienstes dort. Ich habe gerade die Tagebücher nach den ersten 52 Sonntagen durchgesehen, an welchen Mr. Ironside an der Moody Church predigte. Diese waren nicht alle in seinem ersten Jahr, denn er verbrachte einige Zeit davon nicht dort. Aber es entspricht der Arbeit eines Jahres.

Er war keiner, der gerne mit Zahlen rechnet; fast immer berichtet sein Tagebuch von einer bestimmten Anzahl von Menschen, die *bezeugten*, gerettet worden zu sein oder Christus gefunden zu haben, oder die eine Entscheidung für den Herrn getroffen zu haben *scheinen*. In keinem Fall kam eine große Anzahl von Menschen nach vorne, keine Gruppen von fünfzig oder hundert. Aber wir können feststellen, daß kein Sonntagabend verging, ohne daß einige bezeugten, an den Herrn Jesus Christus gläubig geworden zu sein. Hier sind einige Beispiele solcher Einträge: „Fünfzehn haben heute abend Christus bekannt.“ „Sechs oder mehr haben bezeugt, zu Christus gekommen zu sein.“ „Eine ganz schöne Zuhörerschaft und mehrere im Ausspracheraum.“ „Nur eine Frau hat heute abend bezeugt, an Christus gläubig geworden zu sein.“

Ich glaube, man kann mit Sicherheit sagen, daß es in all den Jahren seit 1930 kaum einen Sonntag gab, der ohne die Umkehr eines Sünders zur Neige ging. Denn das Evangelium von Christus wurde in der Moody Church in der Kraft des Geistes mit großer Regelmäßigkeit und Treue verkündigt.

Zusätzlich zu den etwa 4000 Leuten, für die Mr. Ironside Sonntagmorgens predigte, hat er seit Beginn seiner Pastorenschaft an der Moody Church noch viele Tausende mehr über Rundfunk erreicht. Als er mit seiner Arbeit dort anfing, wurde begonnen, die Sonntagsgottesdienste über eine kleine Rundfunkstation auszustrahlen. Später wurden diese Gottesdienste fünf Jahre lang Teil des Sonntagmorgen-Radioprogramms der Rundfunkstation WMBI des Moody Bibel Instituts. Als diese Einrichtung später abgeschafft wurde, kaufte die Gemeinde Sendezeit von weltlichen Rundfunkstationen in Chicago.
Der Hörerkreis kam aus großen Teilen von Illinois, Wisconsin und Indiana und kleinen Teilen von Iowa und Ohio. Von diesen Hörern wurde der Rundfunkdienst der Moody Church nach Beendigung der WMBI-Sendungen weiterhin durch freiwillige Gaben unterstützt.

In den Monaten Oktober, November und Dezember mußte sich Mr. Ironside daran gewöhnen, daß an seinem neuen Tätigkeitsort die Tür seines Studierzimmers für viele Besucher offenstehen würde. Denn das weltweite Interesse und die vielfältigen Aktivitäten einer gesunden Gemeinde des Evangeliums wie Moody Memorial machen sie zu einem Treffpunkt, einer Postadresse und zu einem Ruheort für viele Diener des Herrn, die gerade in der Nähe waren. So besuchten ihn im ersten Jahr Dr. M.R. DeHaan, James Sutherland, Lewis Sperry Chafer, A.C. Gaebelein, P.W. Philpott und viele andere. Nicht wenige Brüder fragten auch an, ob sie in der Moody Memorial Gemeinde predigen könnten.

Am 7. Dezember kam ein Komitee der Gemeinde auf Ironside zu mit der Frage, ob er seine Bedingung, nur für ein Probejahr zu bleiben, nicht zurücknehmen und für unbeschränkte Zeit bleiben wolle. Er antwortete, er wolle die Sache abwägen und darüber beten, aber er gab nicht sofort eine Antwort. Doch drei Tage später war er sich so sicher, daß er sich an dem vom Herrn für ihn bestimmten Platz befand, daß er dem Komitee sagte, er würde so lange bleiben, wie sie ihn wollten, oder der Herr ihm etwas anderes zeigen würde.

Der letzte Tag des Jahres 1930 führte zu einer glücklichen Wiedervereinigung mit Mrs. Ironside und Lillian. Sie waren von Oakland hergekommen, um bei ihm im Plaza Hotel zu bleiben, gegenüber dem Gemeindehaus. Mit welcher Freude die drei zur Mitternachtsversammlung gingen, wo Mrs. Ironside der Gemeinde vorgestellt wurde! In diesem Gottesdienst wurden zwei Predigten gehalten. Earnest M. Wadsworth sprach zuerst über „Erweckung". Dann, als man sich Mitternacht näherte, folgte Mr. Ironside mit einer Botschaft mit dem Thema „Die unbekannte Zukunft". Er schrieb:

> „31. Dezember 1930: Gerade, als das neue Jahr anbrach, kamen im Ausspracheraum vier Menschen zu Christus."

KAPITEL 19

Vom vielen Büchermachen

„Diese aber sind geschrieben, damit ihr glaubt, daß Jesus der Christus ist, der Sohn Gottes, und damit ihr durch den Glauben Leben habt in seinem Namen“ (Johannes 20,31).

Während der Jahre seines aktiven Kanzeldienstes in der Moody Memorial Church und anderswo legte Mr. Ironside seine Feder nicht beiseite. Seine Schriften nahmen sogar an Umfang zu, verglichen mit den Jahren davor. Auslegungen biblischer Bücher, lehrmäßige Studien, Bände mit Predigten, Büchlein und Schriften sind in schneller Folge im Druck erschienen. Darunter finden wir in den dreißiger Jahren: „The Epistles of John“ (Die Briefe des Johannes), 1931; „Charge that to My Account“ (Rechne dies mir an), 1931; „Hebrews and Titus“ (Hebräer und Titus), 1932; „Song of Solomon“ (Das Hohelied), 1933; „The Oxford Group Movement“ (Die Oxford-Gruppen-Bewegung), 1933; „The Unchanging Christ“ (Der unveränderliche Christus), 1934; „Things Seen and Heard in Bible Lands“ (Was ich in den Ländern der Bibel gesehen und gehört habe), 1936; „Exept Ye Repent“ (Wenn ihr nicht Buße tut), 1937; „Full Assurance“ (Volle Gewißheit), 1937; „In the Heavenlies (Ephesians)“ (In den himmlischen Örtern – Epheserbrief), 1937; „The First Epistle to the Corinthians“ (Der 1. Korintherbrief), 1938; „The Real St. Patrick“ (Der wirkliche St. Patrick), 1938; „The Second Epistle to the Corinthians“ (Der 2. Korintherbrief), 1939; „Billy Sunday's Funeral“ (Billy Sundays Begräbnis), 1939; „Random Reminiscences“ (Zufällige Erinnerungen), 1939.

In den vierziger jahren erschienen u.a.: „The Lamp of Prophecy“ (Das Licht der Prophetie), 1940; „The Epistle to the Galatians“ (Der Brief an die Galater), 1941; „The Continual Burnt Offering“ (Das beständige Brandopfer), 1941; „The Gospel of John“ (Das Johannesevangelium, 2 Bände), 1942; „A Historical Scetch of the

Brethren Movement“ (Ein historischer Abriß der Brüderbewegung), 1942; „Lectures on the Acts“ (Vorträge über die Apostelgeschichte), 1943; „The Great Parenthesis“ (Der große Einschub), 1943; „What's the Answer?“ (Wie heißt die Antwort?), 1944; „Great Words of the Gospel“ (Große Worte des Evangeliums), 1944; „Illustrations of Bible Truth“ (Illustrationen für die biblische Wahrheit), 1945 und „Divine Priorities“ (Göttliche Prioritäten), 1945. Mr. Ironsides Auslegungen biblischer Bücher in diesen Jahren wurden zwar nicht mit der Hand geschrieben, sondern in Predigtserien, die er in der Moody Church hielt, mitstenographiert. Doch es war notwendig, daß er diese Notizen durchsah und redigierte, bevor diese Werke für den Druck fertig waren.

Zwei der oben erwähnten Werke sind es wert, besonders hervorgehoben zu werden. Das erste davon trägt den Titel „Except Ye Repent“ (Wenn ihr nicht Buße tut – im Deutschen bei CLV erschienen als „Das unbequeme Wort“). Im Jahre 1936 schrieb die „American Tract Society“ (Amerikanische Traktatgesellschaft) einen Preis aus für die beste Abhandlung über eine oder mehrere wesentliche evangelikale Lehren des christlichen Glaubens. Der Wettbewerb stand allen offen, und der Einsendeschluß war der 31. August.

Ironside dachte oft daran, ein Manuskript einzureichen, fand aber wegen seiner anderen Verpflichtungen keine Zeit, mit dem Schreiben anzufangen. Schließlich begann er in der letzten Juliwoche, „Except Ye Repent“ zu Papier zu bringen. Von da an bis zur Vollendung des Buches schrieb er alles mit der Hand auf Zugfahrten und Konferenzen. Die einzelnen Kapitel schickte er, sobald sie fertig waren, seiner Sekretärin in Chicago, die sie dort für ihn tippte. Am Tag des Einsendeschlusses vollendete er das Manuskript, das etwa 54.000 Wörter umfaßte. Drei Monate später heißt es in seinem Tagebuch:

> „25. November 1936: War sehr erfreut, aber irgendwie überrascht, als ich heute ein Telegramm erhielt mit der Nachricht,

daß ich den 1000-Dollar-Preis vom Buchwettbewerb der A.T.S. gewonnen habe."

Das zweite Buch, das eine nähere Betrachtung verdient, ist „A Historical Scetch of the Brethren Movement" (Ein historischer Abriß der Brüderbewegung). Ironsides Gemeinschaft mit den „Brüdern" ist, wie wir wissen, immer eine glückliche gewesen. Er war sich darüber im klaren, daß er mit diesem Band, der nicht nur auf die vielfältigen Verdienste der „Brüderbewegung", sondern auch auf die traurigen Spaltungen hinweist, manche vor den Kopf stoßen würde. Wäre es nicht besser, jede Kritik wegzulassen? Aber wäre das völlig ehrlich und gerecht? Er kam zu dem Schluß, daß eine sehr offene Behandlung der ganzen Bewegung, wie er sie kannte, letztlich die beste Lösung wäre. Dabei war es sein Gebet, daß einige der führenden Männer unter den „Brüdern" sich ebenso prüfen würden, wie er es getan hatte, so daß die Veröffentlichung des Buches einiges Gute bewirken würde.

Das Buch ist von vielen gelesen und sein Autor heftig kritisiert worden. Dennoch bleibt es der Ausdruck von Ironsides Überzeugung bezüglich des Wertes und der Fehler der Brüderbewegung. Er ist nach wie vor der Auffassung, daß die Brüderbewegung angesichts der Tatsache, daß heute die Bedingungen und die Kraft der Apostelzeit nicht mehr gegeben sind, in ihren Auffassungen der neutestamentlichen Gemeindeordnung so nahe wie nur möglich kommt und nur durch menschliche Schwachheit entstellt wird. Die Abfassung von „A Historical Scetch of the Brethren Movement" war eine Arbeit der Liebe um deretwillen, für die er eine aufrichtige, achtungsvolle Zuneigung hegt.

Die Bücher Ironsides haben einen bemerkenswerten Absatz erzielt. Ungefähr eine Viertelmillion Bücher zur Schriftauslegung sind bis 1945 verbreitet worden, und über 150.000 Exemplare zu anderen Themen. Von den kleineren Werken wurden annähernd 350.000 Broschüren und Schriften verkauft, und etwa 150.000 seiner verschiedenen Traktate sind verbreitet worden. Die gesamten Werke werden von fünf Verlagen vertrieben: Loizeaux Brothers (die zur Jahrhundertwende den Anfang mit ihm machten), Zondervan Publishing House, Moody Press, Eerdmans und Fleming H. Revell Co. Die Gesamtverkaufsziffer bis 1945 beläuft sich auf über 900.000, und dabei sind Veröffentlichungen im Ausland nicht mitgerechnet.

Mr. Ironside behielt die Gewohnheit bei, keine Honorare oder Gewinne aus seinen Schriften für sich selbst anzunehmen. Er setzte das Geld wieder in Bücher um, die er kostenlos an Missionare, Prediger, Studenten und andere weitergab. Außerdem finanzierte er kostenlose Literatur der „Western Book & Tract Company“, deren Präsident er immer noch war. Auch aus dem Depot, das er gegründet hatte, hat er nie ein Gehalt bezogen. Vielmehr hat er dazu beigetragen, diesem über die schwierigen Jahre während und nach der Inflation hinwegzuhelfen.

Ich will ein wenig vorgreifen, um etwas deutlich zu machen. Im Jahre 1942 wurde Harry Ironside zum Präsidenten der Africa Inland Mission gewählt. Bei seiner Rückkehr nach Chicago im Herbst schrieb er einen Rundbrief, welcher jedem einzelnen der 290 Missionare der A.I.M. zugesandt wurde.

„10. September 1942

Liebe Mitarbeiter!

Es wäre eine Freude für mich, jedem einzelnen von euch einen persönlichen Brief zu schreiben, aber das ist mir leider nicht möglich. So habe ich diesen Weg gewählt, mich anläßlich der Übernahme meiner Verantwortung als Präsident der Mission an euch alle zu wenden. Um dieses Amt habe ich mich mit Sicherheit nicht bemüht, aber die Brüder des Heimatrates haben mich dazu gedrängt, es anzunehmen.

Dies tat ich in der Hoffnung, daß ich unter Gottes Leitung dazu imstande sein werde, das Werk, in welchem ihr tätig seid, zu fördern. Ich sende dieses Grußwort aus, um euch zu versichern, daß ich im Gebet an euch und an dem, was der Herr euren Händen anvertraut hat, Anteil nehme. Ich werde es mir zur Pflicht machen, täglich für euch zu beten und vertraue, daß der Segen Gottes in immer wachsendem Maße auf euch ruhen wird. Die Tage sind dunkel, die Welt ist in einem schrecklichen Durcheinander. Aber für uns, die wir den Herrn kennen, ist alles Licht, was vor uns liegt. Ich weiß, daß es Euer Wunsch ist, wie auch der meine, zu wirken, „bis Er kommt", und uns eifrig zu bemühen, die Verlorenen zu gewinnen und das Übrige zu stärken, so gut wir können, während wir auf die Ankunft unseres Herrn Jesus Christus und unser Versammeltwerden zu Ihm hin warten.

Ich werde mich jederzeit freuen, von euch zu hören, und werde mich immer bemühen, irgendeine Mitteilung unverzüglich zu beantworten. Solltet ihr an irgendwelchen meiner Bücher interessiert sein, würde ich mich freuen, sie euch kostenlos zuzusenden, wenn ihr mich wissen laßt, welche Titel Ihr gerne haben möchtet.

In Christus verbunden,
H.A. Ironside."

Es gab für Ironside in diesen Jahren noch andere Gelegenheiten, durch Schreiben zu dienen. Im Jahre 1937 bat Dr. Charles G. Trumbull (der damalige Herausgeber der „Sunday School Times") Mr. Ironside, die wöchentliche Lektion für die Zeitschrift zu schreiben. Darum begann Ironside im August jenen Jahres, die International Sunday School Lessons (Internationale Sonntagsschullektionen) zu verfassen. Ironside schrieb sie in der Regel am Samstagmorgen in seinem Studierzimmer, wenn er zuhause war, oder wo immer er sich auch befand, wenn er unterwegs war. Sie wurden mit der Hand niedergeschrieben und von Miss Dowe abgetippt. Da der Leserkreis der „Sunday School Times" sich damals auf 70.000 bis 75.000 Leser belief, wurde auf diesem Wege ein sehr großes Publikum erreicht.

Weitere Ehren sind Harry Ironside zuteil geworden. Neben seiner Verantwortung in der Africa Inland Mission und dem Dallas Theological Seminary war er in vielen anderen Ausschüssen tätig, einschließlich derer der Southern Bible Training School (wo er der Vorsitzende des Ausschusses war) und des Wheaton College. Am 3. Juni 1942 überreichte das Bob Jones College Mr. Ironside seinen zweiten Ehrentitel – diesmal den des D.D. (Doctor of Divinity – Doktor der Theologie). Er war seinem Freund Bob Jones, dem Präsidenten dieser Hochschule, nicht allein wegen dieser unverdienten „Ehre" dankbar, sondern auch aus einem ganz anderen Grund: „Eine Menge Leute", erklärte er, „dachten, ich sei schon vorher im Besitz des D.D. gewesen, und haben mich so angekündigt. Jetzt bleiben mir viele Erklärungen erspart."

Er war reich

> *„Denn ihr kennt die Gnade unseres Herrn Jesus Christus, daß er, da er reich war, um euretwillen arm wurde, damit ihr durch seine Armut reich würdet"* (2. Korinther 8,9).

Ein Christ wurde von einem Unitarier herausgefordert, eine einzige Bibelstelle anzuführen, die beweise, daß Jesus vor Seiner Geburt durch Maria schon existierte. Er wählte den oben zitierten Vers. Der andere entgegnete, daß dieser mit der zur Diskussion stehenden Frage überhaupt nichts zu tun habe. Doch der Christ entgegnete: „aber der Text sagt doch, ‚er war reich'. War Er jemals auf Erden reich? Wann war Er reich?"

Diese Auffassung ist unwiderlegbar, wenn man glaubt, daß die Bibel das Wort Gottes ist. Jesus war auf Erden niemals reich. Aber er war reich gewesen in der Herrlichkeit, die Er beim Vater hatte, ehe die Welt war. Welche Reichtümer waren da Sein! Und das gab Er alles auf und wurde arm, damit bankrotte Sünder in Ewigkeit reichgemacht werden konnten. Der, welcher auf Ihn vertraut, wird zum Erben all der herrlichen Reichtümer gemacht, die der Vater voll Freude mit denen teilt, die zu Ihm kommen und Seine Gnade annehmen.

Wer führte Dich herab
in Armut, Elend, Tod und Grab?
Wir, Herr, die Dir gegeben
Dein Gott, mit Dir zu leben.

KAPITEL 20

Eisen schärft Eisen

„Seid aber gegeneinander gütig, mitleidig, und vergebt einander, so wie Gott in Christus euch vergeben hat“ (Epheser 4,32).

Ein sehr weiser Mann sagte einmal: „Eisen wird scharf durch Eisen, und ein Mann schärft das Angesicht des anderen“ (Spr 27,17). Die Worte Salomos sind heute nicht weniger zutreffend als sie es vor fast 2.500 Jahren waren. So möchten wir jetzt einen bestimmten Aspekt von Mr. Ironsides Charakter betrachten, der bis hierher noch nicht in unser Blickfeld gerückt ist. Es sind Eigenschaften, die vielleicht unser eigenes Angesicht schärfen könnten. Es handelt sich nicht um Züge, die in einem kurzen biographischen Abriß erscheinen würden. Man würde sie auch nicht bemerken, wenn man vielleicht ein paar Botschaften über das Wort Gottes von ihm hörte.

Wir wollen hier nicht den Fehler zu begehen, einen Menschen zu loben. Gott möge das verhindern! Er ist es, der in unsere Herzen gestrahlt hat, und der Schatz, den wir haben, befindet sich „in irdenen Gefäßen, damit die Herrlichkeit der Kraft aus Gott sei, nicht aus uns“. Mit Recht heißt es in einem Gedicht:

„Nicht ich, sondern Christus werde geehrt, geliebt, erhoben.
Nicht ich, sondern Christus werde gesehen, gekannt, gehört.
Nicht ich, sondern Christus sei in jedem Blick, jeder Tat.
Nicht ich, sondern Christus sei in jedem Gedanken, jedem Wort.

Nicht ich, sondern Christus in niedriger, stiller Arbeit.
Nicht ich, sondern Christus in demütigem, gewissenhaftem
Mühen.

Christus, nur Christus, kein Großtun, kein Zur-Schau-Stellen.
Christus, keiner als Christus, der die Siegesbeute erwirbt.

A.A.F.

Dennoch denke ich, daß es dem Leser dieses Buches gegenüber nicht gerecht wäre, Eigenschaften der Güte, die dieser Freund und Bruder besitzt, zu verschweigen. Diese Züge sind von Gott geschenkt, dem alle Ehre gebührt. Denn Liebe und Freude und Friede und Sanftmut und die anderen Eigenschaften in Galater 5,22.23 sind die Frucht des Geistes, nicht des Menschen.

Ironside selbst würde sich wegen dieses Kapitels über mich entrüsten, da er es vorzieht, nur für „einen Bruder, einen Diener im Herrn" gehalten zu werden – was mit Sicherheit Vorrecht und Ehre genug für jedes Kind Gottes bedeutet! Niemand weiß besser als er, daß das Fleisch im Gläubigen zu jeder Sünde fähig ist, die es gibt. Es ist um kein Haar besser, als das Fleisch in einem Ungläubigen, und im Fleisch „wohnt nichts Gutes". Diese Dinge hier wurden also nicht dazu geschrieben, um irgendeinen Menschen zu loben oder ihm zu schmeicheln. Die Absicht des Schreibers besteht darin, zu zeigen, wie die Gnade unseres Herrn Jesus Christus im Leben eines durch Gnade erretteten Sünders sichtbar wird. Das tut sie genau in dem Maße, in welchem der Mensch sich vom Geist beherrschen und führen läßt.

Von einigen wurde behauptet, daß Mr. Ironside ein strenger, nicht gerade wohlwollender Mann sei. Andere gehen noch weiter, und bezeichnen ihn gar als kurzangebunden und unfreundlich. Ich glaube nicht, daß irgend jemand von denen, die ihn näher kennen, mit diesen Vorwürfen einverstanden wäre.

Erst kürzlich erlebte ich eine Situation mit, in welcher jemand Ironside angesprochen hatte und mit dem Eindruck zurückblieb, daß jener kurzangebunden und unhöflich sei. Das geschah am Ende eines harten Arbeitstages. Ironside war die ganze Nacht hindurch und einen Teil des Vormittags unterwegs gewesen. Er hatte bei einer Versammlung am Mittag gepredigt, war mit einer Gruppe von Männern beim Essen gewesen, hatte einige Briefe geschrieben und schließlich noch zu einem großen Publikum gesprochen.

Am Ende einer ziemlich langen Versammlung stand er auf der Tribüne und schüttelte einigen Leuten die Hände, die gerne mit ihm sprechen wollten. Es waren einige hunderte, wovon ihm mehrere Fragen stellten wie: „Können Sie sich nicht an mich erinnern?" Dann kam ein Mann auf ihn zu und bat ihn um die Antwort auf eine ziemlich schwierige lehrmäßige Frage, in welcher selbst fundierte Bibellehrer nicht übereinstimmen. Ironside war müde und geistig ausgelaugt – er sagte einfach, daß die Antwort in einem bestimmten seiner Bücher zu finden sei und nannte den Titel. Dann drehte er sich um, um anderen die Hand zu geben. Der Mann, der die Frage gestellt hatte, ging davon, erzürnt weil er nach seinem Empfinden eine „Abfuhr" erhalten hatte. Er zögerte auch nicht, einige, die herumstanden, wissen zu lassen, wie schlecht er gerade behandelt worden sei.

Wäre dieser Mann zu einer anderen Zeit zu Mr. Ironside gekommen, oder hätte er ihm einen Brief geschrieben, hätte er eine freundliche Antwort erhalten wie viele andere auch.

Mr. Ironside hat aber auch Gegner, die energischer und einflußreicher sind als der eben beschriebene. Einige, die andere Lehrmeinungen vertreten, haben ihn zur Zielscheibe gewählt im Kampf gegen die Gesamtheit biblischer Wahrheiten, die er vertritt und lehrt. Broschüren, Flugblätter und offene Briefe mit scharfen Angriffen gegen H.A. Ironside sind zu Dutzenden herausgekommen. Zu seinem Verdienst muß gesagt werden, daß die Antworten, die er darauf gab, immer auf die Verteidigung des Glaubens, nicht auf die Verteidigung seiner Person bedacht waren. Andere wiederum sind auf ihn losgegangen, weil er meinte, er könne wegen dieser oder jener Sache, sei es lehrmäßig oder moralisch, nicht mehr mit ihnen zusammengehen. Aber er hat sich konsequent dagegen gesträubt, dritten gegenüber die Namen solcher Personen zu nennen, außer in einigen wenigen Fällen, wo es notwendig war. Ganz im Gegenteil, sein Herz streckte sich nach diesen Männern aus; er betete für sie und sehnte sich nach einer Gelegenheit, ihnen zu helfen.

Überall dort, wo Gläubige in Nebenfragen mit Ironside in der Deutung der Heiligen Schrift nicht übereinstimmen oder wo offensichtlich ein Verlangen da ist, die Wahrheit zu wissen, oder wo kein Angriff auf Grundwahrheiten der Schrift beabsichtigt wird, ist er freundlich und demütig und bereit, zuzugeben, daß er nicht der Mensch ist, der im alleinigen Besitz der Wahrheit wäre. Mr. Philip E. Howard Jr., Herausgeber der „Sunday School Times“, schrieb einmal an Mr. Ironside wegen eines kritischen Briefes, den er von einem Abonnenten der Zeitschrift erhalten hatte. Der Leser nahm Anstoß an Ironsides Interpretation des 15. Kapitels des Johannesevangeliums und lenkte die Aufmerksamkeit auf die Tatsache, daß diese Sichtweise sich nicht völlig mit der des früheren Herausgebers Dr. Charles G. Trumbull deckte. Mr. Ironside antwortete Mr. Howard:

„22. Dezember 1941

Mein lieber Bruder!

Danke für dein Schreiben vom 18. Anbei schicke ich die ganzen Briefe zurück. Ich stelle fest, daß ein kleiner Unterschied besteht in meiner Sicht von Johannes 15 und der von Dr. Trumbull und vielen anderen. Dennoch ist der Unterschied nicht annähernd so groß, wie sich der Bruder, der schreibt, vorzustellen scheint. Es hängt fast völlig mit Vers 2 zusammen. Ich bin mir nicht ganz darüber im klaren, ob der Ausdruck ‚nimmt weg‘ wirklich besser mit ‚hebt hoch‘ zu übersetzen wäre. Ich weiß, daß viele auf diesem Standpunkt stehen. Andere verwerfen ihn. Ich bin nicht gelehrt genug, um darüber eine

Meinung abzugeben. Aber was Vers 6 betrifft, erscheint es mir ganz klar zu sein, daß die Zweige dort unbekehrte Menschen sind. Ich bin hier vielleicht im Irrtum, aber ich denke eigentlich nicht.

Betreffs meiner Behauptung, daß es im lebenden Weinstock keine natürlichen Reben gibt, denke ich, daß ein Moment der Überlegung zeigen wird, daß ich mich nicht irre. In Israel, dem alten Weinstock Jehovas, war jeder, der in das Volk geboren wurde, eine Rebe am Weinstock. In bezug auf unser Verhältnis zum wahren Weinstock gilt das nicht. Niemand ist durch die natürliche Geburt eine Rebe am Weinstock, sondern nur durch die Wiedergeburt. Der Weinstock spricht vom Zeugnis. Israel war Gottes früheres Zeugnis. Die bekennende Kirche ist heute Sein Zeugnis. Alle, die durch ihr Bekenntnis mit Christus verbunden sind, sind daher Reben am Weinstock. Aber nur die, welche in Ihm bleiben, bringen Frucht. ‚Bleiben' bedeutet eindeutig Gemeinschaft. Der Ausdruck wird an anderen Stellen des Neuen Testaments und in diesem ganzen Kapitel so gebraucht.

Ich würde nicht gerne einen Artikel schreiben, der sich gegen die Sicht von Dr. Trumbull stellt. Für ihn hegte ich seit jeher und erst recht jetzt, wo er in den Himmel gegangen ist, den allergrößten Respekt. Aber als ich die Lektion schrieb, mußte ich natürlich das niederschreiben, was ich für die Wahrheit halte. Zumindest in diesem Fall gilt der Grundsatz: ‚Propheten laßt zwei oder drei reden, und die anderen laßt urteilen.' Es steht dir frei, diesen Brief so zu gebrauchen, wie immer es dir beliebt."

Was Ironsides angebliche Strenge betrifft – wenn man glaubt, daß er so sei, kennt man ihn nicht. In der Regel sind seine Zeiten der Gemeinschaft mit anderen Christen abends, nach den Versammlungen. Beispielsweise treffen sich einige zum Eisessen oder in einem christlichen Haus zu einem kleinen Imbiß. Mr. Ironside bemüht sich zu solchen Gelegenheiten sehr, nicht zu lustig zu erscheinen. So will er vermeiden, daß die, welche durch das Wort gesegnet worden waren, durch Oberflächlichkeit verwirrt würden. Nur, wenn er seine Gesellschaft, in der er sich befindet, gut kennt, erlaubt er sich auch leichte Unterhaltung und Neckereien. Dann kramt er all die humorvollen Geschichten hervor, die einer über fünfzigjährigen Erfahrung und einem kaum versagenden Gedächtnis entspringen.

Wie sehr liebt er es, einen Abend bei Freunden im Haus zu verbringen! Eine der Erinnerungen an Mr. Ironside, die ich noch lange mit mir herumtragen werde, ist die an sein lautes Vorlesen. Bei uns zuhause las er an zwei aufeinanderfolgenden Abenden nach der Versammlung Caroline Atwater Masons reizende Geschichte „The Little Green God" vor. Tränen rannen über seine Wangen, als er mit dem Missionar Titus Fletcher fühlte, wie dieser die Korruption in der sogenannten christlichen Kirche erkannte, deren Pastor Fletchers Jugendfreund, der Hochwürden Dr. George Alexander gewesen war.

Bei denen, die Ironside gut kennen, hinterläßt vor allem seine Aufmerksamkeit und gütige Art einen bleibenden Eindruck. Wenn man etwa mit Mr. Ironside einen Termin hat, wartet er immer ein weniger früher als zur ausgemachten Zeit am vereinbarten Ort. Damit will er, der ja ein sehr beschäftigter Mann ist, dem anderen Ungelegenheiten ersparen. Ich erinnere mich nicht daran, Ironside ein einziges Mal unfreundlich über einen anderen reden gehört zu haben – eine Tugend, die unter christlichen Leitern zu wenig praktiziert wird. Das ist Freundlichkeit. Er ist auch bereit, seine Routine zu unterbrechen, um jemand mit einem nützlichen Wort oder einer praktischen Hilfeleistung beizustehen. Ein junger Prediger kommt beispielsweise ganz entmutigt in sein Büro, weil er weder eine Gemeinde noch eine Dienstmöglichkeit gefunden hat. Ironside unterhält sich mit ihm, schickt ihn aufs Moody Bibel Institut und entläßt ihn mit einem neuen Anzug auf seinen Weg.

Ein anderes Mal besucht er einen Freund von ganz früher. Als er die Adresse herausgefunden hat, spricht er mit der erwachsenen Tochter des Freundes, die er zuletzt als Baby gesehen hatte. Er fragt sie, ob sie Christus als ihren persönlichen Heiland kenne, und als eine ziemlich zögernde Antwort kommt, sagt er: „Du weißt bescheid, liebes Mädchen; ich hoffe, du wirst Ihm vertrauen. Ich habe schon viele Jahre für dich gebetet und werde es weiterhin tun."

Oft nimmt er sich die Zeit, einem jungen Prediger, dem er zuhört, ein Wort der Ermutigung zu sagen. Solch einen Brief schrieb er eigenhändig an einen Bruder, der ziemlich deprimiert war über eine Botschaft, die er auf einer Bibelkonferenz gehalten hatte. Mr. Ironside, der die Entmutigung des jungen Mannes gespürt haben muß, schrieb ihm einen schönen Brief über einen, der genau durch diese Predigt gesegnet worden war.

Dies ist mein Gebot ...

Als Ironside in der Moody Church über die Liebe Christi und das Bleiben in dieser Liebe sprach, benutzte er zur Verdeutlichung folgende Geschichte:

Vor einigen Jahren gab es in China einen Missionar, der das Neue Testament in die chinesische Sprache übersetzte. In diesem Werk wurde er von einem herausragenden chinesischen Gelehrten unterstützt. Jener war ein Konfuzianist und hatte nie irgend etwas vom Christentum gehört, bis er mit dieser Arbeit zu tun hatte. Tag für Tag, Woche um Woche, Monat für Monat saßen sie zusammen. Aber der Missionar dachte wohl, daß er dem chinesischen Herrn nichts davon sagen solle, daß er Christus und die Errettung in Ihm brauchte. Als das Werk schließlich vollendet war, wagte er doch einen Vorstoß und sagte zu seinem chinesischen Freund: „Sie waren mir eine große Hilfe. Ich hätte diese Aufgabe niemals ohne Sie erfüllen können. Nun möchte ich Sie etwas fragen. Als

wir miteinander das Neue Testament durchgegangen sind, hat Sie da die Schönheit des Christentums nicht berührt? Würden Sie nicht gerne Christ werden?"
Der chinesische Gelehrte antwortete: „Ja, es spricht mich wirklich an. Ich denke, es bietet das wunderbarste ethische System, das ich je gekannt habe. Ich glaube, wenn ich jemals einen Christen treffen sollte, wäre ich daran interessiert, selbst einer zu werden."
„Aber", rief der Missionar aus, „ich bin doch ein Christ!"
„Sie?" antwortete der Gelehrte. „Sie, ein Christ? Ich hoffe, es wird Sie nicht beleidigen, aber ich muß Ihnen etwas gestehen: Von Anfang an habe ich Sie genau beobachtet und achtgegeben auf das, was Sie sagen. Wenn ich das Neue Testament recht verstehe, ist ein Christ einer, der Jesus nachfolgt, und Jesus sagte: ‚Ein neues Gebot gebe ich euch, daß ihr einander liebet.' Sie können kein Christ sein, denn ich habe gehört, wie Sie sich sehr unfreundlich über andere geäußert haben. Und ich habe auch beobachtet, daß Sie Gott nicht vertrauen, wo doch das Neue Testament sagt, Er wird für eure Bedürfnisse sorgen. Sie sorgen sich um dieses und jenes, und wenn Ihr Scheck einen Tag auf sich warten läßt, werden Sie schrecklich unruhig. Nein, Sie können kein Christ sein. Aber ich denke, wenn ich jemals einen sehen sollte, würde ich gerne auch einer werden."

Der Missionar wurde dadurch so überführt, daß er zusammenbrach und ein Bekenntnis herausschluchzte. Er bat Gott und den chinesischen Mann um Vergebung wegen seiner Herzenskälte und Nachlässigkeit. Als er und der Gelehrte Abschied voneinander nahmen, äußerte letzterer: „Nun, vielleicht habe ich doch einen Christen gesehen."

KAPITEL 21

Der Herr hat gegeben ...

„Du bist mir zur Hilfe gewesen, und ich werde jubeln in dem Schatten deiner Flügel“ (Psalm 63,7).

Dieses Buch begann mit der Beschreibung von Gottes Treue zu einer Familie und ihrem Zeugnis von Ihm. So ist es passend, daß sie auch damit endet.

Die Erziehung ihrer Tochter Lillian war eine Angelegenheit von größter Bedeutung für Harry und Helen Ironside. Sie erinnerten sich nämlich an den Beinahe-Schiffbruch, den Johns Glaube als Folge seines Studiums an der University of California erlitten hatte. Sie beschlossen daher, daß dies mit der Hilfe des Herrn in Lillians Fall nicht passieren dürfe. Also wählten sie für das Mädchen die Wheaton Academy und das Wheaton College aus.

Allerdings schien es kaum durchführbar zu sein, daß Lillian jeden Tag von Chicago nach Wheaton fuhr, und das neun Jahre lang. Auf der anderen Seite wäre es nicht günstig gewesen, wenn die ganze Familie nach Wheaton gezogen wäre. Denn wenn Mr. Ironside in Chicago war, mußte er die meiste Zeit im Gemeindehaus verbringen. Im Jahre 1934 wurde eine glückliche Lösung für das Problem gefunden. Die Ironsides fanden ein Haus in Wheaton, wo Mrs. Ironside und Lillian unter der Woche wohnten. Aber sie hielten weiterhin ihre Zimmer im Plaza Hotel belegt, wo sich der Hauptwohnsitz von Mr. Ironside befand. Seine Frau und Lillian kamen an den Wochenenden in die Stadt, um bei ihm zu sein. Dieses Arrangement bedeutete zusätzliche Kosten, aber Ironside blickte auf den Herrn bezüglich der Bereitstellung des Geldes, und Er sorgte auch dafür, bis Lillian 1942 das College absolvierte.

Doch andere Ereignisse passierten in der Zwischenzeit – und

brachten den Herzen von Harry und Helen Ironside abwechseln Freude und Kummer.

John behielt seine Anstellung bei der „Dollar Steamship Line" für etwa acht Jahre. Im Jahre 1933 wurde er zum Kassier befördert und diente in dieser Funktion auf den „President"-Schiffen bis zum Jahre 1938. Er heiratete 1935 eine Lehrerin namens Sally Gentry. Im Jahre 1938 verließ er die Dollar Steamship Company und machte in Los Angeles ein eigenes Geschäft auf. Dann, Anfang des folgenden Jahres, geschah etwas ganz Wunderbares: John wurde auf gnädige und herrliche Weise zum Herrn zurückgeführt. Er und Sally erlebten zusammen ein klares Erwachen, was ihre Verantwortung vor Ihm betraf. Sie übergaben sich selbst dem Herrn und schrieben natürlich an Johns Eltern, um ihnen alles zu berichten. Ich besitze keine Abschrift des Briefes, aber einen Eintrag in Ironsides Tagebuch von Ende Februar 1939:

> „Was uns diesen Monat mehr bedeutet hat als irgend etwas anderes, war ein Brief von John. Er möchte sich dem Herrn völlig übergeben. Es war so wunderbar geschrieben, und ist die Antwort auf die Gebete vieler Jahre – und es brachte uns dazu, vor dem Herrn niederzufallen."

Es wurde John und Sally unverzüglich möglich gemacht, in das Moody Bibel Institut einzutreten, 1941 bestanden sie die Abschlußprüfung. Nach dem Abschluß diente John als Mit-Pastor an der Moody Memorial Church, doch im Jahre 1944 nahm er einen Ruf des Moody Bibel Institut als Assistant Dean of Men an. Gott erhörte die Gebete von John Ironside und seiner Frau und schenkte ihnen 1945 ein Töchterchen, Marion Bernice Ironside.

In der Zwischenzeit hatte Edmund in seiner Arbeit an der Southern Bible Training School manche Hochs und Tiefs durchlebt. Die finanzielle Last drückte schwer, und manches Mal war Ed wirklich entmutigt. Dennoch, es gab viele Anzeichen, daß der Herr im Leben der schwarzen Christen wirkte, denen Ed Ermutigung und Hilfe gegeben hatte. Ed empfand, daß der Dienst sehr wertvoll und wichtig war, trotz der Bedrängnisse, die er durchstehen mußte.

Im Frühjahr überreichte das Bob Jones College Edmund Ironside den Ehrentitel L.H.D., Doctor of Humanities. Im Sommer jedoch erlitt er einen schweren Herzinfarkt und starb wenige Tage später. Sein Vater war gerade in Montrose zur Allgemeinen Bibelkonferenz angekommen, als ihn die Nachricht von Edmunds Heimgang erreichte. Sein Tagebuch hält fest: „Gleich nach dem Abendessen erhielt ich ein Telegramm von Freda, das mir mitteilte, daß Edmund soeben heimgegangen sei. Ich habe einen Sohn im Himmel – aber wie sehr werde ich ihn hier unten vermissen!"

Mr. Ironside setzte sich mit seiner Frau und John in Verbindung und vereinbarte, am 29. nach Dallas zu kommen, wo die Beerdigung sein sollte. Eds Heimgang war ein großer Schock für seinen Vater, aber der Herr trug ihn wunderbar durch. Es war sehr schwer für Mr. Ironside, beim Bestattungsinstitut den toten Leib seines Sohnes zu sehen. Allein die Kraft des Herrn hielt ihn aufrecht, als er die Begräbnispredigt hielt, die das Wort behandelte: „Dank sei Gott, der uns den Sieg gibt."

Über zweihundert Freunde, sowohl Farbige als Weiße, nahmen an dem Gottesdienst teil. Einer der farbigen Gläubigen, dem Edmund viel Liebe und gute Dienste erwiesen hatte, faßte seine Achtung vor ihm in die Worte: „Edmund Ironside war der schwärzeste Weiße, den ich je gekannt habe!" Edmund hätte für seine verständnisvolle Anteilnahme an seinen schwarzen Brüdern kein größeres Lob bekommen können.

Der Schock über den Tod seines Sohnes lastete viele Monate lang schwer auf Ironside und machte ihn geistig müde. Er wußte, daß der Herr alles richtig macht. Er freute sich für Ed. Aber so sehr er es auch versuchte, er konnte sich von seinem Schmerz nicht freimachen. Doch durch das alles hindurch blieb das Vertrauen zum

Herrn und der Friede, die ihn auf seiner ganzen Pilgerreise aufrechtgehalten haben. Ein Brief, den ich zu jener Zeit von ihm bekam, kann das deutlich machen.

„7. August 1941

Geliebter Bruder!

Ich habe Dich wirklich schlecht behandelt. Du warst so freundlich. Sowohl Dein Telegramm als auch Deine Briefe der liebevollen Anteilnahme haben uns allen sehr viel bedeutet. Ich weiß ja, daß Deine liebe Frau auch dazu bestimmt war, durch das Tal zu wandern, über dem der Todesschatten schwebt, als sie ihre liebe Mutter verlor. Aber ich freue mich darüber, daß sie sich so offensichtlich in den Willen Gottes gefügt hat. Es bedeutet so viel, nicht wahr, selbst unter Tränen sagen zu können: ‚Der Herr hat gegeben. Der Herr hat genommen. Der Name des Herrn sei gepriesen.‘

Ich bin Ihm so sehr dankbar für die Art und Weise, wie Er uns alle durch diese Zeit des Verlustes getragen hat. Der natürliche Mensch würde versuchen, Fragen zu stellen, aber der Glaube ruht im Wissen um die unendliche Weisheit und Liebe Gottes. Unsere Herzen finden wunderbaren Frieden, wenn wir über den gesegneten Zustand der Toten in Christo nachsinnen. Mit Sicherheit kann nichts wunderbarer sein als dieses: ‚Sie werden Sein Angesicht schauen.‘ Und wenn wir davon reden, daß sein Werk unterbrochen wurde, müssen wir bedenken, daß es ein Werk gibt, daß ohne Zweifel weit wichtiger ist, als irgend etwas, das hier getan werden kann, denn es steht geschrieben: ‚Seine Knechte werden ihm dienen.‘“

Aber das Leben und die Arbeit müssen weitergehen, trotz Kummer und Tränen. Innerhalb weniger Tage nach der Beerdigung war Ironside wieder auf dem Erntefeld und diente in Ocean City in New Jersey.

Im Jahre 1944 heiratete Lillian den Korporal Gilbert A. Koppin Jr. und zog mit ihm nach Westen, um in seinem Armeedienst bei ihm zu sein. So befinden sich nun Harry und Helen in gewisser Weise wieder an dem Punkt, wo sie 46 Jahre zuvor begonnen hatten. Sie leben wieder zu zweit alleine zusammen. Dennoch sind sie nicht allein, denn Der, in welchem ihr Vertrauen die vielen Jahre geruht hat, ist immer noch ihr Hirte und ihr Zufluchtsort.

Kapitel 22

Ein Mann nach Gottes Herzen

„... als Sklaven Christi, indem ihr den Willen Gottes von Herzen tut“ (Epheser 6,6).

Man kann die Lebensgeschichte von Harry Ironside nicht von seinen inneren Gedanken oder seinen allgemeinen Einstellungen trennen. Es ist die Geschichte eines Mannes, der viel unterwegs war. Er hatte wenig Zeit für die Art von meditativen Aufsätzen, wie wir sie in den Schriften der Puritaner und der frommen Autoren des neunzehnten Jahrhunderts finden. Das bedeutet aber nicht, daß Harry nicht mit Gott gesprochen hätte. Wie könnte ein Mensch mit der Schrift leben, wie er es tat, ohne Gott den Vater, den Sohn und den Heiligen Geist zu lieben und zu verehren? Er freute sich darüber, daß er aus eigener Erfahrung die Güte Gottes kannte. Das ist in der Tat in seinen Tagebüchern leicht zu erkennen.

> „Heute war ein prüfungsreicher Tag, aber ‚Ich werde vertrauen und mich nicht fürchten‘ ... Du weißt es, o Herr.“

> „Mein 38. Geburtstag. Mit Sicherheit ist nun mehr als die Hälfte meines Lebens gelaufen. Selbst, wenn das Kommen des Herrn nicht zu meiner Lebenszeit stattfinden sollte, erscheint es sehr nahe. O, daß ich doch die noch verbleibende Zeit mehr für Gott nutzen möge, als die bereits vergangene.“

> „Sorgen lasten auf meinem Geist, und mir gelingt es kaum, mich über sie zu erheben. Herr, hilf mir, dir viel mehr blind zu vertrauen.“

> „‚Haltet euch der Sünde für tot‘ (Röm 6,11). Ich fühle sehr deutlich, wie wenig ich dies erst praktiziere.“

Harry war ein hingegebener Familienvater. Das verwundert nicht, auch, wenn zwischen ihm und Helen nicht allezeit eitel Sonnenschein war. Es lag nicht daran, daß Helen nicht hinter seiner Berufung gestanden hätte oder nicht glücklich gewesen wäre über das, was er erreichte. Aber Harrys Eifer für Christus und seine Gewissenhaftigkeit im Ausüben desselben führten ihn so oft von zuhause weg. Manchmal handelte es sich um Wochen oder gar Monate, und dieses Leben war für seine Frau – gelinde gesagt – nicht einfach. Die Verantwortung für die Erziehung der beiden Jungen mit allem, was dazu gehört, trug ausschließlich sie. Außerdem lief der Haushalt über zwanzig Jahre lang auf einer Von-der-Hand-in-den-Mund-Basis. Das beunruhigte Helen. Es mag leicht sein, eine alte Glaubensweisheit zu zitieren, die lautet: „Wenn es Gottes Hand ist, die uns zu essen gibt, dann ist alles gut", ein Satz, der bestimmt wahr ist. Aber jeder, der einmal „aus Glauben" gelebt hat, wird ein Lied davon singen können, wie hart die Prüfungen zeitweise sind. Helen vertraute dem Herrn, daß er, entsprechend seiner Verheißung, für ihre Bedürfnisse sorgen würde. Dennoch mußte der Gürtel manches Mal schon sehr eng geschnallt werden.

Helen war etwas temperamentvoll veranlagt, und so regte es sie auf, daß immer wieder törichte Frauen so viel Aufhebens machten um ihren Mann. Wenn er zu Hause war, beanspruchte sie ihn für sich. Wenn er weg war, hatte sie Gefühle der Eifersucht seinetwegen. Es gibt keinen Zweifel, daß Harry von einem brennenden Verlangen dazu getrieben wurde, das Wort immer und überall, wo es ihm möglich war, zu predigen und so schlug er selten eine Einladung aus, es sei denn, es war ihm körperlich unmöglich, sie anzunehmen. Doch es ist wirklich fraglich, ob es immer so weise von ihm war, so lange von zu Hause wegzubleiben. Andererseits ist es aber Helen gegenüber nicht fair, zu vermuten, daß sie gegen seinen Reisedienst gewesen wäre. In ihrer ersten gemeinsamen Zeit beteten sie oft miteinander wegen dieser Sache. Der Herr kam seit jeher in ihrem Leben an erster Stelle. Sie suchten seinen Willen und beugten sich unter ihn, soweit sie ihn erkennen konnten. Viele Geschäftsmänner sind ebensoviel unterwegs, wie Harry es war, doch er war ein Gesandter des Königs! Hätte er vielleicht weniger investieren sollen als sie?

Auf den tausenden Seiten Tagebuch, die Ironside geschrieben hat, erwähnt er immer und immer wieder, wieviel ihm Helen bedeutete. Er gesteht, daß er sie sehr vermißte, daß seine Gedanken bei ihr waren und er sich an das eine oder andere Zusammensein mit ihr zurückerinnerte. Die häufigen Trennungen von seiner Familie waren alles andere als leicht für ihn. Ganz gleich, in welche Stadt er kam, er versuchte immer ein kleines Geschenk für Helen zu finden, das er ihr bei seiner Heimkehr mitbringen konnte. Es war manchmal nur ein buntes Band, ein Taschentuch oder irgendein einfaches Schmuckstück, aber er hatte so gut wie immer etwas für sie dabei. Dies weiß ich, weil ich ihn oft begleitete, wenn er seine Einkäufe machte. Natürlich wählte er dafür in der Regel einen Drogerie- oder Diskontmarkt, denn er hatte wenig Geld in der Tasche. In späteren Jahren war es ihm möglich, seiner Frau Wertvolleres zu besorgen. Einmal zum Beispiel brachte Harry ihr ein Geschenk aus Kanada mit. In seinem Tagebuch steht: „Helen war begeistert von dem englischen Porzellan, das ich ihr mitgebracht habe.“ Ein anderes Mal, als Ironside die Woche vor Ostern in Dallas gewesen war, kam er ohne Mitbringsel nach Hause. Am folgenden Abend schrieb er in sein Tagebuch: „Nach dem Mittagessen bin ich ins Zentrum von Chicago gegangen und habe ein paar Kleidungsstücke für Helen besorgt. Sie gefallen ihr außerordentlich gut.“ Seine Einträge vom Jahr 1947 drücken Schmerz aus, weil Helen sehr krank war. Nach Abschluß einer Predigtreihe in Florida schrieb er:

> „4. März 1947: Unterwegs nach Chicago. War körperlich und geistig völlig erschöpft und habe fast den ganzen Tag geschlafen ... Ich denke an Helen und hoffe und bete, daß die Sache mit ihr gut ausgehen wird.“

Hier und dort erscheint eine Bemerkung über die „arme Helen“, oder etwa: „Helen fühlte sich um 11 Uhr miserabel. Ich mußte die ganze Nacht mit ihr aufbleiben", oder „Helen hustete schrecklich viel", und „Helen geht es überhaupt nicht gut. Ich mache mir große Sorgen um sie."

Nur ein einziger Eintrag auf mehr als über 7.500 Seiten läßt ahnen, daß einmal zwischen ihm und seiner Frau nicht vollkommenes Einverständnis herrschte, und das war zu einer Zeit, als es ihr nicht gut ging.

> „30. Juni 1947: Helen scheint sich nicht wohlzufühlen. Sie grübelt dauernd nach. Ich wünschte, sie hätte mehr von der Freude am Herrn."

Für Harry Ironside gab es nie eine andere Frau als Helen Schofield Ironside. Sie war die Frau seiner Jugend und auch seiner reifen Jahre. Es wäre ihm nie in den Sinn gekommen, seinen Blick auf eine andere Frau zu werfen. Einmal, als ihn eine reizende Dame tadelte, weil er sich nicht mehr an sie erinnerte, obwohl sie ihn doch einige Jahre zuvor auf einer Bibelkonferenz getroffen hatte, antwortete er: „Nun, wissen Sie, ich merke mir einfach die ganzen netten Damen nicht, die mir begegnen. Ich habe nämlich eine wunderbare Ehefrau zuhause."

Man darf nicht annehmen, Harry habe keine Fehler gehabt oder sich nie getäuscht. In seinen Blütejahren wurde er von beinahe allen Evangelikalen hochgeschätzt. Er wurde oft scherzhaft als der Erzbischof des Fundamentalismus bezeichnet – ein Titel, der ihn amüsierte, aber der ihm vermutlich auch gefiel. Es gab jedoch auch Gelegenheiten, wenn auch nicht viele, wo er im Ansehen vieler seiner Nächsten und Bewunderer vom hohen Podest herunterstürzte. Das war, wenn er es zuließ, daß sein in der Regel unparteiisches Urteil durch Bitterkeit verfärbt wurde. Ich zweifle nicht daran, daß sich Ironside in jedem dieser Fälle sicher war, im Recht zu sein. Wenn alles gesagt und getan war, dann war sein Herz für Gottes Reden offen. Es war das Grundmuster seines Lebens, den Willen des Herrn zu suchen und zu tun. Er kannte seine eigenen Mängel und wußte darum, daß es noch andere Schwachpunkte in seinem Leben geben konnte, die ihm noch nicht bewußt waren. Harry, der wie König David nicht fehlerlos war, war doch ein Mann nach dem Herzen Gottes. Zu jeder Zeit bestand sein größtes Verlangen darin, mit Gott im Reinen zu sein.

Ich habe Ironside etwa 30 Jahre lang ziemlich gut gekannt und viele Stunden mit ihm verbracht. Und zwar nicht nur auf Bibelkonferenzen und Mitarbeitersitzungen, sondern auch, als wir hin und wieder zusammen Kranke besuchten und mit anderen Heiligen Gemeinschaft pflegten. Manchmal erlebte ich ihn starrköpfig, aber auf angenehme Weise. Und er war in der Regel bereit, jedem das Recht zuzugestehen, anderer Meinung zu sein. Als ich seiner Schwiegertochter Sally Ironside sagte, daß es wohl töricht wäre, in diesem Buch so zu tun, als sei Ironside perfekt gewesen, antwortete sie: „Ich weiß, daß du Recht hast, aber es fällt mir schwer, einzugestehen, daß er nicht perfekt gewesen ist.“ Diese Äußerung stammt, wohlgemerkt, von einer Frau, die ihn 19 Jahre lang als ihren Schwiegervater gekannt hat!

Ironside hatte einen feinen Sinn für Humor. Er war nicht jemand, der einen Witz nur um des Witzes willen zum besten gab. Doch er hatte eine Art, an alltäglichen Dingen die amüsante Seite zu entdecken und diese anderen zu zeigen. „Ich glaube, ich weiß, was der Stachel im Fleisch des Paulus war“, meinte er einmal, „sein Chorleiter!“

Ein weiteres Beispiel für seine Besorgtheit kommt mir in Zusammenhang mit seinen Mitarbeitern der Moody Gemeinde in den Sinn – für sie hat er so vieles getan. Als Herbert J. Pugmire im Jahre 1947 dem Team beitrat, zogen er und seine Familie in eine Wohnung in Oak Park, Illinois. Herbert war ein ziemlicher Schrank von Mann, und erwähnte, daß es ihm scheinbar nie gelänge, einen bequemen Sessel für sich zu finden. Etwa eine Woche später bat ihn Harry, mit ihm einkaufen zu gehen. Als sie sich gerade in einem Möbelgeschäft befanden, schaute sich Ironside einige weiche, gepolsterte Sitzgelegenheiten an und sagte zu seinem Begleiter: „Herbert, versuch doch mal diesen Sessel und sieh, ob er bequem ist!“ Der jüngere Mann dachte, Ironside suche etwas für sich, aber er probierte den Sessel trotzdem aus. „Nun, ist er bequem?“ fragte Harry. „Ja, der ist in Ordnung.“ „Bist du dir sicher?“ fragte Ironside nochmals. Und als Pugmire bejahte, bestellte Ironside den Sessel, indem er ihn zu Pugmires nach Hause, die Rechnung aber an seine eigene Adresse schicken ließ.

Kapitel 23

Der Sand der Zeit

„Der Mensch gleicht dem Hauch. Seine Tage sind wie ein vorübergehender Schatten" (Psalm 144,4).

Das Jahr 1946 war Harrys 70. Lebensjahr. Er spielte nun langsam mit dem Gedanken, sein Amt als Pastor niederzulegen. Er fand sich schon zu alt, um auf die jungen Leute ansprechend zu wirken. Außerdem war er sich offensichtlich bewußt, daß seine Zuhörerschaft allmählich kleiner wurde. Im vergangenen Jahr hatte die Versammlung am Sonntagmorgen nur etwa 2.500 Leute angezogen. Das bedeutete, daß die erste Etage des Auditoriums in der Regel voll war, aber die Galerie nur spärlich besetzt war. Eine der Ursachen dafür lag natürlich darin, daß die Stadtbevölkerung immer mehr in die Vororte hinauszog. Regelmäßig zur Versammlung zu fahren war unbequem, vor allem bei ungünstigem Wetter, und kam außerdem ziemlich teuer. Zwei solche Fahrten am Tag waren für viele Gemeindeglieder äußerst schwierig. Ironside dachte, daß ein jüngerer, dynamischerer Mann als er vielleicht besser für die Gemeinde wäre. Während er darüber den Willen des Herrn suchte, machte er mit seinem gewohnten aufreibenden Terminplan weiter.

Ein einschneidender Wechsel ereignete sich im Leben der Ironsides im Jahre 1947. Helens körperlicher Zustand, bedingt durch eine Koronarthrombose, verschlechterte sich. Sie litt nicht unter schlimmen Schmerzen, doch Schwäche und Kopfschmerzen hielten sie in elendem Zustand. Einträge in Ironsides Tagebuch lauten: „Helen fühlt sich schlechter." „Helen hatte eine schlimme Nacht." „Bin heute einen Teil der Nacht mit Helen aufgeblieben." „Dachte, Helen würde ihren letzten Atemzug tun." Zur selben Zeit ließ Harrys Sehvermögen nach. In beiden Augen hatte sich seit Jahren Grauer Star gebildet, so daß er immer verschwommener sah. Er war zwar noch nicht so ausgeprägt, daß es eine Operation erforderlich machte. So hatte man es ihm wenigstens gesagt. Es gelang ihm, mit seiner Arbeit weiterzumachen, wenn auch mit einiger Mühe. Am selben Tag, als er einem Freund schrieb: „Mein Augenlicht scheint mich zu verlassen“, heißt es in seinem Tagebuch:

> „Habe bis mittags im Büro gearbeitet. ‚Hesekiel‘ ist jetzt postfertig. Dank sei Gott. Das ist wahrscheinlich das letzte große Buch, das ich jemals geschrieben habe.“

Im September, als er wegen einer Vortragsreihe in Memphis weilte, besuchte er Dr. Wesley McKinney, einen befreundeten Christ und namhaften Augenarzt. Dieser riet Ironside zu einer Operation, sobald er die dazu nötige Zeit finden konnte.

Die Tagebücher wurden nun in einer Kritzelschrift geschrieben, die zunehmend schwieriger zu entziffern ist. Gerade noch lesbar ist eine Bemerkung vom 24. November 1948: „Ich merke, daß ich ein müder alter Mann bin.“ Am 31. Dezember nahmen etwa 1800 Menschen an der Mitternachtsversammlung in der Moody Church teil. Am nächsten Tag schrieb er in sein Tagebuch:

> „Im vergangenen Jahr habe ich 569mal gepredigt, abgesehen von den vielen anderen Dingen. Am Ende des Jahres steht es immer noch sehr ernst um meine liebe Frau Helen. Aber wir setzen unsere Hoffnung auf Gott, daß er sie aufrichten und uns noch einige Zeit erhalten möge.
>
> John Ironside hat uns heute verlassen, um nach Winona Lake zu fahren, nachdem er vier Tage mit uns verbracht hatte. Er und ich dachten, Helen sei nun über den Berg und es werde von nun an mit ihr wieder aufwärts gehen.“

Dieser Eintrag entstammt der letzten Seite des letzten Tagebuches, das Harry Ironside je geführt hat. Von da an besaß er zwar ein Tagebuch, aber verwendete es nur, um sich Datum und Tag seiner geplanten Predigttermine einzutragen.

Der 5. Januar war der Tag der goldenen Hochzeit der Ironsides. Der Anlaß wurde in der Gemeinde gefeiert, doch es fehlte ihm an Glanz, weil der „Bräutigam" ohne seine „Braut" daran teilnahm. Daher wurde die Feierlichkeit zu ihrer Wohnung im Plaza Hotel hinüberverlegt. So konnte Helen, mit ihrer nun ständigen Begleiterin Miss Anna, die Gratulationen und Harrys Antworten darauf mitverfolgen. Sie hatte Freude an allem, was geboten wurde.

Im Laufe der Monate wurden die Zeiten, in welchen sich Mrs. Ironside schlecht fühlte, immer länger. Doch nur selten gab sie sich der Mutlosigkeit hin. Die meiste Zeit war sie dankbar für die Freuden, die man ihr ermöglichte. Sie verlor ihr Interesse am Leben nicht. Beispielsweise mochte sie Tiere sehr gern. So beobachtete sie die Pferde und Wagen, die sie von ihrem Hotelfenster aus sehen konnte. Sie empfand den Optimismus mit, den ihr Arzt und ihre Familie zur Jahreswende geäußert hatten, und sie hatte die Freude, Harry viel mehr als in den vorherigen Jahren bei sich zu haben. Er nahm nämlich Predigttermine außerhalb von Chicago nur noch an, wenn er binnen 24 Stunden zurück sein konnte.

In der Mitte des Jahres 1947 hatte Ironside sich verpflichtet, im April 1948 einige Tage in Minneapolis zu sprechen. Als der Termin näherrückte, fühlte er ein Widerstreben, Helen zu verlassen. Er sagte ihr, daß er denke, er sollte die Vereinbarung absagen. Doch sie drängte ihn, zu fahren. Sie argumentierte, daß Gott ihn doch berufen habe, das Wort zu predigen. Es ginge ihr nicht schlechter, als in den Wochen davor, und er könne auch nichts für sie tun, wenn er zuhause bliebe. Sie beteten für die Sache, und in gegenseitiger Übereinstimmung fuhr er ab. Ein paar Tage später, als Harry gerade im Zug saß und von Minneapolis heimfuhr, wurde Helen vom Herrn heimgeholt. Es geschah um 2 Uhr morgens, am 1. Mai 1948. Gilbert und Lillian Koppin, zusammen mit Miss

Anna, warteten in Chicago am Bahnhof auf Ironside und überbrachten ihm die Nachricht.

Die Beerdigungsfeier wurde im Gemeindehaus abgehalten. Die Mitpastoren Hermansen und Pugmire eröffneten und beschlossen die Versammlung. Beverley Shea, eine Gospelsängerin, sang zwei von Helens Lieblingsliedern, „Great Is Thy Faithfulness" (deutsch: „Bleibend ist Seine Treu") und „I Shall Be Satisfied". Dr. J. Palmer Muntz sprach ein paar passende Worte. Dr. Henry Hepburn, der ehemalige Pastor von der Buena Memorial Presbyterian Church, las das Schriftwort. Und William Culbertson, der Präsident des Moody Bibelinstituts, hielt die Beerdigungspredigt.

Harry machte sich Vorwürfe, weil er nicht zu Hause gewesen war, als Helen starb. Monatelang schien er Schuldgefühle mit sich herumzutragen, und war nicht zu überzeugen, daß dies nicht nötig war. Es war nichts anderes, als die emotionale Reaktion eines alternden, erschöpften Mannes.

Nicht viele Wochen, nachdem der Herr Helen heimgeholt hatte, passierte Harry ein Mißgeschick, das zweifelsohne seinem schwindenden Sehvermögen zuzuschreiben war. Im Gemeindehaus fiel er eine Treppe hinunter und schlug gegen die Tür, die zur La Salle Street hinausführt. Pugmire und andere, die den Lärm gehört hatten, eilten herbei, um ihm zu helfen. Sie fanden ihn erschrocken am Boden hingestreckt liegen und halfen ihm auf die Füße. Er sagte, daß seine Schulter schmerzte, aber bestand darauf, daß es wirklich nicht so schlimm sei. Er wollte in seine Wohnung hinübergehen und einen Umschlag auflegen. Pugmire antwortete ihm, daß er nichts dergleichen tun würde, und daß er ihn selbst zum Röntgen ins Krankenhaus fahren werde. Harry protestierte – er wolle kein Krankenhaus sehen, er habe Verabredungen einzuhalten. Doch Pugmire blieb hart und trug ihn fast zum Auto, um ihn ins Swedish Covenant Hospital in Chicago zu bringen. Beim Röntgen stellte sich heraus, daß die Schulter gebrochen war.

Die Pugmires drängten Ironside, eine Zeitlang in ihrer Wohnung in Oak Park zu bleiben, anstatt alleine im Plaza Hotel zu wohnen. Die Koppins wohnten im selben Wohnblock wie die Pugmires, so konnte sich Lillian ein wenig um ihn kümmern. In der Zwischenzeit blieben die Pugmires bei Freunden. Alles wurde entsprechend arrangiert und eingerichtet, und so verbrachte Ironside einige Wochen in dem bequemen Sessel, den er Herbert Pugmire im Jahr zuvor geschenkt hatte, indem er dort las und arbeitete. Der Prediger Salomo sagt: „Wirf dein Brot hin auf die Fläche des Wassers, und nach vielen Tagen wirst du es wiederfinden“ (Pred 11,1). So fiel Harrys Fürsorge seinem Mitarbeiter gegenüber wieder auf ihn zurück.

Am 30. Mai 1948 unterbreitete Pastor Ironside dem exekutiven Komitee der Moody Church sein Rücktrittsgesuch für den 31. Oktober. Die Amtsniederlegung wurde „mit außerordentlich großem und tiefem Bedauern“, aber auch mit Dank für Gott akzeptiert, wie im Folgenden zum Ausdruck kommt:

> „... für diese 18 fruchtbaren Jahre, in welchen er hier und andernorts, in diesem Land und im Ausland so mächtig gebraucht wurde, in der Errettung hunderter, ja tausender von kostbaren Seelen, und in der Auferbauung der Heiligen in dem Glauben, und durch sein Beispiel an christlicher Sanftmut und Demut, das er gezeigt hat ... Es ist unser brennendes Gebet, daß der Herr, sollte er noch verziehen, dieses begabte und ihm geweihte Werkzeug seiner Gnade weiterhin benutzen möge, in dem Werk, das er so sehr liebt, dem Säen des Samens, der Pflege des Weinbergs, und im Ernten von Seelen, für die Christus starb.“

So sehr Harry die Gemeinde und die Schafe, über die ihn Gott zum Hirten gesetzt hatte, liebte, konnte er jetzt, nachdem die Entscheidung getroffen und sein Rücktritt angenommen war, das Ende der nächsten vier Monate kaum erwarten. Er durchlebte immer noch Zeiten der Niedergeschlagenheit darüber, daß er nicht bei Helen gewesen war, als der Herr sie heimholte, und er vermißte sie sehr. Manchmal, wenn er nach einem Predigtdienst spät abends nach Hause ging, hielt er automatisch vor einem italienischen Früchteladen in der Nähe der Plaza, um eine Kleinigkeit für Helen einzukaufen, wie es immer seine Gewohnheit gewesen war – bis er plötzlich innehielt, und ihm schmerzlich bewußt wurde, daß sie gar nicht mehr da war. Einem leitenden Mitglied des exekutiven Komitees der Gemeinde gegenüber bekannte er einmal, daß er glaubte, sein Werk auf der Erde sei abgeschlossen. Der Sand der Zeit riesele schnell, und er warte sehnlichst darauf, bald im Himmel zu sein.

Vom 27. Oktober bis zum Sonntag, den 31. Oktober wurden von verschiedenen Abteilungen der Gemeinde Abschiedsversammlungen gehalten, zu Ehren ihres geliebten, in den Ruhestand gehenden Pastors. Es waren natürlich fröhliche Zeiten der Gemeinschaft. Doch manchen der Leute erschien es, als könne die Arbeit der Moody Church ohne Mr. Ironside als Führer und Leiter kaum fortgesetzt werden. Das waren seichte Gedanken und ihrer Urheber nicht wert. Gott hat einen Diener für jede Aufgabe, und daher war ihre Verzweiflung nur von kurzer Dauer. Ironsides Abschiedsworte können folgendermaßen zusammengefaßt werden:

> „Das Verlangen meines Herzens und mein Gebet für euch alle ist, daß ein jeder durch die Gnade in ein tiefere Kenntnis von Christus hineingeführt werde, und in eine intensivere Liebe zum Wort Gottes. Laßt mich mit den Worten des Apostel Paulus an die Ältesten von Ephesus schließen: ‚Und nun befehle ich euch Gott und dem Worte seiner Gnade, welches vermag aufzuerbauen und euch ein Erbe zu geben unter allen Geheiligten.‘ Ich werde nach vorne blicken und mich freuen auf die großartige Wiedervereinigung mit allen, wenn unser Herr Jesus Christus kommen und uns zu sich hin versammeln wird. Wie gut ist es, zu wissen, daß sich Christen nie zum letzten Male sehen!“

Somit endeten Ironsides Jahre an der Moody Church. Gottes Diener, der 60 Jahre zuvor als zwölfjähriger Junge beim Hören von D.L. Moody gebetet hatte: „Herr, hilf mir, daß ich eines Tages zu solchen Menschenmengen predigen und Seelen zu Christus führen kann!“ hatte seinen Lauf an der Gemeinde, die Moody gegründet hatte, vollendet.

TEIL V:

Alt und der Tage satt

„Wohl, du guter und treuer Knecht! Über weniges warst du treu, über vieles werde ich dich setzen. Gehe ein in die Freude deines Herrn“ (Matthäus 25,21).

KAPITEL 24

All dieses und den Himmel dazu

„Denn wir predigen nicht uns selbst, sondern Christum Jesum als Herrn, uns selbst aber als eure Knechte um Jesu willen. Denn der Gott, der aus Finsternis Licht leuchten hieß, ist es, der in unsere Herzen geleuchtet hat zum Lichtglanz der Erkenntnis der Herrlichkeit Gottes im Angesicht Christi. Wir haben aber diesen Schatz in irdenen Gefäßen, auf daß die Überschwenglichkeit der Kraft sei Gottes, und nicht aus uns“ (2. Korinther 4,5-7).

Nachdem Harry sein Pastorenamt niedergelegt hatte, zog er nach Winona Lake in Indiana hinunter, um bei der Familie seines Sohnes John Ironside zu leben. Das sollte sein Hauptquartier werden, obwohl er nur selten dort zu finden war. Denn, sobald er seinen Dienst an der Moody Church beendet hatte, erhielt er Zeit, seinen Reisedienst wieder aufzunehmen. Durch den Grauen Star in seinen beiden Augen war er allerdings schrecklich eingeschränkt. Er konnte nur mit größten Schwierigkeiten lesen und mußte dabei den Text sehr nahe ans Auge führen. Wäre er nicht mit Schriftworten gesättigt und mit einem hervorragenden Gedächtnis gesegnet gewesen, dann wäre er nicht in der Lage gewesen, das Wort so sorgfältig wie gewohnt auszulegen.

Im Januar 1949 hatte er einen lange schon versprochenen Predigtdienst in St. Petersburg, Florida, zu erfüllen, wo er zwei Wochen lang aus der Bibel lehrte. Er wurde im ersten Stock des Gemeindehauses in der sogenannten „Prophetenkammer“ beherbergt. Dort gab es einen Kühlschrank und einen Elektroherd, so daß Harry sich sein Frühstück selbst zubereiten konnte, aber zu den anderen Mahlzeiten war es besser für ihn, auswärts zu essen. Verschiedene Leute, einschließlich des Pastors Dr. Edward R. Barnard und seiner Frau luden ihn manchmal zum Essen ein, entweder zuhause oder in einem der vielen Hotels und Restaurants in St. Petersburg.

Es gab da zwei verwitwete Schwestern aus Georgia – Mrs. William Harrison Hightower von Thomaston und Mrs. Roy Finch aus Macon, die einige Jahre regelmäßig zur Central-Bibelkonferenz gekommen waren. Es war ihnen nun zu dieser Zeit gerade äußerst wichtig, nach St. Petersburg zu kommen, um Harry Ironside predigen zu hören. So kam es, daß sie dort seine Führerinnen und Chauffeurinnen wurden, und ihn zu verschiedenen schönen Stellen und Restaurants mitnahmen.

Ann Hightower war Harry schon bei einer früheren Gelegenheit begegnet, doch da hatten sie einander nur kurz begrüßt, nachdem sie sich miteinander bekannt gemacht hatten. Während der Konferenz in St. Petersburg aber begann zwischen ihr und Harry eine herzliche Freundschaft. Er fühlte sich in erster Linie durch ihre Freundlichkeit zu ihr hingezogen, und im Laufe der Tage auch durch ihren Charme und ihre Genialität. Zu seinem großen Leidwesen war es ihm nicht möglich, ihr reizendes Gesicht deutlich zu sehen. Ann Hightower schätzte an Harry vor allem seine erstaunliche Schriftkenntnis und seine dynamische Art, das Wort Gottes auszulegen, und außerdem sein Gedächtnis, seine Demut, Wärme und Arglosigkeit. Außerdem vermute ich, daß sie deutlich empfand, daß er sie brauchte. Auf alle Fälle, als Ironside nach Chicago zurückkehrte, traf er zufällig den Mann, dem er einige Monate zuvor gesagt hatte, er sei bereit, in den Himmel geholt zu werden. Diesem Freund gestand er nun: „Weißt du, ich habe eine wundervolle Frau getroffen, als ich in Florida war, und ich stelle fest, daß es mich jetzt nicht mit der gleichen Sehnsucht zum Himmel zieht, wie das letzte Mal, als ich dich sah."

In den folgenden Wochen hatte Harry einige Male im Südosten zu tun. Wann immer er das tat und Ann Hightower die Möglichkeit hatte, schaffte sie es, in der Nähe seines Dienstes irgend jemand zu besuchen. Es dauerte dann nicht mehr lange, bis diese beiden lieben Leute sich verlobten. Die Hochzeit wurde für den Herbst geplant, ein Tatbestand, der natürlich zu einigem Gerede Anlaß bot. Böses Geschwätz war das. Harry war damals 72 Jahre alt, fast blind und ziemlich hilflos. Ann war etwa 12 Jahre jünger als er, liebte ihn, und war fähig und eifrig bedacht, ihm auf vielerlei Weise zu dienen. Warum sollten sie für ihre Hochzeit einen passenderen Zeitpunkt abwarten? Welche Zeit hätte wohl besser gepaßt, als gerade die von den beiden bestimmte Zeit? Sie bewohnte ein großzügiges Haus in Thomaston, Georgia. Ihre Familie willigte gerne in diese Heirat ein, und Ironsides Kinder gaben ganzen Herzens ihre Zustimmung.

Am 9. Oktober 1949 wurden Henry Allan Ironside und Annie Turner Hightower von Dr. Graham Gilmer getraut. Dieser war Pastor der Presbyterian Church in Lynchburg, Virginia, wo Ironside gerade eine Veranstaltungsreihe beendet hatte.

Die Hochzeitsreise des neuvermählten Paares war sicher keine im üblichen Sinne, aber mit Sicherheit passend zu dem lebhaften Tempo, das ihr gemeinsames Leben annehmen sollte. Von Lynchburg fuhren sie nach Hagerstown in Maryland hinauf, am nächsten Tag kamen sie zu unserem Sommerhaus in Skytop in Pensylvania, für einen Besuch mit Übernachtung. Von dort ging es nach Toronto in Ontario, wo Ann Harrys Diktat, eine Lektion für die Sunday School Times, aufnahm. Dies war das erste Mal, daß sie ihm als Sekretärin diente, und es sollten in den folgenden Monaten noch viele Aufgaben auf sie warten. Von Toronto, wo Ann „dutzende von Harrys Cousins" kennenlernte, setzten die Ironsides ihren Reisedienst für den Herrn Richtung Washington D.C. fort. Darauf folgten Durham in North Carolina, Augusta in Georgia, und so ging es noch ein paar Monate weiter. In vielen Versammlungen las Ann für Harry den Schriftabschnitt vor, da er nicht gut genug sehen konnte, um vor seiner Botschaft selbst das Schriftwort zu lesen. Sie tat es auf wundervolle Weise und gewann ihre Zuhörer durch ihre wohllautende Stimme und den weichen Akzent von Georgia.

Als sie Weihnachten und den Anfang des neuen Jahres wieder in Thomaston verbrachten, wurde Harry bald wieder unruhig und wollte auf Verkündigungsreise gehen. Dabei fand er das Haus von Ann im Süden erholsam und das ruhige Leben dort ganz verschieden von allem, was er bis dahin gekannt hatte. Elie Loizeaux vom Loizeaux-Verlag schrieb Ironside mit der Anfrage, ob Mrs. Ironside vielleicht die Korrekturfahne von Harrys Buch über Josua lesen würde. Harrys Antwort wirft ein Licht darauf, welch ein Gottesgeschenk Ann für ihn bedeutete:

„21. Januar 1950

Mein lieber Bruder!

Meine charmante Frau sagt, sie würde mit Freuden die Korrekturfahne des Josua-Kommentars lesen. Korrekturlesen ist eins der liebsten Dinge, die sie tut. Sie beherrscht das wirklich meisterhaft. Ich kann Dir gar nicht sagen, Elie, welche Freude sie in mein Leben gebracht hat, und welch eine große Hilfe sie mir schon gewesen ist. Du glaubst es vielleicht nicht, aber wir haben seit unserer Hochzeit am 9. Oktober mit dem Automobil über 9000 Meilen zurückgelegt. Sie hat die ganzen Strapazen des Fahrens und des Kümmerns um einen halbblinden Mann wunderbar überstanden. So kann ich nichts anderes tun, als Gott aus tiefstem Herzen zu danken dafür, daß er mir solch eine Mitarbeiterin im Werk gegeben hat.

H.A. Ironside“

Ironside hatte etwa fünfzig Jahre lang Lektionen für die *Sunday School Times* geschrieben. Diese Arbeit machte ihm Freude, und er empfand es als Segen für seine eigene Seele, wenn er Schriftwort mit Schriftwort verglich und seine Gedanken sammelte, um die wöchentlichen Manuskripte zusammenzustellen. Es war erforderlich, daß die Manuskripte Monate vor ihrem Erscheinen in der *Times* verfaßt wurden. Doch Anfang 1950 kam er zu dem Schluß, daß er diese Phase seines Dienstes wohl beschließen mußte. (Daher schrieb er am 13. Juni an Philip E. Howard Jr., den Herausgeber der Zeitschrift und teilte ihm mit, daß er genau an jenem Tag, kurz bevor er Thomaston mit seiner Frau für eine Predigtreise verlassen wollte, die letzte Lektion wegschicken würde.) Nachdem er sein Bedauern ausdrückte, daß damit dieser spezielle Dienst für den Herrn beendet würde, sagte er: „In den letzten sechs Monaten ist es wegen meines fast blinden Zustandes für mich immer schwieriger geworden, das zu tun (die Lektionen schreiben). Hätte ich nicht die Hilfe meiner Frau gehabt, die mir vorlas, die Bibelstellen nachschlug und mein Diktat niederschrieb, ich wüßte nicht, wie ich es geschafft hätte. Das meine ich damit, wenn ich sage, daß ich die Arbeit mit einem Gefühl der Erleichterung aus der Hand gebe.

Ich will Dir persönlich für Deine Freundlichkeit und Rücksichtnahme die ganzen Jahre hindurch danken, und Dir versichern, daß es mir eine wahre Freude gewesen ist, auf diese Weise mit Dir zusammenzuarbeiten."

Zu dieser Zeit begann sich eine Reihe von Zufällen zu ereignen, die alle von Gottes Vorsehung arrangiert worden waren. Diese führten zu der Vollendung von H.A. Ironsides letztem Kommentar in Buchlänge. Während des Zweiten Weltkrieges gab es in der Marine der Vereinigten Staaten einen jungen Mann mit dem Namen Ray C. Stedman. Unter seinen anderen Aufgaben im Krieg war er außerdem dazu bestimmt, für die Marine Gerichtsverhandlungen aufzunehmen. Stedman las verschiedene von Ironsides Auslegungen, die ihm ein Freund empfohlen hatte. Sobald der Krieg zu Ende war, traten Ray und seine Frau Elaine ins Dallas Theological Seminary ein, um sich auf einen Dienst vorzubereiten. Als sie im Herbst 1946 in Dallas eintrafen, war Stedman hocherfreut, zu erfahren, daß Mr. Ironside einer der alljährlichen Gastredner am Seminar war. Nachdem er nun Harry dort zwei Wochen lang gehört hatte, war der junge Mann so beeindruckt, daß er einen Weg zu finden suchte, um diesen Bibellehrer näher kennenzulernen: Ray schlug Harry vor, daß er ihm erlauben möge, immer seine Predigten aufzunehmen, und ihm auf jede mögliche Weise zu helfen, wenn jener in Dallas wäre. Er bot an, dies ohne Entgelt für ihn zu tun. Jeder, der Ironside gut kannte, wußte, daß er ein solches Angebot von einem jungen Studenten niemals angenommen hätte, und tatsächlich tat er es auch dieses Mal nicht. Die beiden trafen eine Abmachung: Stedman sollte seine „Bezahlung" in Büchern, die Ironside geschrieben hatte, erhalten.

Im Jahre 1950 lehrte Harry zwei Wochen lang am Seminar über das Buch Jesaja, und Stedman nahm die Ansprachen mit seinem Tonbandgerät auf. Er hatte nicht genug Band, um die ganze Serie aufzunehmen, so daß er die ersten Kapitel mit den letzten, ab Kapitel 40, überspielen mußte.

Als die Vorträge in Dallas beendet waren, schlugen Mr. Ironside und seine Frau Ray vor, nach seiner Graduierung im Frühjahr ihn in den Sommermonaten zu begleiten, und zwar als Chauffeur und Sekretär zugleich. In dieser Zeit konnten Elaine Stedman und die Kinder bei ihrer Familie in Great Fall (Montana) bleiben. Dort sollte Ray sie dann wieder treffen, um rechtzeitig den Dienst in Palo Alto (Kalifornien), zu dem er berufen war, anzutreten. Mrs. Ironside mußte nun, obwohl es ihre größte Freude war, ihrem Mann auf jede erdenkliche Weise zu helfen, wegen ihrer körperlichen Schwäche unbedingt darauf verzichten, mit seinem anstrengendem Zeitplan mitzuhalten. Ray entlasteten sie, so daß sie in Thomaston bleiben konnte. Sie konnte sich ihnen hin und wieder, wann es ihr paßte, anschließen.

Ray nahm diesen Vorschlag an, und alles ging wunderbar vonstatten. Mr. Ironside arbeitete mit Ray an seinem Buch über Jesaja. Stedman las einen Abschnitt aus Jesaja laut vor, und dann die entsprechenden Kommentare von F.C. Jennings und W.E. Vine. Harry blieb dann für ein paar Minuten still und ordnete seine Gedanken, danach diktierte er seine Auslegung des Kapitels.

„Ich war immer erstaunt", schrieb Stedman, „wie er seine Kommentare davor bewahrte, nur eine Neufassung von Jennings und

Vine zu sein, sondern es immer schaffte, einen interessanten Aspekt herauszuarbeiten, den die anderen übersehen hatten."

Als die Chauffeur-Sekretär-Verbindung zu Ende ging, hatte Harry die ersten 35 Kapitel von Jesaja fertig.

Für Ray Stedman war diese Zeit mit Mr. Ironside eine Erfahrung, die er nie vergaß. Ironsides Liebe zur Schrift, sein Eifer, den ganzen Ratschluß Gottes zu predigen und die Einfachheit seiner Botschaften, die eher das Herz als den Intellekt ansprachen, hinterließen einen unauslöschlichen Eindruck in Rays Leben und Dienst. Als er Harry und Miss Annie (wie Ray Mrs. Ironside nannte) im August in Binghamton (New York) verlassen mußte, fuhr Ray für eine kurze Pause nach Montana. Dann zog er mit seiner Familie nach Palo Alto, wo er nun schon ein Vierteljahrhundert lang ein lebendiges, einzigartiges und ständig wachsendes Zeugnis für den Herrn in der Peninsula Bible Fellowship betreute.

Im September 1950 entfernte Dr. McKinney Ironsides Grauen Star. Die beiden Operationen wurden in Memphis, und zwar mit drei Tagen Abstand durchgeführt. Ann und ihre Schwester Mary Finch wohnten unterdessen in einem Hotel in der Stadt, um in Harrys Nähe zu sein, und John Ironside reiste von Winona Lake an. Die Operation verlief gut, und drei Tage später fuhren Harry und Ann nach Thomaston zurück. Einige Wochen lang benutzte Harry provisorische Linsen in seiner Brille. Dann, am 25. Oktober, besorgte er mit Ann in Memphis die dauerhaften. Wie Ann es später beschrieb, konnte er „einige schöne, glückliche Tage lang perfekt sehen".

Harry hatte den Laidlaws seit vielen Jahren schon versprochen, eines Tages nach Neuseeland zu kommen. Nun sollten er und Ann bald mit dem Schiff von Vancouver auslaufen, um dieses Versprechen zu erfüllen. Von dort aus sollte die Reise um die Welt weitergehen, wobei er an verschiedenen Orten bei geplanten Versammlungen sprechen sollte. Den Abschluß davon sollten die Keswick-Konferenzen in Irland und England bilden. Auf dem Weg von Memphis nach Vancouver hatten sie in Chicago einen Zwischenstop von mehreren Stunden. Dies war zufällig an einem Sonntagvormittag, so daß die Ironsides beschlossen, zur Moody Church zu gehen, und wenigstens einem Teil der Vormittagsversammlung beizuwohnen. Die Zeit vorher nutzten sie, um sich mit ein paar Freunden zu unterhalten. Carl Armerding, ein begabter und sehr beliebter Bibellehrer, sollte an diesem Tag dort predigen. Als es Zeit war, zu beginnen, lud er Ironside ein, die Kanzel mit ihm zu teilen, und die Bibelstellen an den entsprechenden Stellen vorzulesen. Ironside las mit Leichtigkeit. Tatsächlich erzählte Ann mir später: „Er war so erfreut, richtig sehen zu können, daß er ein bißchen damit prahlte."

Dann kam für die Ironsides die Zeit, zu gehen, um ihren Zug rechtzeitig zu erreichen. Armerding stieg mit Ironside von der Kanzel und begleitete die beiden zur Tür. Als er zur Kanzel zurückkehrte, kam er an seiner Frau vorbei und flüsterte ihr zu: „Wir werden Harry auf dieser Erde nie wieder sehen."

In der Tat war Ironside hocherfreut, sehen zu können. In den nächsten paar Tagen schickte er mehreren seiner Freunde Postkarten. Seine Handschrift war dabei so winzig, daß ich, wenn ich meine danebenhielt, an die Leute denken mußte, die sagen, sie könnten das Vaterunser auf einen Stecknadelkopf schreiben.

Bevor die Ironsides nach Neuseeland abfuhren, war noch eine Veranstaltungsreihe mit ihnen in Vancouver geplant. Hier im Hotel passierte das, was wie eine Tragödie erschien. Harry rutschte in der Badewanne aus und schlug beim Fallen mit seinem rechten Auge auf dem Wasserhahn auf. Der Arzt in Vancouver wollte Harry nicht fahren lassen, und auch Ann war dafür, die Reise aufzuschieben. Doch Harry bestand darauf, zu fahren, und schließlich gab der Arzt sein Einverständnis. Er stellte aber die Bedingung, daß Harry eine bestimmte Anzahl von Tagen in seiner

Koje still liegenbleiben mußte. Während der Reise verhielt sich Harry auch ziemlich still, bis sie kurz vor Honolulu waren. Dort verließ er das Schiff, um eine Überlandfahrt zu machen, und genoß auf dem Schiff das Zusammensein mit einigen Freunden. Als sie wieder in See stachen, lehrte Ironside im Aufenthaltsraum des Schiffes mehrere Male aus der Bibel.

Endlich war Neuseeland erreicht! Die Ironsides wohnten bei den Laidlaws in ihrem schönen Haus in Auckland mit Blick über den Hafen. Es war eine glückliche Zeit des Zusammenseins. Lillian Laidlaw hatte sich seit Jahren nach einem Besuch ihres Bruders gesehnt. Ein Vierteljahrhundert später freute sie sich immer noch an der kurzen Zeit, die sie damals miteinander hatten. Wieviel sie für Harry übrig hatte, kommt in einem Brief zum Ausdruck, den sie im Februar 1975 an Marie Loizeaux schrieb:

> „Harry war für mich mehr als nur ein Bruder: Meine Mutter ging heim, als ich sechs war, und mein Vater, als ich dreizehn war, und ich hatte liebe, freundliche Menschen, die sich um mich kümmerten. Doch mein Bruder war etwas ganz besonderes, weil er Christus und alles, was ich bewunderte, auf großartige Weise verkörperte. Seine Bemühungen um mich als aufwachsendes Kind waren wunderbar."

An Bord des Schiffes und auch nach ihrer Ankunft in Neuseeland vollendete Harry mit Ann als Sekretärin die Kapitel 36 bis 39 seines Kommentars über Jesaja. Man wird sich erinnern, daß Stedman, als Ironside beim Lehren von Jesaja im Dallas Theological Seminary zuhörte, nicht genug Band gehabt hatte, um das ganze Buch aufzunehmen. Daher hatte er also die ersten Vorträge überspielt und darauf die über Jesaja 40 bis 66 aufgenommen. Dieses Band wurde auf Platten überspielt, die nach Harrys Tod an die Brüder Loizeaux geschickt wurden, damit sie den Kommentar damit fertigstellten konnten. Es war kein Zufall, daß von dem Kapitel an, wo Ironside zu schreiben aufhörte, die Aufnahmen von Ray Stedman bereitstanden. Das war die Hand Gottes.

In dem Monat zwischen Harrys Ankunft und Weihnachten sprach er mehrere Male, einmal davon in der Stadthalle von Auckland zu etwa 3000 Menschen. Nach Weihnachten verbrachten die Ironsides mit den Laidlaws eine Woche in Taupo, wo jene ein Häuschen am See besaßen. Dort beendete Harry seine allerletzte Auslegungsschrift, einen Kommentar über Offenbarung 6,1-6 für die Zeitschrift *Our Hope*. Dieser wurde mir am 9. Januar 1951 zugeschickt.

Am nächsten Morgen, als die Ironsides gerade ihr Hotel verlassen wollten, um zum Versammlungssaal zu fahren, sagte Harry zu Ann, daß ihm nicht gut sei. Wahrscheinlich habe er eine kleine Verdauungsstörung, dachte er. Daran hat er vermutlich in Taupo eine Weile gelitten, jedenfalls hatte ein Arzt diese Diagnose gestellt. In Wirklichkeit war es aber ein Herzanfall. Trotzdem nahm Harry an der Versammlung aktiv teil. Sein Schriftwort war Psalm 118,19-29, das mit dem Satz beginnt: „Öffnet mir die Tore der Gerechtigkeit: Ich will durch sie eingehen, Jah will ich preisen." Seine Stimme klang nicht wie seine eigene. Nach der Versammlung bestand Bert Laidlaw darauf, daß Harry einen Arzt aufsuchen sollte. Dieser verwies ihn sofort ins Krankenhaus. „Nein, das geht nicht", protestierte Harry, „ich habe mich verpflichtet, heute abend noch zu sprechen." Dennoch wurde er um 17.00 Uhr ins Krankenhaus gebracht.

Nach der Abendversammlung, wo Bert Laidlaw Harry's Stelle einnahm, fuhren die Laidlaws mit Ann zum Krankenhaus, um nach Harry zu sehen. Als sie sein Krankenzimmer betraten, fragte Ann: „Liebling, sollen wir unser übliches Kapitel miteinander lesen?" „Ich habe soeben sieben Kapitel gelesen", war seine Antwort. Die drei Besucher blieben nur kurz und verließen ihn dann, mit seiner Zusicherung, daß sie ihn am Morgen wieder sehen würden. Um 3.30 erhielten sie einen Anruf mit der Nachricht, daß Harry Ironside heimgegangen war. Es war der 15. Januar 1951.

Ann dachte, daß Harrys Beerdigung in der Moody Church gehalten werden sollte. Es war jedoch ziemlich kompliziert, wie sich bei einem Telefongespräch mit John Ironside in den Staaten herausstellte. So einigten sie sich, daß es das Beste wäre, Ironsides Leib im Purewa-Friedhof in Neuseeland zur Ruhe zu legen. Bert Laidlaw hielt die Beerdigungsversammlung in der Howe Street Chapel in Auckland.

Jahre zuvor hatte ich als Grabspruch für Ironside, sollte er heimgehen, bevor der Herr wiederkommt, Robert Wildes Vers „Für das Grab eines Gerechten" vorgeschlagen, das drei Jahrhunderte zuvor geschrieben worden war:

Hier liegt ein Teil von Christus; ein Stern im Staub;
Eine verborgene Goldader; ein kostbares Gefäß,
das im Himmel Verwendung finden muß,
wenn Gott die Gerechten bewirten wird.

Statt dessen heißt es auf einem bescheidenen Bronzetäfelchen im Purewa-Friedhof:

Harry Allan
Ironside
14. Oktober 1876
15. Januar 1951
Für immer beim Herrn

Anhang

Kapitel 25

Bücher, die mir geholfen haben

„Deshalb laßt uns auch, da wir eine so große Wolke von Zeugen um uns haben, ... laufen den vor uns liegenden Wettkampf“ (Hebräer 12,1).

Von meiner frühen Kindheit an bin ich ein Leser gewesen, der alles verschlang. Ich fürchte, ich habe eine Menge Zeit verschwendet, indem ich Bücher las, die von geringem Nutzen waren. Doch ich war bemüht, mir eine allgemeine Vorstellung über die Literatur zu verschaffen, einschließlich der Gebiete Geschichte, Naturwissenschaft, Dichtung, Philosophie, schöne Literatur und lesenswerte Unterhaltungslektüre. Vor allem bemühte ich mich um etwas, das natürlich viel wichtiger war, als alles andere – um die Kenntnis der Bibel und die damit zusammenhängenden Dinge. Darum habe ich so viel gelesen, wie jemand, der so beschäftigt wie ich war, es nur irgend konnte. Doch wenn ich so über die Jahre zurückblicke, gibt es bestimmte Bücher, die in meiner Erinnerung herausragen, und ich denke, daß diese mir mehr bedeutet haben, als die meisten anderen, seien es weltliche oder geistliche.

Ich denke, als ich in meiner Jugend das erste Mal Geschmack an Geschichte fand, war das dem Lesen einer Serie von Büchern zu verdanken, die man jetzt nur noch selten sieht. Viele würden sie als ziemlich unausgereift ansehen, und zwar die *Biographical Histories* (Biographische Geschichte) von John und Jacob Abbot. Es waren die Bücher, die historische Personen vor meinem geistigen Auge lebendig werden ließen. Alles, was ich seitdem auf diesem Gebiet gelesen habe, hat nie die beim Lesen jener Bücher empfundene Spannung auslöschen können.

Ich hegte schon immer eine Vorliebe für Dichtung, sowohl für weltliche als auch für geistliche. Doch auf weltlichem Gebiet stehen für mich Tennyson und Shakespeare ohne ihresgleichen da. Bei der geistlichen Dichtung sind es die Lieder von Tersteegen, Suso und anderen, die mich am meisten ansprachen.

Romanliteratur habe ich nicht so viel gelesen, wie in anderen Bereichen. Ich hatte da immer das Gefühl, daß mich Dickens sehr bereichert hat. Die Art, wie er verschiedene Phasen des menschlichen Lebens lebendig beschrieb, hinterließ in meinem Denken ein tiefe Achtung vor menschlicher Werten. Ich griff immer wieder auf Dickens zurück, wenn ich versuchte, irgendeinen modernen Bestseller zu lesen, und dabei so entsetzt war über den darin enthaltenen Schmutz, daß ich das Lesen davon für Zeitverschwendung hielt. Dickens dagegen hat nie eine Zeile geschrieben, derer er sich später hätte schämen müssen.

Ich erwähne hier keine Bücher aus dem wissenschaftlichen oder philosophischen Bereich, da ich mich an kein Werk erinnern kann, daß von besonderem Wert für mich war.

Was Bibelauslegungen betrifft, zögere ich nicht, zu sagen, daß ich fünf Schreibern von den sogenannten Brüdern mehr zu verdanken habe, als irgend jemand anders. C.H. Mackintosh's Auslegung der *Fünf Bücher Mose* zusammen mit den sechs Bänden seiner *Miscellaneous Writings* (Verschiedene Schriften) erwiesen sich als von unschätzbarem Wert für mich, als ich als junger Prediger eine feste Grundlage meines Glaubens und ein besseres Verständnis biblischer Wahrheit suchte. Kurze Zeit später schenkte mir ein unbekannter Freund, dem ich ewig schuldig sein werde, J.N. Darbys *Synopse der Bücher der Bibel.* Ich erinnere mich sehr gut, wie ich diese fünf Bände wortwörtlich „verschlang", indem ich fast jeden freien Augenblick dafür verwandte, und so hatte ich sie binnen einer Woche durchgelesen. Ich denke, daß ich mit Sicherheit sagen kann, daß sie mir die Schrift in einer Weise öffneten, wie es nichts anderes je annähernd getan hat. Ich brauche nicht zu sagen, daß ich mich praktisch mit allem, was J.N. Darby schrieb, vertraut gemacht habe. Ich halte ihn all den anderen Bibelauslegern weit überlegen.

Die Werke von William Kelly, besonders seine *Lectures Introductory to the Pentateuch* (Einleitende Vorträge über die fünf Bücher Mose), *Early Historical Books* (Frühe Geschichtsbücher), *Minor Prophets* (Kleine Propheten), *The Four Gospels* (Die vier Evangelien), *Paul's Epistles* (Die paulinischen Briefe), *The Acts* (Die Apostelgeschichte), *Catholic Epistles and the Revelation* (Die allgemeinen Briefe und die Offenbarung) ergänzten das, was mir J.N. Darby schon eröffnet hatte, auf ideale Weise. Diese frühen Bücher von Kelly weckten meinen Appetit, so daß ich nicht zufrieden war, bis ich auch alles andere von ihm gelesen hatte, was sich auf 30 oder mehr Bände belief. Ich gebe zu, manchmal sind sie ziemlich trocken, und ich habe gern ein Glas Wasser neben mir stehen, wenn ich darin lese. Doch sie sind klar und deutlich, und was die Gelehrtheit betrifft, ragt Kelly haushoch aus vielen heraus, die allgemein als bedeutende Theologen oder Ausleger angesehen sind.

Wenn es um Theologie im besonderen geht, schulde ich den Werken von F.W. Grant mehr als selbst Mr. Darby oder Mr. Kelly. Grant lehrte mich, das zu schätzen, was ich „den inneren Aspekt" der großen Wahrheiten der Person Christi und seines stellvertretenden Werkes nennen könnte. Dergleichen habe ich nirgends mehr gefunden.

Auch Samuel Ridout, ein enger Mitarbeiter von F.W. Grant, hat mir sehr geholfen. Besonders, indem er die Wahrheit Gottes mit Beispielen in einfacher Sprache darlegt, so daß der einfache Mensch sie gut verstehen kann.

Die folgenden Bücher habe ich äußerst hilfreich gefunden, weil sie mir eine tiefere Kenntnis biblischer Geschichte und damit verwandter Gebiete gegeben haben: Eldersheims *History of Israel and Judah* (Geschichte von Israel und Juda) und auch sein *Life and Times of Jesus, the Messiah* (Leben und Zeit von Jesus, dem Messias). Obwohl sie bezüglich der Person und des Werk unseres Herrn nicht absolut klar stehen, haben mir Geikie und Farrar in ihren gleichnamigen Büchern *The Life of Christ* (Das Leben Christi) geholfen, bestimmte Tatsachen in meinem Gedächtnis zu halten, die mir immer beim Studium der Evangelien eine Hilfe gewesen sind.

Sir Robert Andersons verschiedene Bücher sind mir immer eine Freude und Erquickung gewesen, wegen ihrer gründlichen Analyse biblischer Themen, obwohl er später leider etwas unter den Einfluß von E.W. Bullinger geriet, der ein großer Gelehrter, aber auch ein Lehrer des Ultradispensationalismus (Übertreibung der Haushaltungslehre) war.

Ich sollte vielleicht am Ende noch erwähnen, daß ich sowohl Strong als auch Young sehr viel zu verdanken habe, was das Studium von Wörtern und deren innerer Bedeutung angeht. Ihre großartigen Konkordanzen sind immer in meiner Reichweite, und von unschätzbarem Wert für mich.

H.A. Ironside

Das unbequeme Wort

Paperback

160 Seiten
DM 12,80
ISBN 3-89397-215-3

Das Messer, das zur lebensnotwendigen Operation angesetzt wird, schmerzt – doch ohne den schmerzenden Schnitt kann kein Heilungsprozeß beginnen.

H.A. Ironside macht auf eindrückliche Weise deutlich, daß eine bibelorientierte Verkündigung, die beim Aufruf zur Buße ansetzt, umwälzende Folgen hat: Die dem Zeitgeist angepaßte Predigt wird durch eine vollmächtige Verkündigung ersetzt. Das Strohfeuer religiöser Gefühle weicht einer brennenden Hingabe an den Herrn.

Ein Buch, das leider heute aktueller denn je ist.

Taschenbuch

H.A. Ironside

Heiligung –
Zerrbild oder Wirklichkeit

157 Seiten
DM 3,80
ISBN 3-89397-125-4

Der „zweite Segen" und „Geistestaufe" sind Schlagworte vielversprechender Heiligungsbewegungen. Henry A. Ironside, der begabte Prediger und Lehrer, berichtet im ersten Teil des Buches von seinem eigenen Suchen und den Erfahrungen in der Heiligungsbewegung und geht im zweiten Teil darauf ein, was das Wort Gottes in bezug auf Heiligung, Vollkommenheit, das reine Herz, Geistestaufe und die zwei Naturen lehrt. Ein wichtiges Buch von einem Mann, den die Lehre des Wortes Gottes nach notvollen Erfahrungen in die Freiheit geführt hat.